東京農業大学

グリーンアカデミーに教わる

写真でよくわかる

はじめての野菜づくり

東京農業大学グリーンアカデミー
本科野菜講師
柳川武夫

家の光協会

はじめに

わたしは１９５１年に、神奈川県足柄上郡大井町で農家の息子として生まれて以来、野菜に触れ続ける人生を送ってきました。県の農業高校教諭として30余年教鞭をとり、定年退職ののちは、農家一本。80ａの畑で年間30品目の野菜を栽培しています。

農家で元教師という経歴から、ご縁あって、今は東京農業大学グリーンアカデミーの講師として、再度教鞭をとることになりました。

本書では、東京農業大学グリーンアカデミーで教えている野菜づくりを、基本からわかりやすくまとめています。

グリーンアカデミーの受講生のみなさんをはじめ、野菜づくりを始める人は、どの野菜を、どのように育ててよいのか、悩むものです。

野菜を育てるのは、思った以上に難しいもので、その土地の環境や土壌、肥料などに大きく左右されます。

けれど、野菜の育て方を調べ、自分で菜園計画を考え、種（もしくは苗）から自然の恵みを育てることで、今までにない収穫の喜びを感じるのです。

また、土と野菜に触れ、自然の成長の仕組みを知り、自分で作った新鮮な野菜を味わうことで、これまで意識しなかった食の安全や、健康について誰しも関心が芽生えるようになるでしょう。

わたしが本書で教えているのは、あくまで栽培の基礎。ただし、自分で実際に栽培して、食べて、納得したこと、そして検証したことだけをお伝えしているので、従来の教科書と違うところも多々あると思います。

野菜は土地や天候に敏感に左右されますが、自然の中で生きる植物ならではの生命力がありますので、気象を味方につけ、春夏秋冬、どんどん野菜を育ててみてください。

野菜づくりがはじめての方だけでなく、あらゆる栽培法を試してきた方にも、一度、原点に立ち戻る場所として、この本を活用いただけましたら幸いです。

柳川武夫

東京農業大学グリーンアカデミーとは？

東京都世田谷区に本部を置く東京農業大学の市民向け農業講座。園芸と造園、地域づくりを講義と実習で学ぶ「本科」、本科修了後、野菜や果樹、草花など、コースに分かれてより専門的に学ぶ「専科」、「生活健康科」の3つのコースがあります。

「本科・野菜」はグリーンアカデミーに入校した受講生が基礎となる知識を学ぶ講座です。有機栽培・慣行栽培・自然栽培など、めざす農法を問わず、一生ものの知恵となる栽培方法を教えています。

実習用の畑で農作業に精を出す受講生たちは、はじめての人から初心に返りにきた経験者まで様々。

卒業後も出会った仲間たちは一生の宝となるはずです。

東京農業大学グリーンアカデミー 本科講師

柳川武夫(やながわ・たけお)

1951年生まれ。神奈川県の農業高校教諭を定年退職後、農家として独立。同県足柄上郡大井町で農園を営む。計80aの畑で年間約30品目の野菜を栽培し、地元の学校給食や市場に出荷している。そのかたわら東京農大グリーンアカデミー本科野菜の講師も務める。また子ども向けの自然塾でも野菜づくりを指導している。

目次

第1章 果菜類

第2章 葉菜類

第3章 根菜類

Q&A

本書で使う

野菜づくりの道具

本書で使用している、野菜づくりに必要な主な道具をリストにしました。

ホームセンターなどで購入できるものがほとんどですが、簡単に手づくりできる道具もあります。

栽培を始める前にチェックしてみましょう。

□ 剣先スコップ

土を掘り起こしたり、
天地返しや作物の収穫に使う

□ 鎌

□ 収穫バサミ

□ ジョウロ

□ 手箕《てみ》

落ち葉や雑草を集めたり、
堆肥などをまくときに使う

□ 鍬

畑を耕したり、畝立て、土寄せなどに使う

□ 三角ホー

長めの柄に三角の刃のついた農具。

畝間の除草や中耕などの作業が立ったままでできるので便利

□ レーキ

土を耕したあと、土の塊を砕いたり、
畝の表面を平らにしたり、葉や小石を集めるのに使う

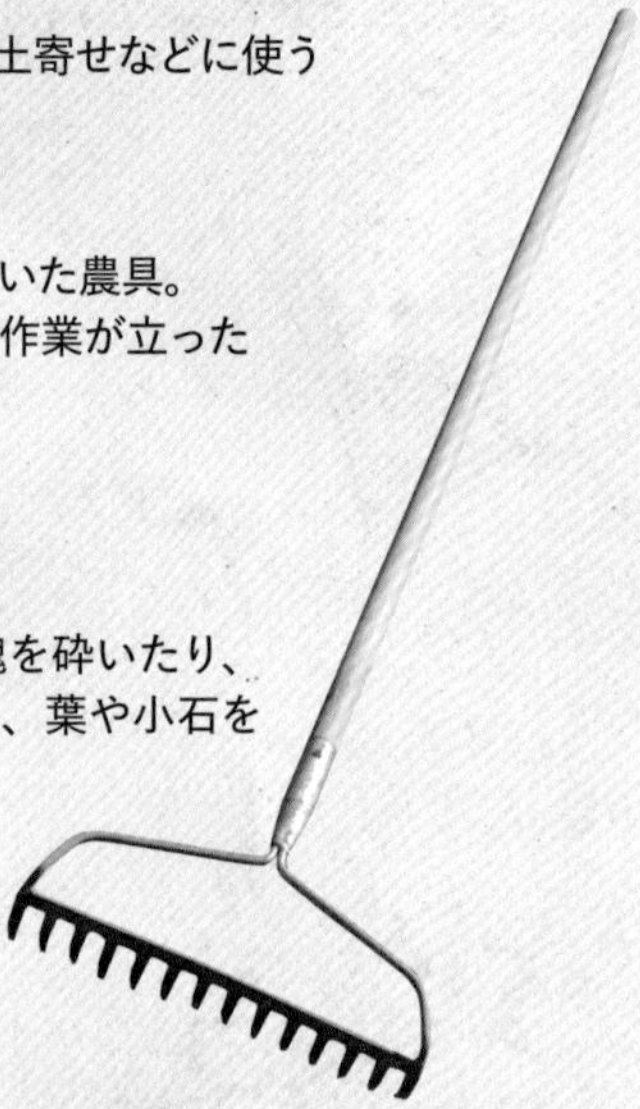

農大GA流！

お椀＋ピンセット

小さな種をまくときにあると便利。お椀は持ちやすく、すり鉢状なので種が集まりやすく取り出しやすい

ピンセットは、種をまいた後、位置を調整するのにも役立つ。指でつまもうとすると、種が土に埋もれてしまう。種が黒いならお椀の色が赤だと種が目立つ

本書で使う

堆肥と肥料

本書では、堆肥は動物性と植物性、肥料は有機質と無機質を組み合わせて使うのが特徴。

それぞれの長所を生かして使う。

堆肥

繊維質が豊富で微生物の働きがよくなる植物性堆肥。かたや肥料ぶんが豊富で、穏やかに長く効く動物性堆肥。これらを1：1で混ぜて使用する。

腐葉土（落ち葉堆肥）

おもに広葉樹の葉を堆積して発酵させたもの。腐植が多く土壌改良に最適

牛ふん堆肥

草を食べる牛のふんが原料。植物性堆肥よりも栄養分が豊富。繊維質も多い

ミックス堆肥

ホームセンターや園芸店では、すでに植物性と動物性が配合された既製品も売られている

肥料

元肥には、動植物の有機物と速効性のある化成肥料を混合した有機質入り肥料を使用。

追肥には、おもに速効性があり、窒素、リン酸、カリの三要素がバランスよく含まれた8・8・8の化成肥料を使う。

化成肥料

窒素、リン酸、カリのいずれか二成分以上を含み、化学反応をともなって製造された肥料。速効性がある。本書では窒素、リン酸、カリがバランスよく含まれた8・8・8を使用

有機質入り肥料

油かすや魚粉、骨粉などの有機質肥料と速効性のある化学肥料の混合肥料。それぞれが順番に効くので肥効が長持ちする

熔リン

熔成リン肥の略。果菜類の実つきをよくするために元肥で使用。リン酸肥料であるとともにアルカリ分を含むので、酸性土壌を改良する効果もある

苦土石灰

酸性に傾いた土壌のpHを調整するときに使う。石灰（カルシウム）だけでなく、光合成に必要な苦土（マグネシウム）が含まれ、穏やかに効く。粒状と粉状があるが、土になじみやすい粉状がおすすめ

本書の使い方

トマト

雨よけの有無で質と量に大きな差がつく

家庭菜園を始める目標に真っ赤に色づく完熟トマトを挙げる人は多いでしょう。太陽の光を浴びて、糖度の増した完熟の味は格別。南米高地が原産のトマトは、低温や乾燥には強いのですが、過湿に弱く雨に当たると実が割れてきます（裂果）。その対策としては、マルチを張って株元に水が入らないようにし、実に雨を当てないように雨よけすれば完璧です。なるべく水分を絞ることで実割れせず、味が濃くなります。雨よけの設置は手間がかかりますが、病気の予防にもなるので、メリットは大きいですよ。なお、初めての人にはミニと中玉をおすすめします。

おすすめ品種

「フルティカ」（タキイ種苗）糖度が7～8度もあるフルーツのように甘い中玉。病気や裂果に強く育てやすい。

「アイコ」（サカタのタネ）ミニトマトの中でもとくに裂果しにくい。赤色の「アイコ」の他、「イエローアイコ」「オレンジアイコ」など、色合いが豊富。

栽培スケジュール　植えつけ　収穫

1　2　3　4　5　6　7　8　9　10　11　12月

12

1 畑の準備と植えつけ

苦土石灰 100g/㎡
溝施肥
腐葉土または落ち葉堆肥 2～3kg/㎡
堆肥
牛ふん堆肥と腐葉土を1：1で混ぜたもの 2～3kg/㎡
元肥
有機質入り肥料 120g/㎡、熔リン 30～50g/㎡

トマトは栽培期間が長く、根が深く張るので、肥料の効果が長持ちするように準備します。

植えつけの2週間前に苦土石灰を散布し、土になじませます。1週間前に溝施肥で腐葉土か落ち葉堆肥を施します（116ページ参照）。さらに堆肥、元肥を全面散布し、畝を立ててマルチを張り、地温を上げておきます。

苗を購入する際は、子葉がついていて葉色が濃く、節間の詰まったがっちりした苗を選ぶようにしてください。ただし、昔から、"八十八夜の別れ霜"といって、5月の始めに遅霜が降りることがあるので、植えつけは慌てず、5月初旬以降、第1花房が1～2花咲くのを待ってから行うようにしましょう。

後で立てる支柱との関係で、2条に植えつけます。植え穴をあけたら、たっぷりと水を注ぎ、土を念入りに湿らせてから植えつけると、活着がよくなります。トマトは花房がつく方向が同じなので、花房を通路側に向けて植えると、その後の作業や収穫が楽になりますよ。植えつけ後は、苗が風で倒れないように仮支柱を立てておきましょう。

根鉢と畝の土面の高さが同じになるように植えつける（＝深く植えすぎないようにする）

仮支柱は根をちぎらないように斜めにさし、花より下の位置で8の字結びで苗に固定する

苗の周囲に土を入れて手でしっかり押さえる

はじめに施す堆肥や元肥等の種類や量を明示

野菜・栽培方法の特徴

それぞれの野菜の特徴と、それに即した栽培方法について解説

おすすめ品種と栽培スケジュール

栽培スケジュールは柳川先生の畑（神奈川県西部）が基準。品種や土地によって変わるので注意

どうして？

栽培方法の理論や、野菜の性質について知っておきたいことを紹介

注目！

収穫の量や質にかかわる、とくに大事な栽培のコツを紹介

農大GA流！

栽培にまつわる東京農業大学グリーンアカデミー独自のアイディアや技術を紹介

第1章

果菜類

果実や種子を食べる野菜。成熟した果実を利用するトマトやカボチャ、
未熟な果実を利用するキュウリやピーマン、未熟な子実やさやを利用するエダマメやインゲン。
どれも家庭菜園では人気の高い野菜ばかりです。

トマト

雨よけの有無で質と量に大きな差がつく

　家庭菜園を始める目標に真っ赤に色づく完熟トマトを挙げる人は多いでしょう。太陽の光を浴びて、糖度の増した完熟の味は格別。南米高地が原産のトマトは、低温や乾燥には強いのですが、過湿に弱く雨に当たると実が割れてきます（裂果）。その対策としては、マルチを張って株元に水が入らないようにし、実に雨を当てないように雨よけすれば完璧です。なるべく水分を絞ることで実割れせず、味が濃くなります。雨よけの設置は手間がかかりますが、病気の予防にもなるので、メリットは大きいですよ。なお、初めての人にはミニと中玉をおすすめします。

おすすめ品種

『フルティカ』（タキイ種苗） 糖度が7～8度もあるフルーツのように甘い中玉。病気や裂果に強く育てやすい。

『アイコ』（サカタのタネ） ミニトマトの中でもとくに裂果しにくい。赤色の『アイコ』の他、『イエローアイコ』『オレンジアイコ』など、色合いが豊富。

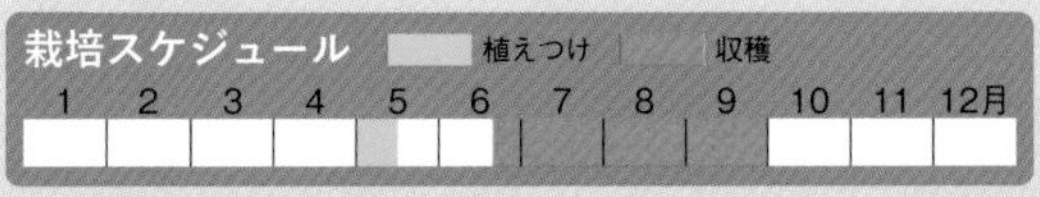

1 畑の準備と植えつけ

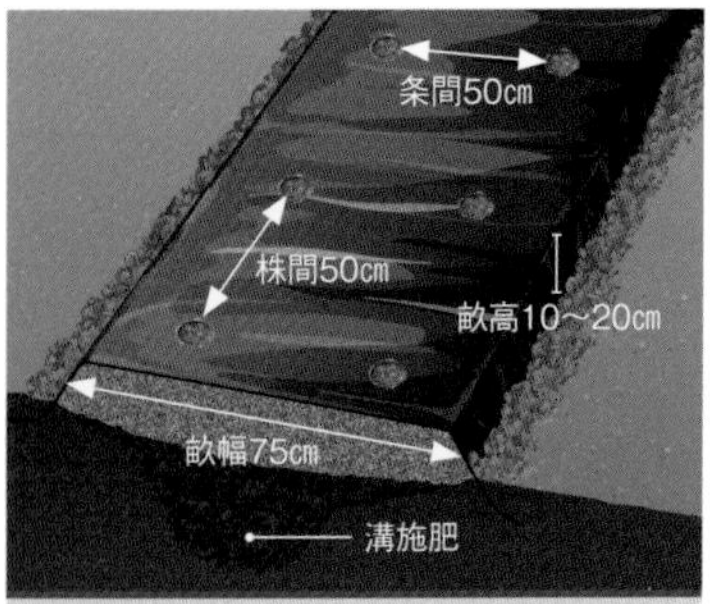

苦土石灰 100g/㎡
溝施肥
腐葉土または落ち葉堆肥 2～3kg/㎡
堆肥
牛ふん堆肥と腐葉土を1：1で混ぜたもの 2～3kg/㎡
元肥
有機質入り肥料 120g/㎡、熔リン 30～50g/㎡

　トマトは栽培期間が長く、根が深く張るので、肥料の効果が長持ちするように準備します。

　植えつけの2週間前に苦土石灰を散布し、土になじませます。1週間前に溝施肥で腐葉土か落ち葉堆肥を施します（１１６ページ参照）。さらに堆肥、元肥を全面散布し、畝を立ててマルチを張り、地温を上げておきます。

　苗を購入する際は、子葉がついていて葉色が濃く、節間の詰まったがっちりした苗を選ぶようにしてください。ただし、昔から、”八十八夜の別れ霜“といって、5月の始めに遅霜が降りることがあるので、植えつけは慌てず、5月初旬以降、第1花房が1～2花咲くのを待ってから行うようにしましょう。

　後で立てる支柱との関係で、2条に植えつけます。植え穴をあけたら、たっぷりと水を注ぎ、土を念入りに湿らせてから植えつけると、活着がよくなります。トマトは花房がつく方向が同じなので、花房を通路側に向けて植えると、その後の作業や収穫が楽になりますよ。植えつけ後は、苗が風で倒れないように仮支柱を立てておきましょう。

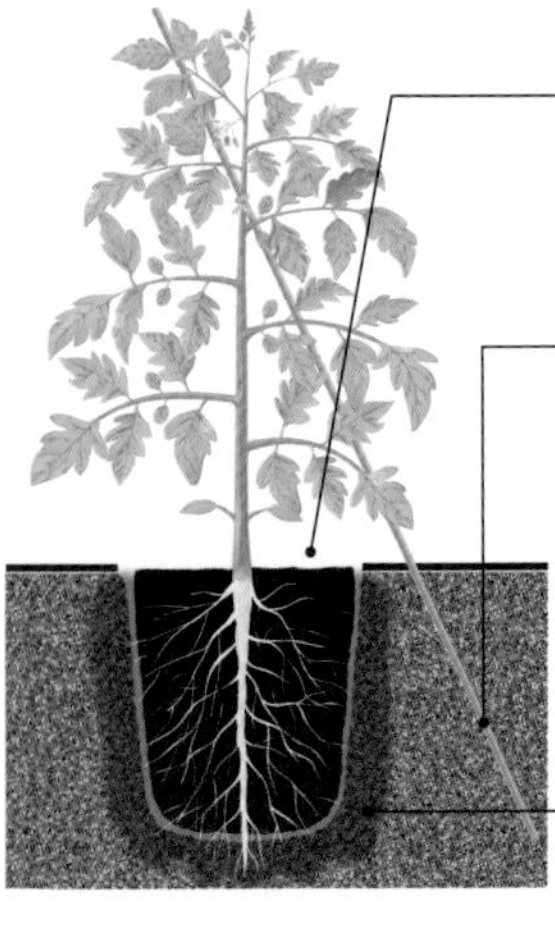

2 支柱立て・誘引

　植えつけ後、1〜2週間経ち苗が根づいた頃、仮支柱を外して本支柱を立てます。1株につき1本、根鉢を傷つけないよう、株から5〜7cm離れたところに、長さ210cmの支柱を立てて、直立式に組みます（120ページ参照）。

　トマトは株の周辺の温度を上げないことが栽培のコツ。この仕立て方だと、風がすっきりと抜けるのでおすすめです。2列に並び、まるでポプラ並木のようになるので、"並木仕立て"と呼んでいます。限られた空間で実をいっぱいとりたい人に向いている仕立て方です。

　茎が伸びてきたら、生長に合わせて適宜、茎を8の字結びで支柱に誘引しましょう。株が生長していくことを見越して、支柱側の誘引ひもは少し高い位置に結びます。また、茎側はすぐに太くなるので、ゆとりをもたせて結んでおきます。くれぐれも、誘引するさいに茎を傷つけないように気をつけて。「誘引は、茎にやさしく、支柱に厳しく」と、覚えてくださいね。

あとで雨よけ用のアーチ支柱を設置するので、支柱は株と同じ並びにさす。株が支柱の陰にならないよう、できれば株の北側にさすのもポイント

農大GA流！ 梅雨入り前に雨よけをクロスバンドで簡単設置

用意するもの

アーチ支柱（4ｍの畝なら5本が目安）、支柱（長さ210cm、補強用）、トンネルフィルム（畝の長さ×畝幅の2倍）、支柱用クロスバンド（支柱を固定するために必要）、ひも、トンネルパッカー

雨よけの組み方

株全体をカバーするために、アーチ支柱は畝の外側に差す。アーチ支柱と補強のために横に渡す支柱との接点はクロスバンドで固定する。アーチ支柱の上からトンネルフィルムを掛けて四隅をひもで固定し、上からパッカーで押える。支柱の高さを揃えるとぴんと張れる。

アーチ支柱を補強するため、210cmの支柱を、目線よりやや高い位置で横に渡し、クロスバンドなどで固定する

トンネルフィルムを張る時は、一方をアーチの部分に仮留めしてから、もう一方をピンと張って、固定する。フィルムの端は横に渡した支柱に巻きつけて、ひもで固定する。このとき、補強用の支柱の外側から内側に向かって巻きつける。逆にすると、巻きつけたところに雨がたまるので要注意

フィルムの表裏を間違えないように気をつける。裏側（つまり内側）にあたるほうが防滴加工になっている。文字が正しく読めるほうが表側になる

3 わき芽かき

植えつけ後しばらくすると、葉のつけ根からわき芽が次々と出てきます。わき芽は栄養を奪われないよう、小さなうちに摘みとるのが常識とされています。しかし、生育初期においては、わき芽が15㎝ほどになるまで残すことで根張りがよくなります。

ただし、第1花房に実がつき肥大を始めたら、それ以降は早めにかき取って、実に栄養を送るようにしましょう。

第1花房の実がつき始めたら、養分は実を肥大させるために使いたいので、わき芽は早めにとる

15㎝ほどに伸びたわき芽。片手を節の部分に添えながら、もう片方の手でわき芽をつまみ、「行って来い」の要領で、いったん奥に押してから手前に持ってくると、簡単にポキンと折れる。わき芽かきは、傷口が夕方までに乾くよう、できれば晴れた日の午前中に行うようにする

農大GA流！
わき芽が光合成を手伝ってくれる

出荷に追われ、わき芽かきが間に合わなかった年、収量がとても多かったんです。株を片づけたときも根張りがよかった。そこで翌年、第1花房に実がつくまでわき芽をかく・かかないの2通りの方法で比べたところ、わき芽を残したほうが根張りがよく、実も大きくなりました。生育初期の葉が少ない時期に、わき芽が光合成を補ってくれるんですね。

4 追肥

1回目の追肥は、第1花房の着果を見届けてから行います。トマトは追肥を急ぐと、草の勢いばかりが強くなってしまい、実が大きくなりません(「つるぼけ」)。最初は、肥料や水分を抑えて、果実が肥大するまで待ちます。

大玉の場合、追肥の開始はピンポン玉大になったら、といいますが、中玉やミニトマトの場合は、収穫時のトマトの半分くらいの大きさになったら、と考えてください。これが、「追肥していいですよ〜」の合図で、以降、2週間に1度の割合で有機質入り肥料を1㎡当たり20gを施肥します。ただし、与えすぎるとわき芽ばかりが大きく育ってしまいます。わき芽は見つけしだい摘んで、枝葉の勢いが強くなってきたら、肥料は控えるようにしましょう。

肥料は根の先端を意識して施す。マルチをめくり、三角ホーや移植ごてで土をやわらかくしてから、有機質入り肥料20g／㎡を帯状に施肥する。土をかぶせて、マルチを元に戻す

5 摘果と収穫

実の数が多すぎると、1つ1つの実は小さくなってしまいます。大きくて質のよい実をとるためには、よけいな実は摘むといいでしょう。そのぶん栄養が、他の実や次段の花にまわります。もったいないような気がしますが、中玉なら10個実がついていたら7～8個に、ミニなら15～20個になるよう、実が青いうちに摘むようにしましょう。

実がへたのほうまで赤く色づいたら収穫適期。房ごとに収穫する人がいますが、先端の実が熟すまで待っていると、最初に色づいた実が裂果してしまいます。また、青い実のときにとって追熟させたものは、色が赤くなっても、味はそっけないままです。せっかく自分で育てているのだから、樹上の完熟を味わえないともったいないですよね。

株の生育が旺盛だと、わき芽が次々と出てきて、葉が混み合ってきます。風通しが悪くなると、病気の発生源になるので、わき芽や黄色くなった下葉は適宜、取り除いてつねに株周りをすっきりさせましょう。

収穫するとき、中玉やミニはへたに親指を当てて上にあげると、簡単にぽろっととれる。大玉はかたいので、ハサミでへたを切る

摘果は先端部の小さい実や穴のあいた実は取り除く

注目! 6～7段めの花房に実がついたら先端を切る（摘芯）

どんなに収穫できていても、実はだんだん貧弱になっていきます。大玉なら5段、中玉・ミニトマトなら6～7段を超え、支柱の先に届いたら、最上段の花房の上に葉を2枚残して先端を摘芯しましょう。摘芯により、実や花の数が絞られて、その結果1つ1つが良質な実に育ちます。なお花房の上の葉を残すのは、実に養分を送り、甘くするためです。また、日焼けを防ぐ効果もあります。

ある程度の経験者なら、誘引したひもをほどいて茎を引きおろす“つるおろし”や“つる下げ”をして、15段くらい実をとることも可能でしょう。けれど、はじめてならあまり欲はかかず、今ある実に栄養を集中させたほうがいいですよ。

摘芯のさい、花房の上に葉を2枚残すのは、光合成を行わせ、実に養分を送るため

ナス

地中に「栄養の貯蔵庫」をつくれば、暑い時期でも株がへこたれない

高温多湿を好むナスは、日本の夏の気候に合っています。けれど、形のいい実を安定してとるのは難しく、ナスの顔色をうかがいながら、追肥や整枝、水やりをこまめにしなければなりません。乾燥に弱いという弱点を克服するには、溝施肥が有効です。ナスは根が深くまっすぐ伸びるので、地中に栄養を蓄えておくと徐々に吸収してくれます。梅雨明け後の猛暑で地上部が夏ばてぎみになっても、地中では根の活動が衰えることなく、勢いが回復してきます。

また、実のつき方をコントロールすることによって樹勢を維持し、長期間にわたって収穫できますよ。

1 畑の準備

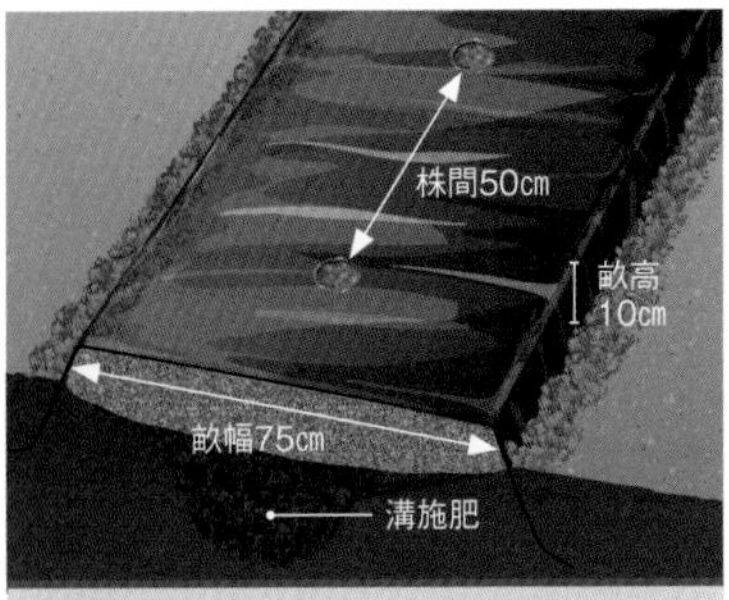

苦土石灰 100g/㎡
溝施肥
腐葉土または落ち葉堆肥 2～3kg/㎡
堆肥
牛ふん堆肥と腐葉土を1：1で混ぜたもの 2～3kg/㎡
元肥
有機質入り肥料 150g/㎡、熔リン 30g/㎡

ナスは夏野菜の中でも寒がりな野菜です。植えつけするのは、5月の連休明けがちょうどいいでしょう。植えつけする2週間ほど前に苦土石灰を施します。ナスは肥料を多く必要とします。長期にわたって収穫するため、植えつけの1週間前から溝施肥と全面施肥を併用し、堆肥と元肥をたっぷりと施します（16ページ参照）。高さ10cmの平畝を立てたら、黒マルチを張ります。前もって地温を上げておくと、苗の根張りがよくなり生育が早まります。

2 植えつけ

苗を購入するさい、第1花が咲き終わっている苗（老化苗）は避けます。ナスは第1花のつぼみが紫色に色づいたら植えつけ適期です。植え穴にたっぷり水やりしてから植えつけましょう。ポットから苗を取り出し、根鉢を壊さないよう植え穴に入れ、土を寄せて軽く鎮圧します。

植えつけ後、苗が倒れないよう仮支柱を立てます。苗の周りに支柱を立て、底の部分を切った肥料袋をかぶせる"あんどん"で囲うと保温の効果が得られ、活着がよくなります。

苗が風などで倒れないよう仮支柱をする。長さは50cmほどあればどんな棒でもOK。苗の上から3分の1あたりで茎と交差するよう、支柱を斜め45度で差して、8の字で誘引する

いい苗の選び方

- 節間が詰まり、がっちりしている
- 本葉7～8枚展開。第1花のつぼみが確認できる
- 葉色が濃く、病害虫に侵されていない
- 子葉がついている

おすすめ品種

『千両二号』（タキイ種苗） 日本ではもっともポピュラーな中長ナス。「とげあり」と「とげなし」がある。とげありのほうが収量はあるが、とげなしが扱いやすい。

『庄屋大長』（タキイ種苗） 果実が35～40cmにもなる大長ナス。果肉がとろけるようにやわらかく、焼きナスが絶品。

栽培スケジュール 植えつけ 収穫

1 2 3 4 5 6 7 8 9 10 11 12月

3 わき芽かき

植えつけてからしばらくすると、葉のつけ根から次々とわき芽（側枝）が出てきます。

第1花が咲いたタイミングで、花の下の勢いのいいわき芽を2本残し、それより下のわき芽をすべて摘み取ります。

第1花の直下から出ているわき芽は、主枝と変わらないくらい勢いがあるんです。これを第1側枝、その下を第2側枝として、主枝と合わせた3本を伸ばしていきます。

注目！

主枝と側枝２本を伸ばし、株の形をしっかりつくる

ナスはトマトと違い、早めにわき芽を管理し、必要な枝を伸ばして株をつくることを優先させます。不要なわき芽を残しておくと、養分が分散してしまい、本来伸ばしたい主枝や第１側枝、第２側枝の生長にブレーキがかかってしまいますよ。

根元までよく見て、わき芽があったら手でかき取る。農大ＧＡでは、株元に線虫予防のためにニラを植えている

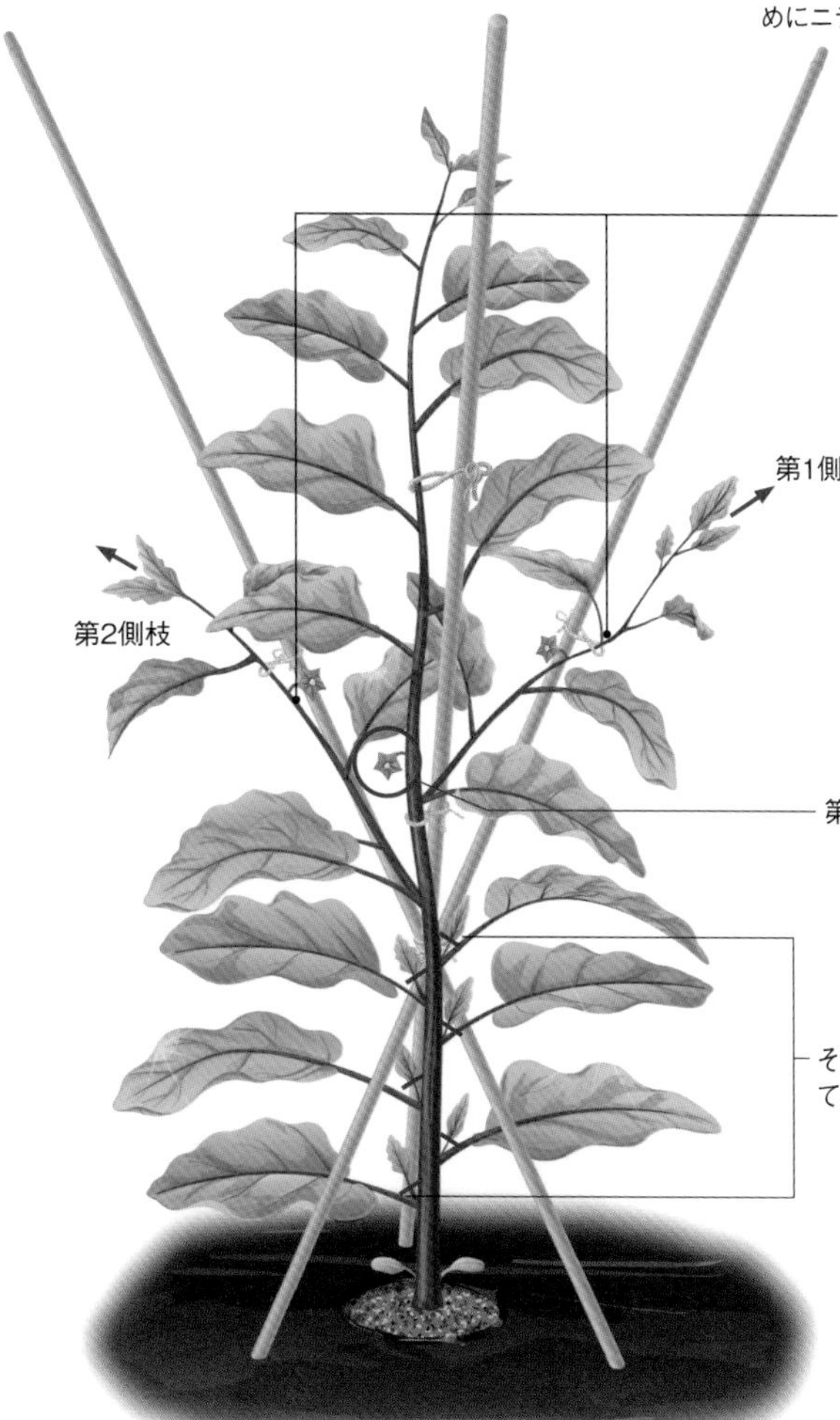

4 支柱立てと誘引

わき芽を整理したら、本支柱を立てます。150〜180㎝の支柱を3本、斜めに交差させて立て、各枝をくくりつけます。

支柱の交差位置は、第1花より下にすると、枝が外側にぐっと広がり、日当たりや風通しがよくなりますが、株間、畝間が必要になります。高い位置だと、省スペースになりますが、枝が混み合います。交差位置は、各自のスペースに応じて決めてください。

茎にひもをかけて誘引する。花の真下では結ばず、その下の葉のついたところが丈夫なので、そこで誘引するとよい

支柱は３本をしっかり交差させ、ひもでかたく結んで固定する。３本の支柱は、真上から見ると、Yの字になるように広がっている

5 摘果

ナスは雄しべと雌しべを持つ両性花で、花が咲くと自家受粉し、実がつき始めます。「第1果は花のうちに摘む」と言う人もいますが、成りぐせをつけるために、実が親指大になってからとったほうがいいですよ。ただし、苗の勢いが弱いと感じたら、実がつく前に花を摘んでしまい、苗が元気になるのを待ちましょう。

6 追肥

第1果を摘果したタイミングで1回めの追肥をします。実を長期にわたってとり続けるには、途中で草勢が低下しないよう、以降、2～3週間に1度を目安に追肥するといいでしょう。ただし、過多にならないよう、樹勢を見ながら施します。

株の広がりと根の広がりはだいたい比例します。肥料をまく位置は、根の生長に合わせて変えます。根の先端をめがけて施し、土寄せしながら土に混ぜ込みます。

有機質入り肥料30g／㎡を畝の側方に帯状にまく。ドカッとまとめてまくと肥料焼けを起こしてしまうので要注意。まいた後、土寄せをするのも忘れずに

注目！ ナスは生育判定がしやすい

人間も疲れると顔色が悪くなるように、野菜もメッセージを発します。枝のつけ根に近い1つめの花を見てください。雌しべが雄しべより長く、花より上に葉が4枚以上あればだいじょうぶです。

◎長花柱花

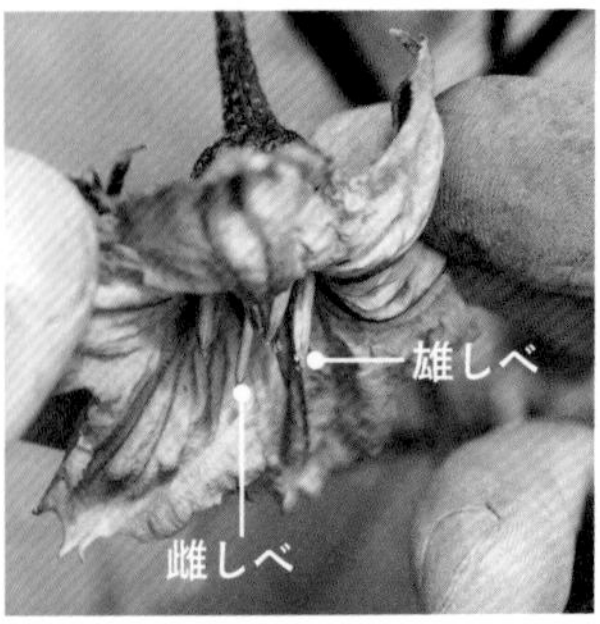

株の生育が順調なときは、雌しべが雄しべより長い長花柱花になる。雌しべが突き出ているので花粉が落ちてくると受粉しやすい

×短花柱花

株が疲れてくると、新たに咲く花の雌しべが雄しべより短い短花柱花になる。受粉ができず花が落ち、実がつかない。追肥をして回復を待つ

実も診断目安になります。かたい、つやがないなどの実は生理障害です。水不足や肥料不足、肥料過多が原因なので、追肥や潅水をして改善を試みます。

×石ナス

かたくてつやがない。主な原因は受精障害によるもの。低温下での発生が多い

×つやなし果

実の色が薄く、つやがない。発育中の水分不足によるもの。梅雨明け後の高温乾燥期に発生しやすい

最初の実りはうれしいものだが、長期間いい実を収穫するために、第1果、第2果は早めに摘み取る。ハサミでへたの上を切るとよい。次々と出てくるわき芽もまめに取る。傷口が乾くよう、晴れた日の午前中に作業を済ませよう

どうして？

初期の着果負担を減らせば元気に育つ

第1果がついたということは、「これから実をつける準備が整いました」という合図なんです。ただし、まだ株が十分に育っていない時点で実を大きくしてしまうと、株が疲れてしまいます。そこでもっと勢いをつけるために、第1果、第2果までは、実が小さなうちに摘み取ってしまいます。

7 収穫と整枝

3番果以降は、実がほどよい大きさになったら収穫します。品種にもよりますが、へたの上2㎝くらいのところをハサミで切って収穫します。大きくなりすぎると食味が落ちるので早めにとるようにしましょう。

ナスは手入れ次第で収量に大差がつく野菜です。放っておいても実はつきますが、収穫するのと同時に、枝の切り戻しを行うと、株が疲れず、長い期間収穫できます。また弱い枝や枯れた下葉も取り除き、日当たりや風通しをよくすることも長持ちにつながります。

収穫適期の大きさは品種で異なるので事前に確認する。写真の「千両二号」は、15〜16㎝がとりごろ。収穫バサミの長さで見当をつけるのがおすすめ

注目! 1本の枝から2果をとり、切り戻す

3本伸ばした枝からは、次々とわき芽が出て実をつけます。1本の枝から実を2果とるようにします。収穫するたびに切り戻せば、枝が混み合わず、日当たりや風通しがよくなり、次々に実を収穫できますよ。

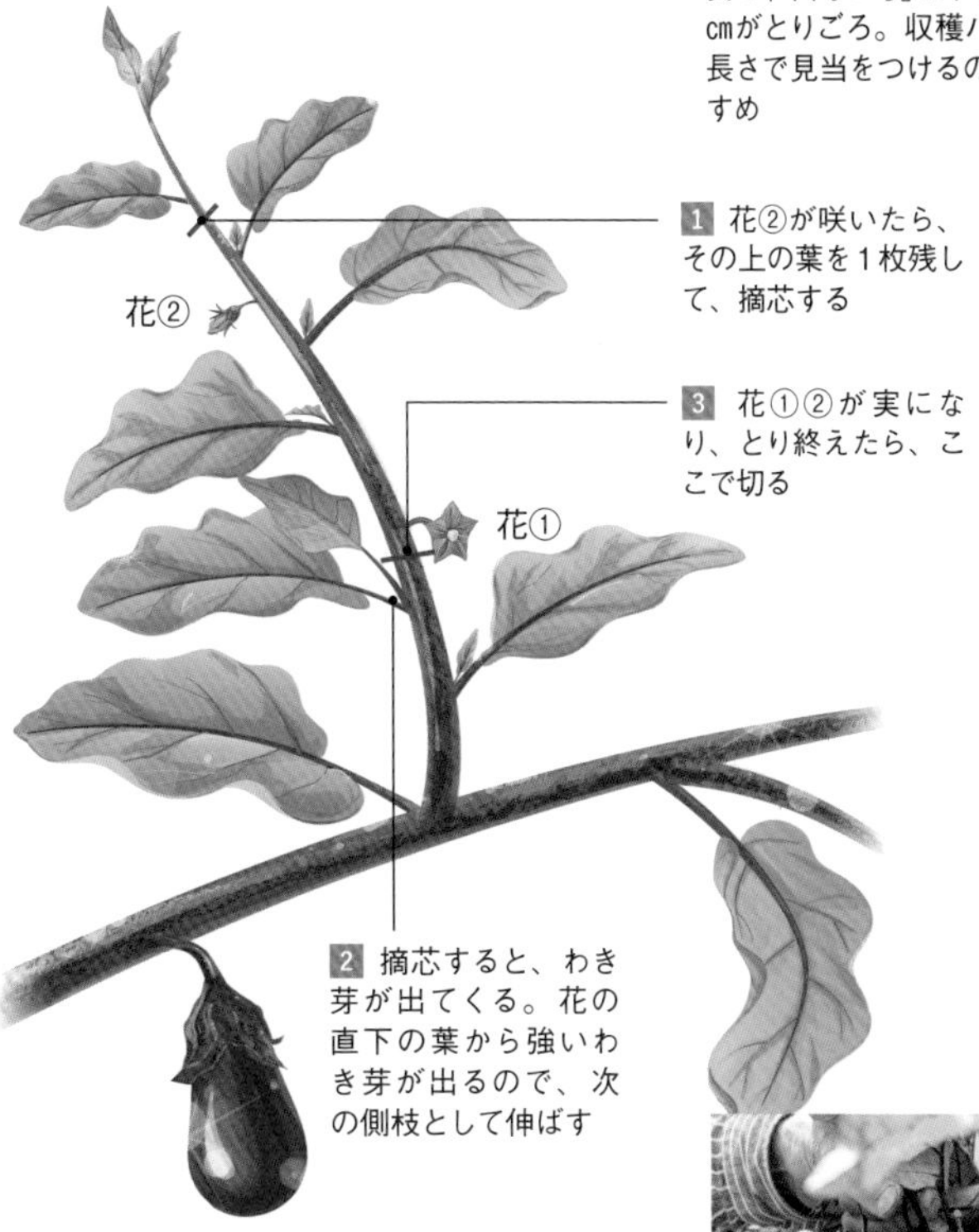

枝葉が混んだり、草勢が落ち着いてきたら、1枝2果でなく、1果だけとる

注目! 極上の秋ナスを食べたければ更新剪定が有効

切り戻しながら収穫を終えてもよいが、ナスを畑に残しておけるなら、長く伸びた枝や根を切り戻す更新剪定をするといいでしょう。8月になったら枝や根を全体の半分くらいに切ります。切ったあとは1か月ほど収穫できませんが、それを埋め合わせるかのように、やわらかくてみずみずしい秋ナスが収穫できるようになりますよ。

半分くらいのボリュームになるよう枝を切る。コツは、株の下から枝を見ること。強く太い枝を残し、その他の枝は半分くらいの長さに切る

枝だけでなく、根も切る。株から30㎝ほど離れたところにまっすぐスコップを入れて四方から断ち切る。ぷちっと根が切れる音がするまでスコップを入れる。そのままスコップを前に押して隙間をつくり、そこに1株当たり約30gの有機質入り肥料を追肥する

キュウリ

短期集中と割りきって、2度、3度植えるのがおすすめ

キュウリは、ヒマラヤ山麓の湿気の多い地域が原産地です。根が浅く広く張るため乾燥には弱く、水分を多く必要としますが、水がたまっている状態が続くとすぐに根腐れします。水はけが重要なので、わたしは長期予報を見てから畝の高さを決めています。また、雨が多い時は畝の脇に溝を切り、排水をよくします。

ただ、それでも病気が出る時は出ます。もし病気に負けたら諦めて新天地へ移りましょう。わたしはつねづね、「1本めを収穫したら、新たに種をまけ」と言っています。キュウリは生長が早いので、最初の株が枯れても、新たな株で収穫できますよ。

おすすめ品種

『夏すずみ』(タキイ種苗) ホームセンターでも苗が手に入る家庭菜園の定番品種。うどんこ病やべと病に強く、夏の高温乾燥期にも、安定して収穫できる。

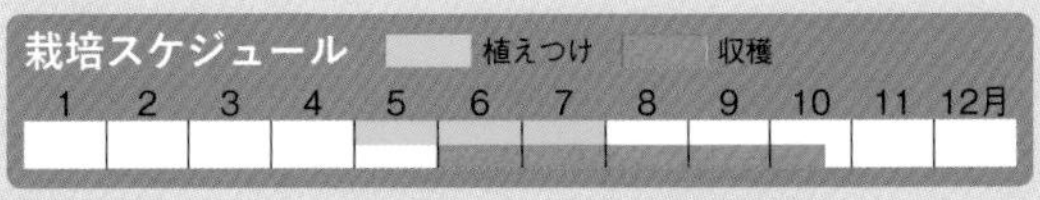

1 畑の準備

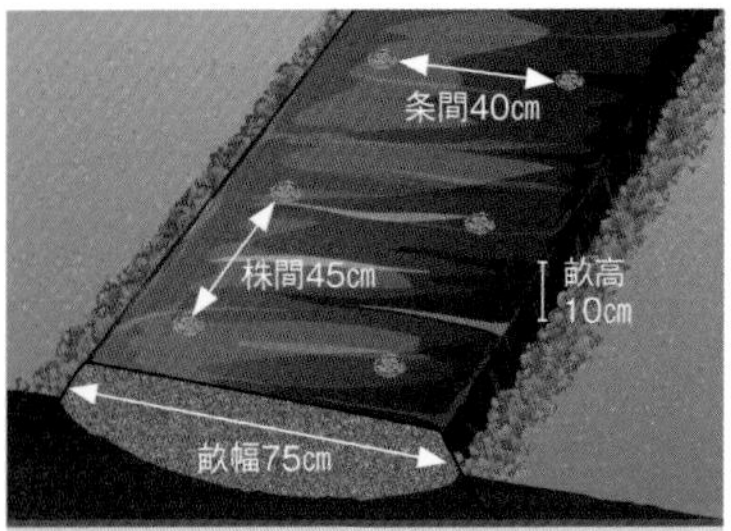

苦土石灰 100g/㎡
堆肥
牛ふん堆肥と腐葉土を1：1で混ぜたもの
2〜3kg/㎡
元肥
有機質入り肥料 150g/㎡、熔リン 30g/㎡

植えつけの2週間前に苦土石灰を、1週間前に堆肥と元肥を施し、よく耕します。キュウリの根は浅根性なので、畝の全面にまんべんなく、浅く施しておくのがポイントです。畝の高さは10cm程度でよいのですが、水はけの悪い畑や、長期予報を見て、梅雨の時季に降雨量が多いと予想される場合は、15cmほどにかさ上げします。

畝を立てたら、黒マルチを張ります。マルチは乾燥したときは保湿ができ、雨が多いときは株元に大量に雨が入るのを抑えてくれる資材です。張るだけで水分調整ができるので、マルチを活用してください。

2 植えつけ

キュウリは、本葉が2〜3枚の若いうちに植えつけると、活着がよく初期の生育がスムーズです。苗を購入するさいは、生長の進みすぎた苗は選ばず若苗を入手し、遅くとも本葉4枚までに植えつけましょう。

苗は、あとから支柱立てをすることを見越して2条で植えつけます。植え穴をあけたらたっぷりと水を注ぎます。水が引くのを確認してから、根鉢をほぐさないように浅めに植えます。植えつけ後は苗が倒れないよう、仮支柱を立てておきます。

本葉2.5枚の若苗。浅く広く根を張るので、植え穴の深さは5cm程度の浅植えにする

植えつけ後は仮支柱を立てておく。農大GAでは、株の周りにニラ苗を一緒に植えて線虫を予防している

3 支柱立て

本葉が7〜8枚になるまでに育ったら、本支柱を立てます。キュウリは実がなるとかなり重くなるので、頑丈な合掌式がおすすめです。1株に1本の支柱を斜めにさして、交差した部分に支柱を横に渡します（121ページ参照）。

園芸用のネットを張り、親づる（主茎）はおもに支柱に、子づる（わき芽）はネットに誘引してつるを伸ばして栽培します。上へ上へとなるべく隙間をあけて誘引し、風通しをよくしながら育てれば、うどんこ病などの病気になりにくいですよ。

絡まない、たるまない 農大GA流！キュウリネットの張り方

キュウリネットをきれいに張るのは案外難しいんです。畝の長さに適したサイズのネットを用意し、正しい手順で張りましょう。長さ2mの畝で合掌式支柱を組むなら、1.8m×6mサイズを使用します。網目が18cm間隔の菱形になっていて、ネットの天地に色がついている商品が作業しやすいですよ。

束ねた状態のキュウリネットをひもAに通し、ネットの端を支柱の上部に引っ掛けて広げる

PPロープなどのひもを用意し、合掌式支柱の上部にひもAを回しかけ、仮止めする。下部も同様にひもBで取り囲み、仮止めしておく

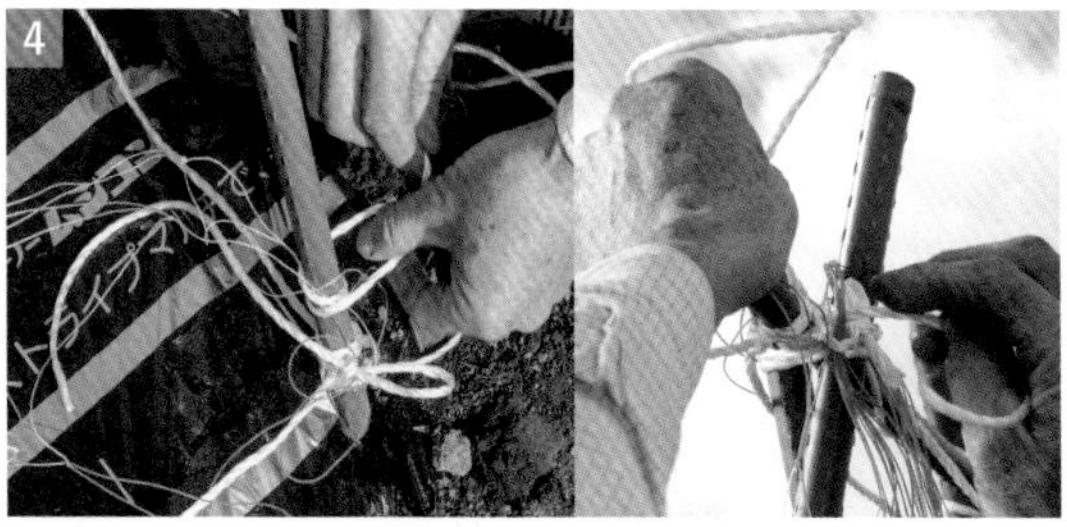

広げたネットを、支柱の上部の左右と下部の四隅にひもで留める

ひもBにも同様にネットを通し、支柱の下部に引っ掛けて、畝の周囲にぐるっと広げる

ネットを引っ張りながら、支柱のところどころに留める（白い○のついたところ）

ネットを引っぱってみて、きれいな菱形になるように、余分なネットを支柱に巻きつけてひもで留める

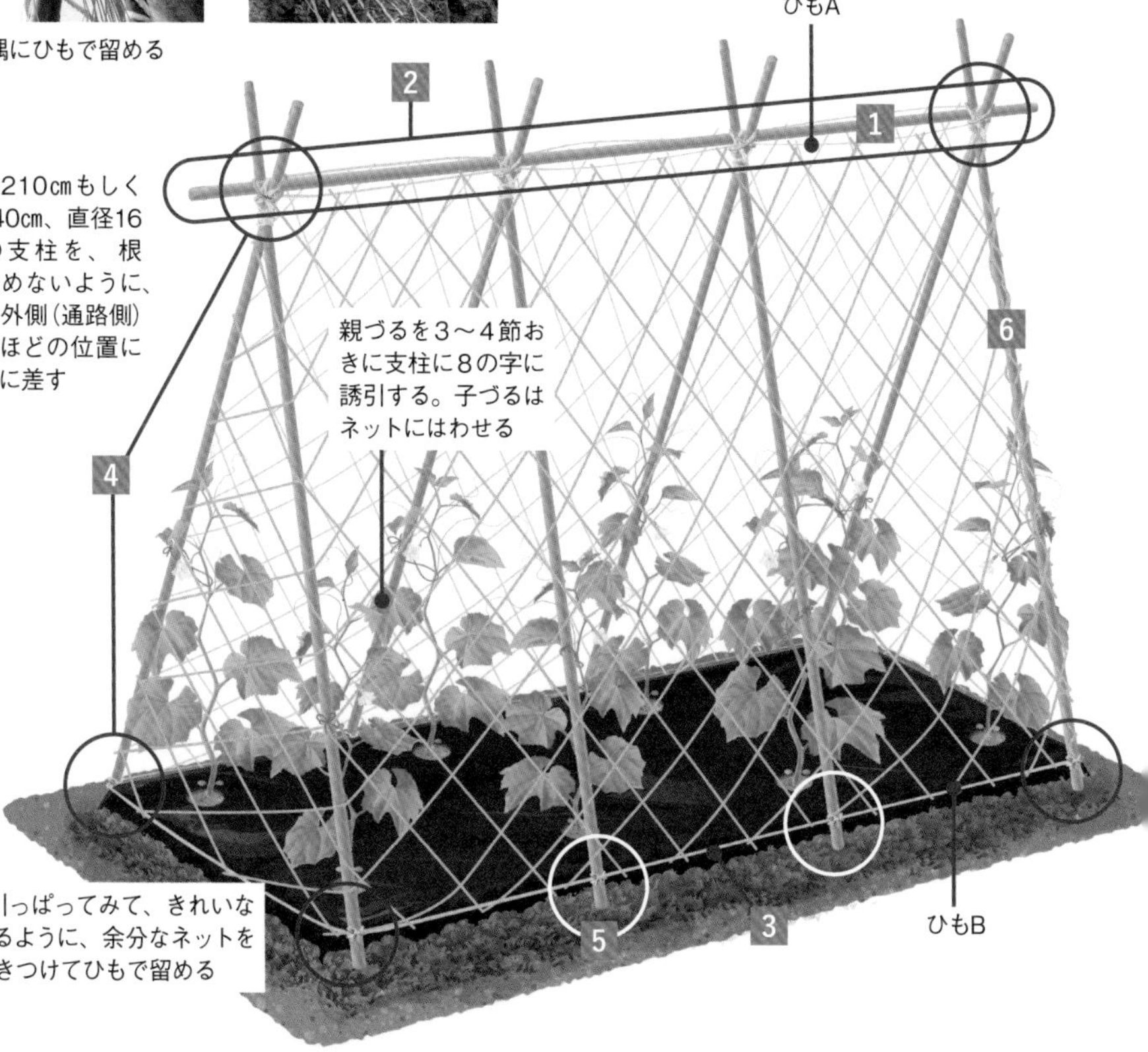

4 わき芽かき

本支柱に誘引したら、株元から数えて5節までのわき芽（子づる）と花をすべて摘み取ります。早く実を収穫したい気持ちはわかりますが、こうしたほうが、根が早くしっかり張って、コンスタントに実をとることができます。最終的には収量も多くなりますよ。わたしの農園では8節までわき芽を取っています。

わき芽の除去は、晴れた日の午前中に行うこと。曇天時は、傷口が乾きにくく、つる枯病などが発生しやすくなる

5 追肥

本支柱を立ててわき芽を摘み始めたら1回めの追肥。根の先端を意識しながら株元に施肥します。以降、2週間に1度の間隔で同量を追肥していきます。生長とともに根が広がるので、2回め以降はマルチの端をめくって畝の側方に帯状に施肥し、土に混ぜ込みます。化成肥料は少ない量を複数回に分けて施すのがポイント。有機質入り肥料なら倍量を与えてください。

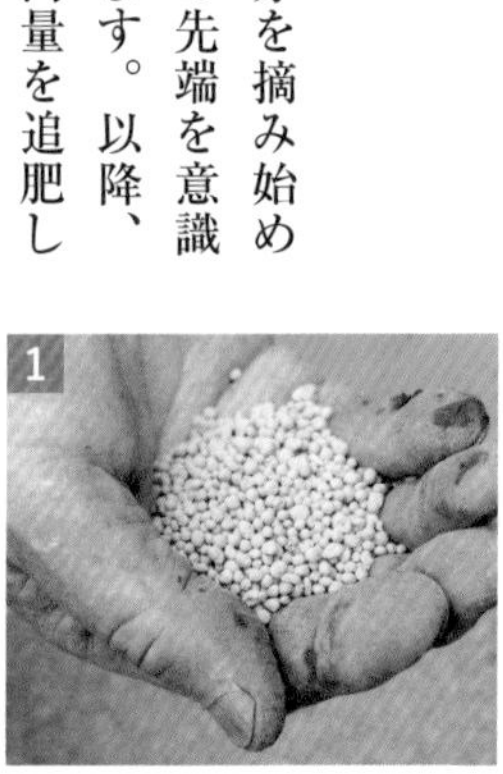

追肥は2週間に1度、化成肥料（8・8・8）を15g／㎡。肥料は足し算できるが引き算ができない。とくに化成肥料は与えたぶんだけ効くので、多すぎるのは禁物。雨の有無によって効き方が変わるので小分けして野菜の様子を見ながら与えること

根が伸びてきたら畝の側方に帯状に施す。最初は畝の片側に施し、次は反対側と、順番に場所を変えると、根がバランスよく養分を吸収できる

6 整枝と収穫

根が張り、株ができあがる6節め以降は、子づる（わき芽）をネットに伸ばし、実を収穫しながら育てます。子づるの1節めには雌花がついて、キュウリの赤ちゃんができます。その先にも花がつきますが、6～10節めまでは、欲張らずに1本の子づるから1果だけとります。残す雌花の先には葉を2枚残して摘芯します。すると、子づるの節からさらに孫づるが出てきます。これも同様に葉を2枚残して摘芯し、実を1つとります。このルーティンを繰り返していくと、形のいい実が多くとれます。

最初の1～2本は、まだ株が生長途中なので、長さ15㎝程度で摘み取ります。3本めからは長さ20～22㎝で収穫します。キュウリは生長が早くあっという間に実が肥大します。収穫適期を逃すと食味が悪くなるだけでなく、株が疲れて質が落ちるので早めにとるようにしましょう。

親づる（主茎）は支柱に誘引する。気温が上がってくると、つるがぐんぐん伸びる。キュウリは収穫しながら整枝することでいい実が長くとれる。枝葉を放置しても実はできるが、きちんと整枝したほうがまっすぐで良質なキュウリがたくさんとれる

キュウリは朝どりがみずみずしいのでおすすめ。夕方は実の水分が蒸散しやすくなる。収穫する時は、鮮度の目印になるキュウリのいぼを取らないように、頭のほうを持って果柄部をハサミで切る

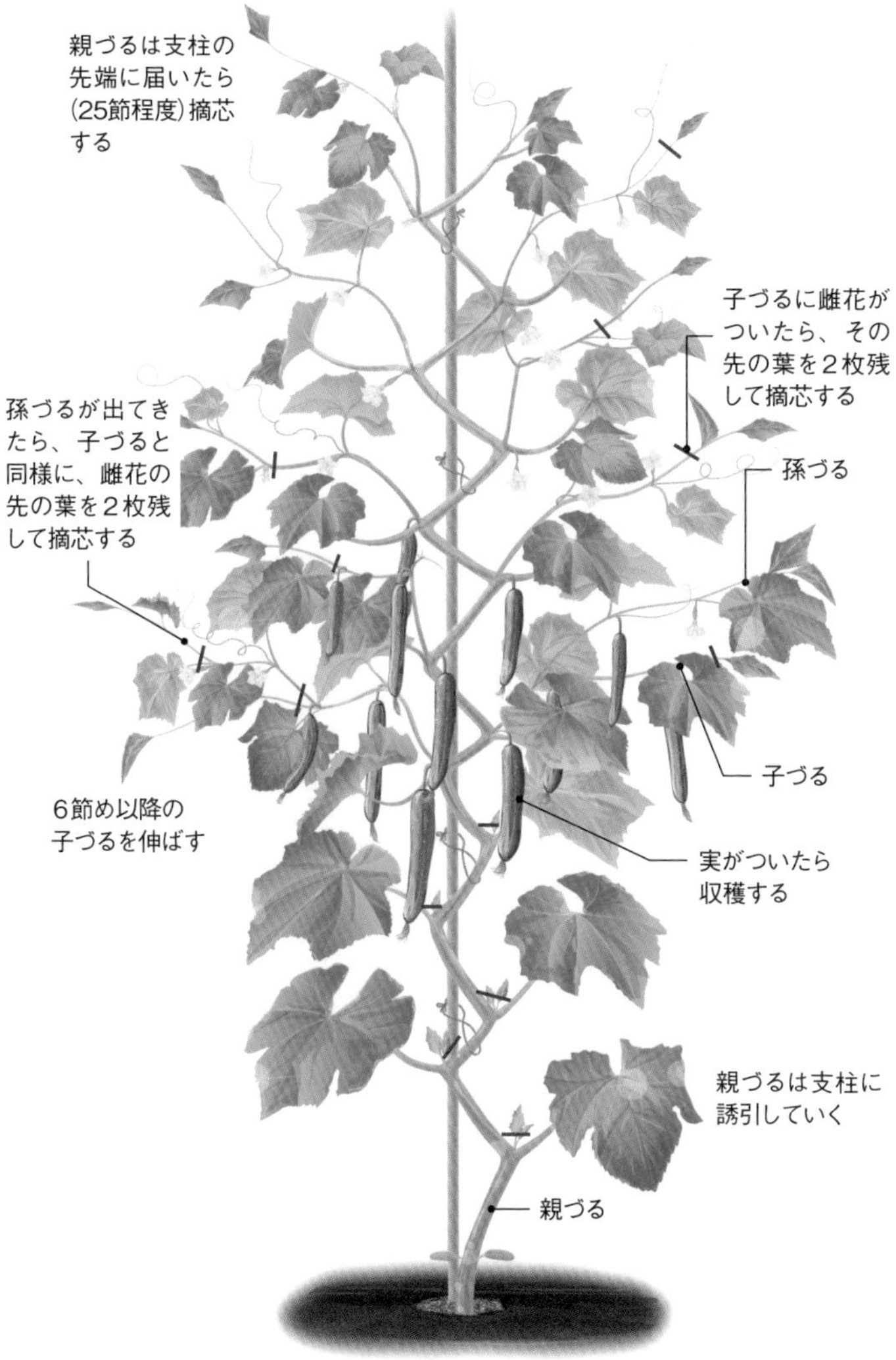

注目!

6節め以降の子づるを伸ばす

親づるを支柱に誘引しながら、子づるを伸ばし、実を収穫していきます。子づるに雌花がついたら、その先の葉を2枚残して摘芯します。葉っぱを2枚残すのは、そのほうが葉が光合成を行って実が生長し、さらに子づるや孫づるが出るからです。とはいえ、摘芯は野菜の体を傷つける作業。一度にたくさん行うとダメージが大きいので、こまめに行うようにしましょう。

株元近くの枯れた葉は摘む

実が収穫できる頃になると、しだいにつるや葉が混み合う。管理もしにくくなるので、株元近くの古い葉や重なっている葉を摘んで、日当たりや風通しをよくする。黄色くなった老化葉や病害虫に侵された葉は、病気を呼ぶので早めに除去すること。

農大GA流!

1本めの実を収穫したら育苗をスタート

5月の連休のタイミングで植えると、たいていの場合、「いちばん食べたい夏の盛りの頃にキュウリがない」という状態に陥ります。それを避けるために、2度、3度ずらして植えることをおすすめします。もう苗は売られていないので、種まきして育苗するといいですよ。ナスやトマトに比べて育苗期間が短く、苗づくりは簡単です。好みの品種を選ぶ楽しみもあります。

ポリポット(3号)に育苗培土を入れてポットの中央に種を横向きにしてまく

覆土の厚さは種の3倍が目安。指で種を6㎜~1㎝くらいの深さまで押し込む

土をかぶせて鎮圧し、土と種をなじませ、灌水する。庭先やベランダなど、日当たりのいい場所に置き、発芽するまでは乾燥させない

ピーマン

3本仕立てなら光と風通しよし。1株から100個どりは当たり前

ピーマンの枝の伸び方っておもしろいんです。最初に花芽をつけた段階で2～3本に枝が分かれると、その後も節ごとに花芽をつけて枝分かれを繰り返します。「各節に、葉が1枚と実が1個つく」と覚えてください。

栽培のポイントは2つ。第1花までのわき芽は株の初期生育を促すためにかならず取ること。もう1つは内側の邪魔な枝や徒長した枝を取り、横から見た時に盃状になるよう樹形を維持することです。光と風通しを確保すれば、霜が降りる頃まで収穫できますよ。1株から100個はとれます。家庭菜園なら、1～2株あれば十分ですね。

おすすめ品種

『ニューエース』(タキイ種苗) 植えつけから収穫までの期間が早い極早生品種。収量が多く、育てやすい家庭菜園の定番品種。生育初期からなり休みが少なく、長くとり続けられる。

栽培スケジュール 植えつけ 収穫

1 2 3 4 5 6 7 8 9 10 11 12月

1 畑の準備と植えつけ

苗を入手するのと並行して畑の準備をすすめましょう。植えつけの2週間前までに苦土石灰、1週間前に堆肥、元肥を段階的に散布し、よく耕してマルチを掛けておきます。第1花のつぼみが膨らみ始めたら植えごろです。植え穴にたっぷりと水やりし、根鉢を壊さないように苗を入れ、株元をよく押さえます。

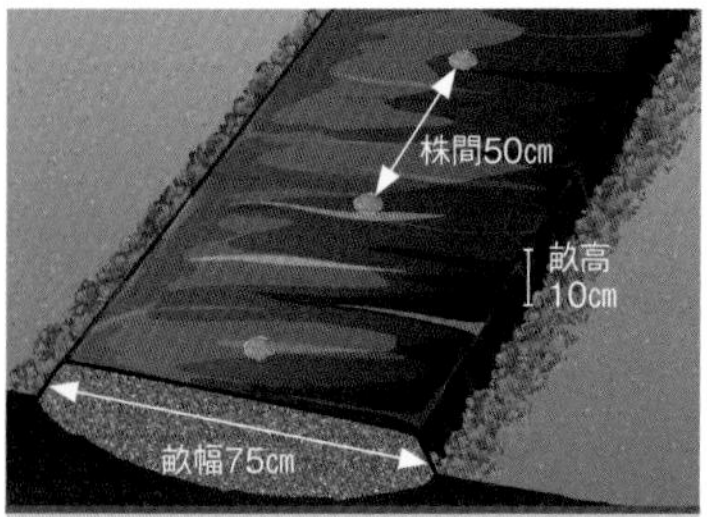

苦土石灰 100g/㎡
堆肥
牛ふん堆肥と腐葉土を1：1で混ぜたもの 2～3kg/㎡
元肥
有機質入り肥料 150g/㎡、熔リン 30～50g/㎡

植えつけ後は仮支柱を立てる。ピーマンは高温が好き。トンネルをかけたり、1～2株なら四隅に短い支柱を差し、底をカットした肥料袋などを被せる"あんどん"で保温するのがおすすめ

2 支柱立てとわき芽かき

植えつけ後、2週間ほどたったら仮支柱を外し、本支柱を立てます。最初に枝分かれした2本と、その次に枝分かれしたうちの強い枝を1本選び、計3本を伸ばしていきます。枝に沿うように支柱を斜めに差し、生長に合わせて枝を誘引します。第1花より下のわき芽はすべて除去します。

農大流！ "盃形3本仕立て"にする

ピーマンは、放っておくと枝が混み合って風通しが悪くなり、病害虫が出やすくなります。残す3本の枝が外へ向かうように誘引することでその後の収穫&整枝作業が楽になります。

盃状に広がっていくような美しい株姿になるように育てる

150～180cmの長さの支柱を3本の枝に沿うように斜めに差す。支柱は苗の高さのあたりで交差させて交点をひもで結ぶ

支柱を立てると同時にわき芽を取る。同じところから再度わき芽が出てきたら、また摘み取る。切り口から雑菌が入らないよう、できれば晴れた日の午前中に手で折り取る

3 摘果

実がつく夏野菜全般に言えることとして、生育初期のうちは、株を大きくすることに養分を使います。第1果、第2果は実が小さなうちに摘み取ってしまうことがピーマンの鉄則です。

このタイミングで摘果しておかないと、100個の実をとれるところが40個で終わってしまいます。そのくらい重要です。花を見逃さないでくださいね。

ピーマンは実が緑なので見逃しがち。花が咲いたら注意して観察しよう。若どりし、栄養分を株の生長に回す

4 追肥

第1果、第2果を摘果したタイミングで追肥を開始します。以降、2週間に1度を目安に追肥します。実をどんどんつけるには養分がたくさん必要です。

もし土が乾燥していたら、肥料を浸透させるために水やりします。逆に雨が続いて肥料分が流れてしまっていたら、次の追肥までの期間を短くしたり、量を増やすなど調整してください。

マルチをめくり、根の先端を意識して化成肥料(8・8・8)20g/㎡を施す。もし根が見えていたら、肥料が直接根に触れないように周りにまいて土となじませる

5 収穫と整枝

実の長さが5~6cmになったら収穫します。暑さとともに枝葉が茂り、株の内側が混み合ってきます。ピーマンは日焼けしやすいので適度に葉があったほうがいいのですが、繁茂すると病害虫が発生しやすくなります。こまめに整枝しましょう。

品種にもよるが、長さが5～6cmで、つやのある緑色のうちに収穫。実を手で持って、“くの字”になっている部分を持ち上げるとぽきっと外れる

ピーマンはお肌が弱い。直射日光が当たることで発生する「日焼け果」は、実の一部が焦げたように変色する

注目! ピーマン剪定のコツ

枝が重なっているところを切って、内側に空間をつくり、日当たりや風通しをよくします。ただし、実の日焼けを防ぐために、あまり切りすぎないように気をつけてください。実の上に光を遮ってくれるような葉を残すようにするのがポイントです。

重なったり、混み合ったりしている部分の枝を切って、風通しをよくする。株の内側に向かって伸びた枝(ふところ枝)や、細く弱い枝、下に垂れている枝を切って横から見た時、盃状になるよう整える

わき芽をとる

誘引する時は、実のついた節の下が丈夫なので、そこにひもをかける

トウモロコシ

大きな葉が太い実をつくる。雌穂の開花時期を見逃さないで

トウモロコシの収穫適期は、「絹《けん》糸《し》が茶色くなったら」と言われますが、わたしは雌穂の開花後の日数を重視していて、開花日をかならず記録しています。トウモロコシは品種によって、種まきから収穫までの日数が違います。たとえば、『ゴールドラッシュ』なら開花後21～23日の実が絶品。早すぎると水っぽいし、遅いと水分が抜けて糖度も低下します。

実の大きさや甘さは、光合成の量に左右されます。昔は取ることが推奨されていた側枝は「光合成に貢献している」という研究結果が発表されて以来、残すことが当たり前になりました。葉1枚1枚をたいせつに。

おすすめ品種

『ゴールドラッシュ』(サカタのタネ) 粒が大きくて皮が薄く生食できるスイートコーンの代表格。収穫までの日数に応じて種類が豊富。地域の気候に合わせて選ぶとよい。

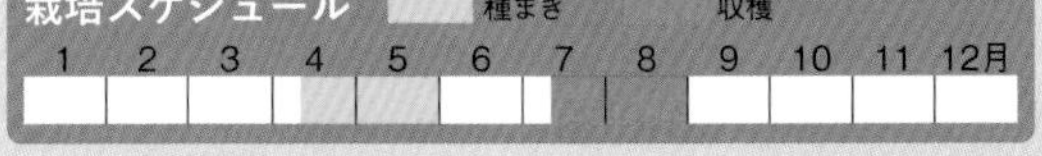

1 畑の準備と種まき

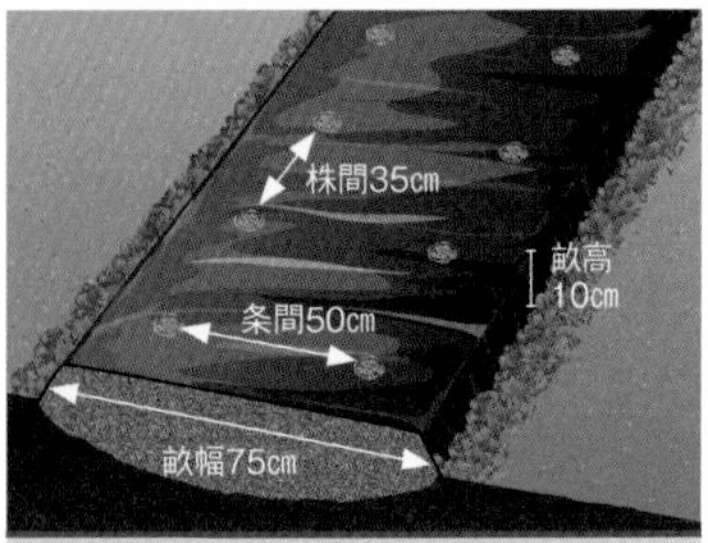

苦土石灰 100g/㎡
堆肥
牛ふん堆肥と腐葉土を1：1で混ぜたもの 2～3kg/㎡
元肥
有機質入り肥料 150g/㎡

種をまく2週間前に苦土石灰、1週間前に堆肥と元肥を施してよく耕し、マルチを張って地温を高めておきます。トウモロコシの株は、頂部に雄穂が、中ほどに雌穂がつきます。それぞれの開花時期がずれるため、自家受粉はしにくい傾向にあります。受粉率を高めるために2条植えにし、風で飛んでくるほかの株の花粉で受粉できるようにします。

条間を50cmあけるのは風通しをよくして、病気を予防するのが目的です。また、交雑しないよう品種は同じものをそろえるようにしましょう。混ざってしまうと、品種本来の味になりません。

種まきのポイント

移植ごてやマルチカッターを使ってまき穴をあけ、空き缶などの底で押して穴底を平らにする。種は三角形に3粒まく

覆土するさいは、土を手で揉んで粒子を細かくすると発芽しやすくなる。土の厚さは1cmほど。覆土後、手のひらで鎮圧し、種と土をなじませる

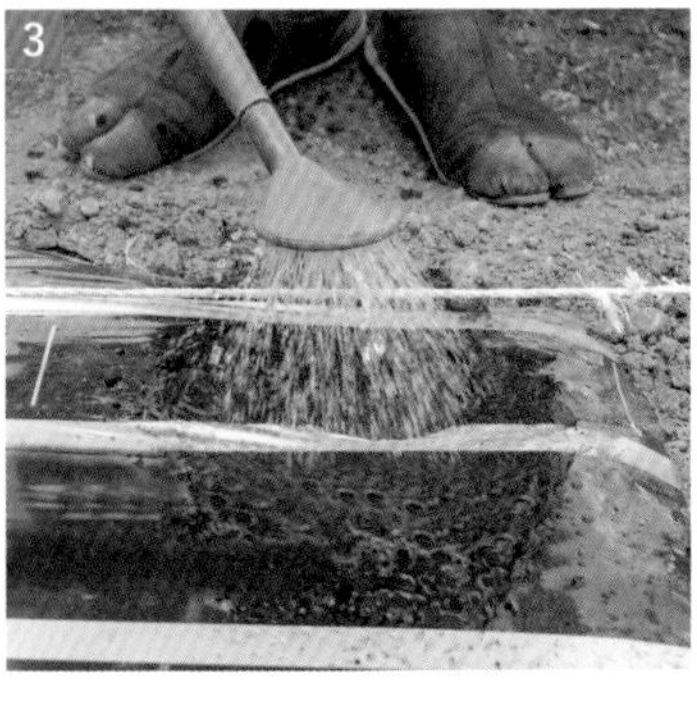

種まき後は、じょうろでたっぷり灌水する。トウモロコシの種が赤いのは殺菌剤を使っているから。手袋をして作業するか、素手なら種まき後、すぐに手を洗うこと

2 間引き

発芽して15㎝ほどの草丈になったら、1本だけよい株を残して他を間引きします。残す株の根を傷つけないために、引っこ抜くのでなく、ハサミで地際を切るといいでしょう。

間引く株の状態がよければ、ていねいに引き抜いて、欠株した場所に移植してもいいでしょう。移植後はたっぷり灌水します。根づくまでに時間がかかりますが、時間差で収穫できるのでお得ですよ。

ハサミで地際を切ると土中に根が残るが、自然に分解される。引っこ抜く場合は、残すほうの株元を片手で押さえながら、間引く株を横に引っ張って抜く

農大流！

草丈15㎝までに間引けば 1枚1枚の葉の面積が大きくなる

トウモロコシは、トマトやキュウリと違い、葉が8〜12枚と少ないんです。その貴重な葉が1枚1枚日々光合成をして養分をつくり出します。光合成の量によって実の大きさや甘さが決まるので、葉の面積ができるだけ欲しい。わたしの経験上、草丈15㎝程度で間引いて1本立ちにすると、葉の幅が広く、大きく育ちます。間引きが遅れて大きくなってしまうと、たがいに栄養を取り合って、その後も葉の幅が狭くなる傾向があります。

草丈15㎝の株。葉は4枚ほど

3 追肥・土寄せ

間引き後、本葉が5〜6枚になったら1回めの追肥をします。養分はおもに根の先にある根毛が吸収するので、根の先端を意識して施します。

2回めは、株の頂部に雄穂が見え始めた頃、畝の側方に帯状に施します。この後、雌穂から絹糸が出て受粉が始まるたいせつな時期です。草丈も高くなり、倒れやすくなるので、追肥後は株元を覆うように土寄せもしておきましょう。

1回目

マルチの穴から手を入れて、根の先端に届くように化成肥料(8・8・8)を1株あたり5〜6gまく

2回目

2回めの追肥。マルチをめくり、1㎡あたり30gを畝の側方に帯状にまき、土寄せする。根は次第に広がるので通路にもまいて軽く耕しておくとよい

注目！

土寄せが重要なのは、「根の張り方が浅い」から

トウモロコシは、その草丈に似合わず根の張り方が浅いんです。倒伏を防ぐために土寄せは必須です。株が生長してくると、茎の地際の節からタコ足状の支柱根を出します。株が倒れないように支えるのがおもな役割です。

追肥、土寄せの際には根を切らないように注意します。根を傷つけると、吸肥力が下がって根の伸びが遅れてしまい、結果、倒伏を招きやすくなります。

株を支えてくれる支柱根は、土寄せすることによってさらに伸びる。見えていたら確実に土寄せする。斜めに出ているのは分げつ(側枝)。光合成をしているので、間違って取らないこと

4 害虫対策

茎の先端に雄穂が見え始めると、かならずといっていいほどアワノメイガが現れます。葉裏に何十個もの塊で産卵。幼虫は葉を食べてから、雄穂から茎の内部に侵入し、実に穴をあけて入り込み、食い散らかします。

侵入されてからでは遅いので、雄穂が見え始めたら防除します。農薬を使いたくない場合は、絹糸が茶色くなり受粉が終わったら、雄穂を切り落とすことで被害を減らせます。

アワノメイガの卵塊。最初は白色でしだいに黒くなる。見つけたらすぐに取り除く

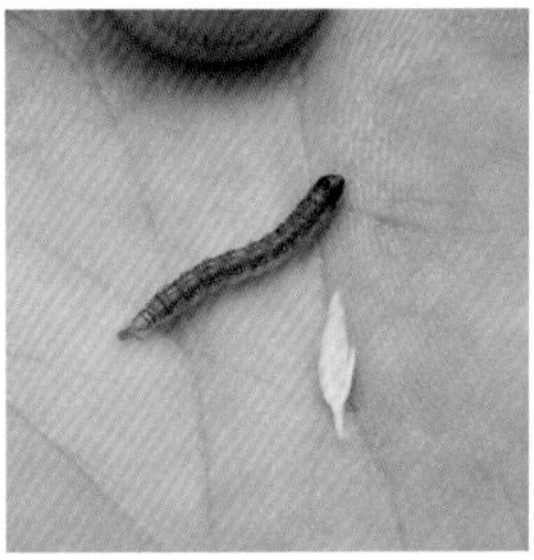
アワノメイガの幼虫。体長は1～2㎝。内部に潜り込まれた株は、葉のつけ根に穴があいていたり、ふんや食べかすが残っているのですぐわかる

注目! トウモロコシ専用殺虫剤「三明デナポン粒剤5」で予防

農大グリーンアカデミーでは基本的に農薬は使いませんが、ことトウモロコシについては受講生によく説明し、専用の殺虫剤「三明デナポン粒剤5」で予防しています。米ぬかのいい香りに誘われてやってきたアワノメイガが、これを食べるとお亡くなりになる、という殺虫剤です。内部に潜り込まれると防除は困難なので、雄穂が出始めたらできるだけ早く散布してください。

雄穂のまわりに粒剤を振りかける

「三明デナポン粒剤5」。ホームセンターなどで入手できる

5 人工授粉

雄穂が出てから数日後、雌穂の先から、トウモロコシの雌しべである絹糸が出てきます。この絹糸に、風で運ばれてきた花粉がかかると受粉します。

しかし、株数が少ないと受粉がうまくできず、粒が先端まで入らないことがよくあります。粒入りをよくするためには人工授粉がおすすめです。開花した雄穂を手で揺すって花粉を飛ばしたり、切り取って、花粉を直接、絹糸に振りかけます。

人工授粉は、晴れた日の午前中に行うといい。開花して花粉をためた雄穂を手で揺らして花粉を飛ばす

どうして? 絹糸1本1本が実の1粒1粒につながっている

絹糸は、トウモロコシの実の1粒1粒とつながっています。絹糸の先に花粉がかかると受粉し、その後、花粉管が絹糸を通って伸びていき、受精が成功すると実ができます。絹糸に確実に受粉させるか否かで、実の粒の充実度が変わります。

絹糸。雄穂が開花した数日後に出てきて、受精が終わると枯れる

雄穂を揺らして花粉を飛ばしたり、雄穂を切り取って花粉を直接、絹糸の先にこすりつける方法もある

6 雄穂の切除

受精すると雌穂の絹糸が茶色になります。アワノメイガを呼び寄せるのは雄穂です。花粉が飛び散ってなくなり、役割を終えた雄穂は、切り取る習慣をつけましょう。たとえ農薬を使っていても、あとから害虫がやってくることもあります。その前に入口を閉ざしてしまいます。ハサミでチョキチョキ切るだけでいいですよ。雄穂の切除は、農家一般で広く行われている方法です。

雄穂に侵入して食害するアワノメイガの幼虫。この段階で雄穂を切り取り、進入路を遮断する

穂のつけ根から切り取る

7 除房

トウモロコシは1株につき2～3個の雌穂がつきます。そのうちいちばん上につく雌穂が優勢なので、この1果に養分を集中させて実入りをよくします。

いちばん上以外の雌穂は、絹糸が出てきたら折り取ります。そのさい、周りの茎葉を傷つけないでください。葉数の少ないトウモロコシは、1葉1葉が貴重で、他の野菜以上に葉の枚数が光合成の量に影響します。

株の下の方につく雌穂は、大きくならない

皮をむくとかわいらしいベビーコーンが顔を出す。とりたての生のままで、甘くてシャキシャキとした食感が楽しめる

8 収穫

1株から1果しかとれない貴重なトウモロコシ。とるなら最適期にとりたいものです。絹糸が茶色く変色したら、皮の上から手で触ってみましょう。張りがあり、先端まで膨らみを感じたらとりごろ。品種にもよりますが、絹糸が出て20～25日後が水分と糖分のバランスのとれた最適期です。絹糸が出た日を記録するのは難しいかもしれませんが、開花後の日数が目安になることを覚えておくといいですよ。

収穫後2時間以内にゆでると絶品。茎ごと折り取り、茎の先端を水につけておくと風味の低下が抑えられる

茎に対して、90度にねじるようにして、ていねいに折り取る

皮をむくと、先端まで粒が詰まっている。ここまで入れば合格

注目！ 鳥獣害対策にはニンニクの出荷用ネットが◎

アワノメイガの被害を防げても、トウモロコシの実は、鳥や獣の被害を受けやすいんです。カラスはもちろん、地域によってはハクビシン、イノシシの被害が深刻です。その対策としておすすめなのが、実にニンニクの出荷用ネットをかぶせておく方法です。目が細かくてかたいのでハクビシンがかんでも破れません。ネットはホームセンターなどで購入できますよ。

ネットは、絹糸が授粉したのを確認してからかぶせる。網なので、早い時期にかぶせても授粉はできるが、絹糸の伸びが遅くなることがある

エダマメ

3粒さや率を上げるのはカメムシ駆除と時宜を得た追肥

家庭菜園を始めてみると、売られている野菜と、自分でつくったとりたての野菜の違いに驚きます。なかでもエダマメは別格で、「今まで食べてきたものはなんだったの!?」などと、受講生の満足度がきわめて高い野菜です。とりたての真価を味わうには、ゆでるお湯を沸かしてからとりに行くくらいにしたいものです。

栽培は難しくないのですが、3粒しっかり入ったさやをとるためにはカメムシに要注意。さやの汁が大好物で、花が咲き始めた頃から狙われます。さやが痩せていたり、中の豆が腐っていたらカメムシの仕業。見つけたら、すぐに捕まえましょう。

1 畑の準備と種まき

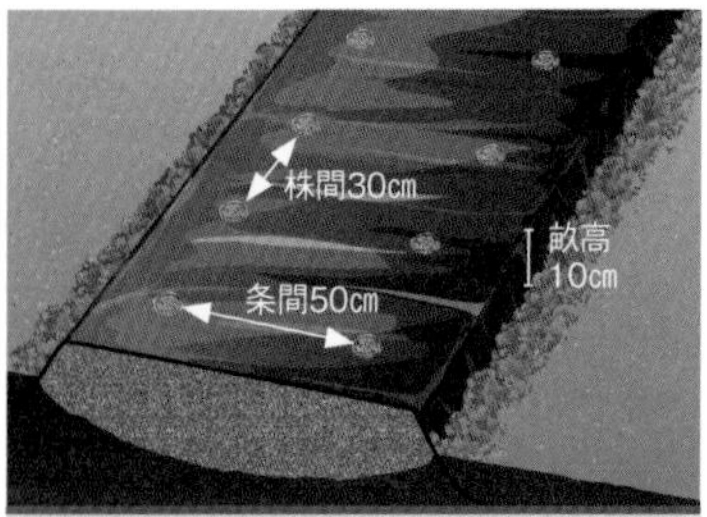

苦土石灰 100g/㎡
堆肥
牛ふん堆肥と腐葉土を1：1で混ぜたもの 1〜1.5kg/㎡
元肥
有機質入り肥料 75g/㎡

種まきの2週間前に苦土石灰を、1週間前に堆肥と元肥を施してよく耕します。マメ科の植物の根には根粒菌が共生しており、空気中から窒素を養分として取り入れることができます。ただし、土壌中に余分な養分があると、根粒菌は働きません。枝葉ばかり茂って花がつきにくくなり、さやが少なくなってしまいます。そのため堆肥、肥料ともに入れすぎは禁物です。

畝に黒マルチをかけてまき穴をあけたら、1穴につき3粒の種を4cm間隔で三角形にまきます。覆土は種の厚さの3倍が目安です。手でよく押さえて、土と種を密着させてから水やりすると吸収が早まります。その後はひどく乾燥しないかぎり、発芽するまで水やりは不要です。

ちなみに、エダマメの種は水に浸した状態で4時間以上おくと、腐ってしまいます。種まき後、水のやりすぎが原因で発芽に失敗する人は、案外多いんです。むしろ灌水しないほうが失敗がなく、時間はかかっても発芽します。水分が多すぎると種が腐ったり発芽不良になることを知っておいてください。

種をまいた後は、カラスやハトが狙っています。初生葉が出るまでは、トンネルや不織布をかけるなど、忘れずに防鳥対策をしましょう。

種はへその部分を下に向けて3粒まく。へそは筋が入り、ざらっとしているので触るとわかる。そのあたりから幼根が出るので下にすることでスムーズに発根する

まいたばかりの種は鳥に狙われる。食べられないように不織布をべたがけする。初生葉が出るまではかけておく

おすすめ品種

『福獅子』(タキイ種苗) 白い花が咲く白毛の中生種で、種まきから85日程度でとれる。収量が多く、ダイズ独特の歯ごたえとうまみがあるのが魅力。

栽培スケジュール　種まき　収穫

1　2　3　4　5　6　7　8　9　10　11　12月

2 間引き

子葉に続いて一対の初生葉が開いた頃が、間引きのタイミングです。状態のよい株を残し、1か所2本立ちにします。2本で育てると、株同士がたがいに支え合って倒れにくいというメリットがあります。エダマメは葉の裏や茎、さやに毛が生えています。2本だと、その毛がこすれあって、おたがいにブレーキをかけている状態になるので、ある程度の風が吹いても立っていられるんです。

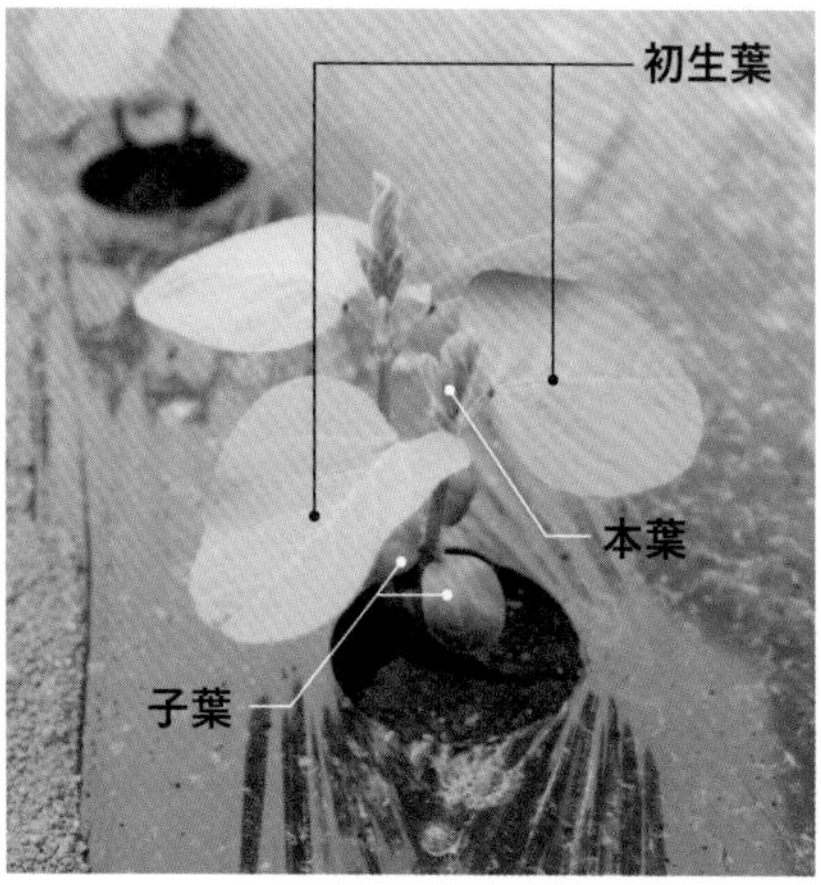

間引き後、もし発芽しなかった穴があれば、間引き苗を移植してもよい

農大GA流！ カメムシ1匹で30さやを救える⁉

花が咲き始めるとカメムシが飛んできます。さやの中の豆がまだ小さくてやわらかいうちに汁を吸われると台なし。防虫ネットもいいのですが、ネットに葉がくっついていると外から卵を産みつけられてしまい、かえって被害が増えてしまいます。"1匹捕まえれば30さやを救う"を合言葉に、捕殺に励むことが賢明です。

エダマメの畑でよく見るアオクサカメムシ。これ以外にも、エダマメには色形がさまざまなカメムシが発生する

一心にカメムシを探す農大GAの受講生たち。捕まえたカメムシは、水と中性洗剤を入れたペットボトルに集める

3 追肥

白い花が咲いたら追肥の合図です。追肥が早すぎると茎葉ばかりが茂ります。花が咲いても実がつかないことになるのでタイミングに注意します。2回めは2週間後に同量を施肥します。時宜を得た追肥は、さやつきをよくしてくれます。また、エダマメは開花時に乾燥していると受精せず、実になりにくい性質があります。雨が降らない場合は適度に水やりすることも、3粒さやの秘訣です。

エダマメの白い花は葉のつけ根につく。とても小さいのでに見逃さないように

マルチをめくり、畝の側方に化成肥料（8・8・8）15g／㎡を施す。施肥後、倒伏防止のために土寄せし、マルチを戻す

4 収穫

エダマメはとりごろがとても短い野菜です。葉が黄色くなり、さやの緑色が濃くなったら、手でさやを触ってみましょう。8割程度膨らんでいたら収穫します。株の中ほどのさやはパンパンだけど、上の方や下の方に未熟なさやが混ざっているくらいがちょうどいいです。全部膨らむのを待っていたら、風味が落ち、下のほうの実がかたくなります。取り遅れるくらいなら早めのほうがいいですよ。

収穫期間は3～5日。株ごと引っこ抜いて収穫する。葉っぱを付けた状態で持ち帰ると、鮮度を保つことができる

エダマメの根に付いた根粒菌。さや付きのいい株は、根粒菌がぽこぽこ付いている。このおかげで、エダマメの跡地は土が肥える

つるなしインゲン

種まきから収穫まで2か月足らず。初めてインゲンをつくるならこっち

インゲンは、「つるあり種」と「つるなし種」があります。ネットにつるをはわせながら長く収穫が楽しめる「つるあり種」に比べると、「つるなし種」は収穫期間が2週間ほど。ただし、支柱立ての手間がなく、種まき後、50～60日で収穫できます。「試しにつくりたい」、「後作の関係で早く場所をあけたい」という人におすすめです。

従来の「つるなし種」は、筋がかたい印象がありましたが、『サクサク王子』という品種に出合い、印象が変わりました。筋が気にならず、サクサクした食感で美味しいんです。今は「つるなし種」なら、この品種の改良版『サクサク王子ネオ』一択です。

1 畑の準備と種まき

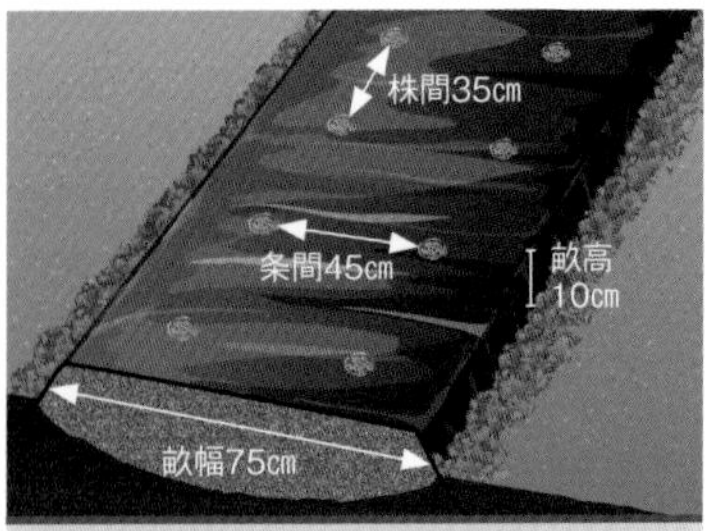

苦土石灰 100g/㎡
堆肥
牛ふん堆肥と腐葉土を1：1で混ぜたもの
1～1.5kg /㎡
元肥
有機質入り肥料 75g/㎡

インゲンは寒さに弱いため、種をまくのは気温が十分に上がってからが安心。種まきの2週間前に苦土石灰を施し、よく耕します。マメ科の野菜は窒素ぶんが多いと茎葉ばかりが茂りやすいため、種まきの1週間前に施す堆肥、元肥は控えめに。畝には黒マルチを掛けておきます。

畝に深さ2cmのまき穴をあけ、種を三角形に3粒まきます。種の厚みの3倍に覆土し、よく鎮圧してから灌水します。マメ科は水の多すぎも少なすぎも苦手なので注意が必要です。種をまいたあとにネットをかけておけば、鳥よけと保温が同時にできます。

農大GA流！ つるなし種を長くとるなら“ずらしまき”

つるなし種の弱点である収穫期間の短さは、時期をずらして種をまくことで解消できます。種をすべてまかず、スペースをあけておき、じかまきした2週間後に、ポットかセルトレーに種をまいてください。日当たりのよい場所に置いて育苗し、初生葉が開いた頃に植えつけます。時期をずらしてまくと、収穫が長く楽しめますよ。

ハトやカラスに食べられてしまわないよう、種まき後はトンネル支柱を立て、防虫ネットか寒冷紗、防鳥網を掛けておくとよい

種は横に寝かせて、筋の入ったへその部分を下に向けると発芽がスムーズになる。種の向きがそろっていれば発芽後、葉の向きもそろうので日が良く当たり、間引きもしやすい

おすすめ品種

『サクサク王子ネオ』（サカタのタネ） 筋っぽさがなく、食感がよい。くせのない味で、幅広く利用できる。既存品種『サクサク王子』と比べると草丈がコンパクトでさらに育てやすくなった。

栽培スケジュール 種まき 収穫

1 2 3 4 5 6 7 8 9 10 11 12月

2 間引き

インゲンやエダマメは、最初に子葉が開き、その後、初生葉、本葉の順で葉が展開します。発芽して初生葉が開いた頃、状態のよい株を残し、1か所2本立ちにします。発芽しなかった場所があれば、間引いた株を移植することも可能です。残す株の株元をしっかりと手で押さえて、間引く株の根を傷めないようにていねいに引き抜きます。移植後は、たっぷりと水やりして、根張りを促しましょう。

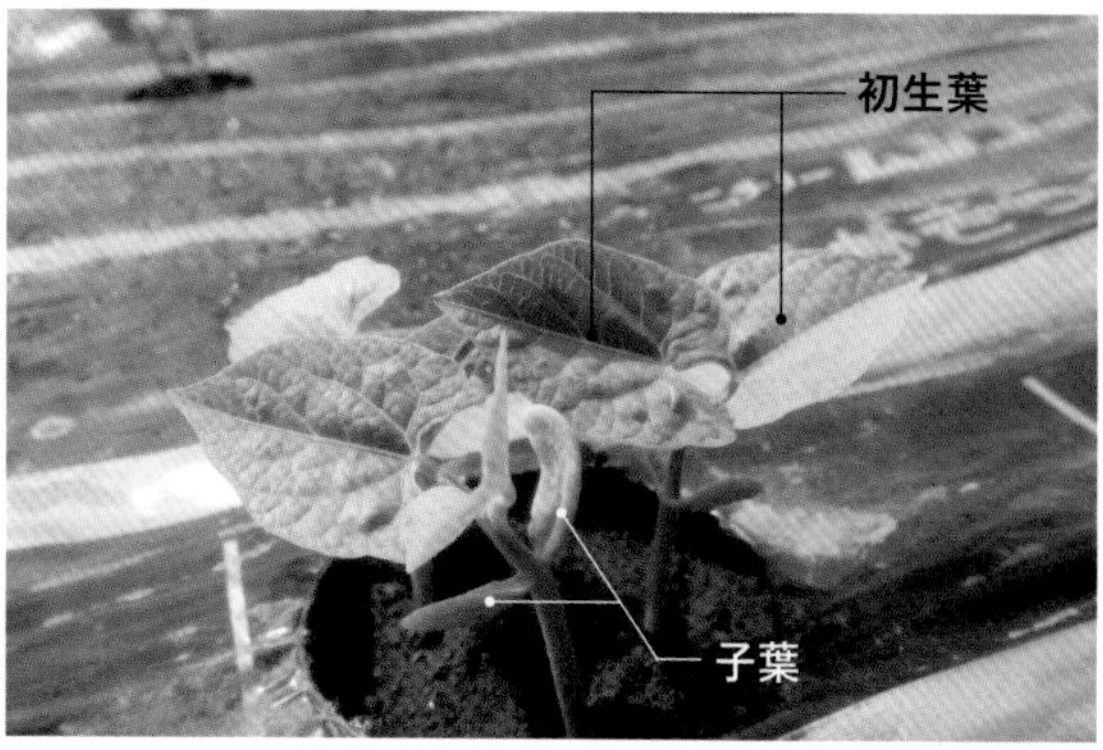

発芽して子葉と初生葉が開いた頃が間引きのタイミング。生育の劣る苗を1本間引いて2本立ちにする

3 追肥

マメ科の野菜は、花が咲かないうちに肥料を施しすぎると、草ばかりが茂って実がつかなくなります。第1花が咲いて、実をつける方向に生長が進んだら、追肥します。

マルチのまき穴に手を入れて、1株当たり化成肥料（8・8・8）2～3gを入れて混ぜ込みます。時期や量の判断を間違えてしまうと、茎が太り過ぎて、食味も低下します。追肥はこの1回だけですよ。

第1花が咲いたら追肥する。その後、次々と花が咲き始める

4 囲いの設置

つるなし種は草丈が低いものの、倒伏防止のため囲いの設置は欠かせません。『サクサク王子ネオ』の草丈もコンパクトですが、収穫時期の手間を軽減するためにも、囲いをつくり誘引することをおすすめします。畝の周囲に支柱を立ててひもを張りめぐらせます。生長に応じてひもをあげていけばさやが見えやすくなるので収穫がしやすくなりますよ。

長さ90～120㎝の支柱を50～100㎝間隔で畝の周囲に差し、PPロープを順々に支柱に結びながら株を取り囲む。とっくり結び（123ページ参照）にすると、ロープの上げ下げが楽にできる

5 収穫

最初の花が咲くと、2週間足らずで実がとれるようになります。とりごろのインゲンは、さっとゆがいただけでサクサク食べられるやわらかさが魅力。さやを上に持ち上げるようにすると、簡単にとれますよ。下に引っ張ると、茎が折れることがあるので気をつけて。とり遅れると皮がかたくなり、中の豆が膨らみます。筋っぽくなって風味が落ちるので適期を逃さないようにしてください。

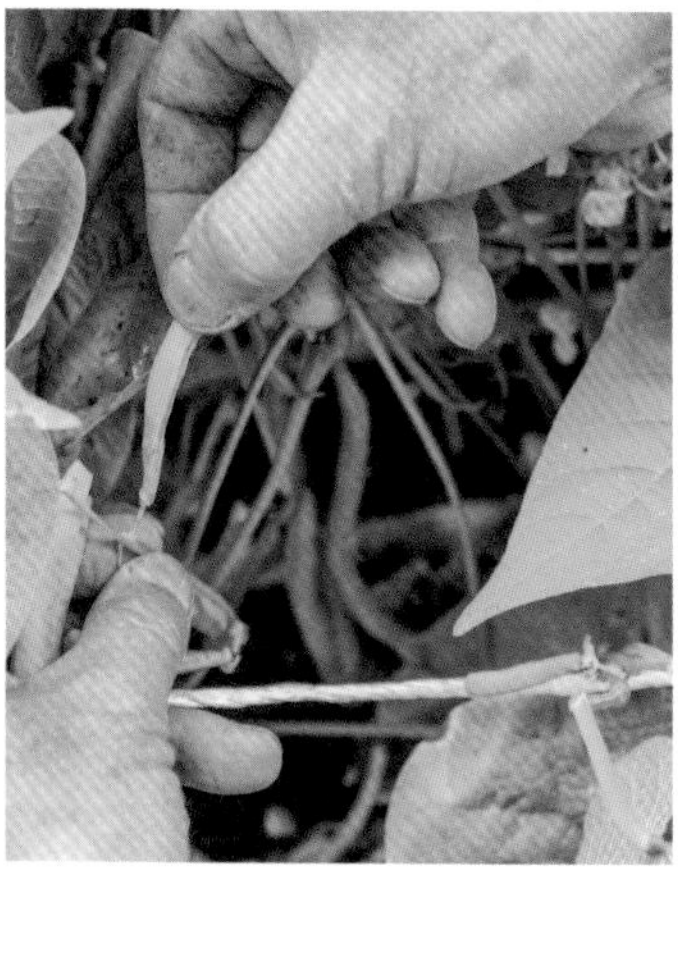
ハサミでつけ根を切ってもいいが、さやのつけ根の茎を押さえ、さやを上に持ち上げると外れる。光合成の役目を終えた黄色い葉は、病気を呼ぶので、気づいたらとること

スイカ

高い節位に着果させれば申し分のない実がとれる

大玉のスイカの栽培は難しいですよね。つくってもなかなか満足のいく実がならないという人が多いんです。でも、コツを押さえれば、大きくて甘いスイカを育てられますよ。

もっとも重要なのは、12節以上の高い位置に実をつけさせること。低い節位にできる実は、小さくて皮が厚く、味が薄くなります。最初に咲いた雌花が、想定外に受粉して、実が膨らんでいる場合がありますが、もったいないからと残さず、プチッと切ってしまいましょう。そして2番め以降の高い節位にある形のいいものを選び、手を掛けて育ててください。

おすすめ品種

『ブラックボス』（タカヤマシード） 皮が黒緑色をした大玉スイカ。果肉のシャリシャリとした食感や、他の品種より常温で日持ちするところが魅力。

栽培スケジュール　植えつけ　収穫

1　2　3　4　5　6　7　8　9　10　11　12月

1 畑の準備

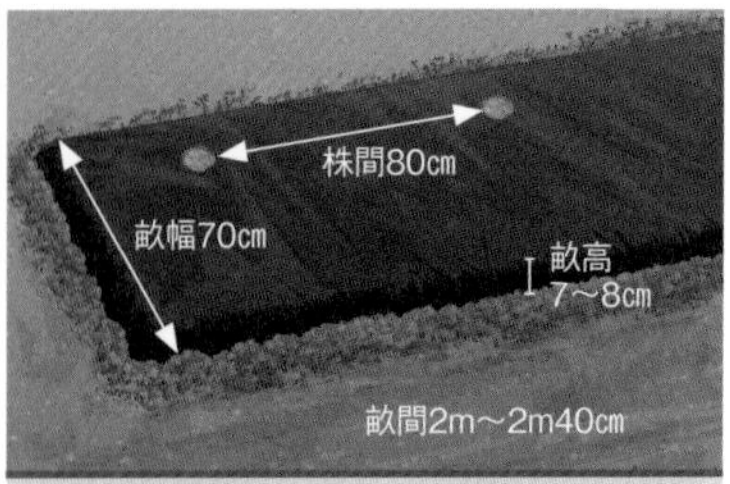

苦土石灰 100ｇ/㎡
堆肥
牛ふん堆肥と腐葉土を1：1で混ぜたもの 3～4kg /㎡
元肥
有機質入り肥料 100～150g/㎡　熔リン 30～50g/㎡

植えつけの2週間前に苦土石灰を、1週間前に堆肥と元肥を畑に施します。スイカは「つるぼけ」しやすい野菜なので、最初に肥料を与えすぎると株ばかり大きくなって、実がつかなくなるので注意が必要です。

スイカは、高温と強い光を好むため、日当たりと水はけのよい場所で育てるのが理想的です。根がつるの長さと同じくらい広く張り、土中にも1mくらい深く伸びるので、よく耕して空気を含ませておきます。牛ふん堆肥や腐葉土は、肥料成分は少ないけれど、土をフカフカにしてくれるので、土づくりに使うと根張りがよくなりますよ。

2 植えつけ

苗を購入するなら、少し高くても、病気に強く連作もしやすい接ぎ木苗がおすすめです。スイカはとにかく寒さに弱く、霜に当たると枯れてしまうので、植えつけるのは遅霜の心配がなくなる5月の連休以降にするといいでしょう。

定植適期は本葉3～4枚の頃。黒マルチを張った畝に植え穴をあけ、たっぷり灌水してから苗を斜めに植えつけます。そのさい、接ぎ木の部分を埋めてしまうと、穂木から発根してしまうため、深植えしないように気をつけてください。定植後は、株元を手でよく押さえておきます。

黒マルチを張った畝に移植ごてや穴あけマルチカッターで植え穴をあけ、たっぷり灌水してから植えつける。定植後の水やりも忘れずに。葉に泥が跳ねたりすると、病気の原因になるので、やさしい水流であげること

3 防虫ネット掛け

ウリハムシがスイカをねらっています。植えつけたら、すぐに防虫ネットを掛けておきましょう（掛け方は86ページ参照）。まだ葉が少ないうちに食害されると、生長に大きく影響します。

目合いはアブラムシ対策も考え、できれば0・6㎜以下のものを選ぶといいですよ。5月はまだ気温が低い日もあるので、寒さ対策にもなります。

防虫ネットは、つるが伸びて葉の1枚1枚が大きくなってきたら外してよい

どうして？

スイカには敷きわらがきわめて有効

防虫ネットを外したら、畝間に敷きわらをしておくと効果的です。次々と伸びだす巻きづるが自分からわらを抱いて体を固定しながら伸びていくので、風が吹いても株が安定して傷みません。他にも泥の跳ね返りによる病気の予防、雑草の抑制、土の乾燥防止など、多大な効果がありますよ。

注目！

黒マルチをした畝に傾けて植える

スイカは寒がりなので、畝には黒マルチを張っておくと、地温が上がって苗の活着がよくなります。つるの伸ばしたい方向を定めるため、苗を斜めに傾けて植えるといいでしょう。

ポットから苗を出すときは、根鉢を崩さないように注意。接ぎ木苗は、子葉の下の接ぎ木の部分が外に出るように植える。埋めてしまうと穂木から根が伸び、病気に強い台木に接いである意味がなくなってしまう

植え穴に灌水しておくことで根がよく伸びる

植え穴は、畝の真ん中でなく通路側にずらしておくと、黒マルチを張った畝の上をつるが伸びていく。雨などで泥が跳ねあがってつるや葉に付くと、つる枯病などの原因になる。マルチを張っておくことで、病気予防にもなる

4 整枝

防虫ネットを外すタイミングでつるを整理します。スイカの仕立て方はさまざまです。一般的には、本葉5～6枚で親づるを摘芯し、子づるに実をつける方法でしょう。しかし私は親づるを摘芯しません。親づる1本、子づる2本の計3本を伸ばし、1株から2果とることを目標にしています。

最初に親づるを摘芯しないのは、株づくりに専念するためです。親づるを伸ばしたほうが、光合成をよくして、根っこが早く、畝全体に張ります。摘芯すると、根張りのスピードにブレーキがかかってしまいます。

一方、親づるから出る5節までの子づるは、すべて取り除くようにします。これも養分を子づるに使われることなく、すべて株づくりにまわすためです。そして、6節め以降の勢いのいい子づる2本を選んで伸ばします。勢いのあるつるは、見ればすぐにわかります。2本のうち1本の子づるには実をつけませんが、光合成用として伸ばします。

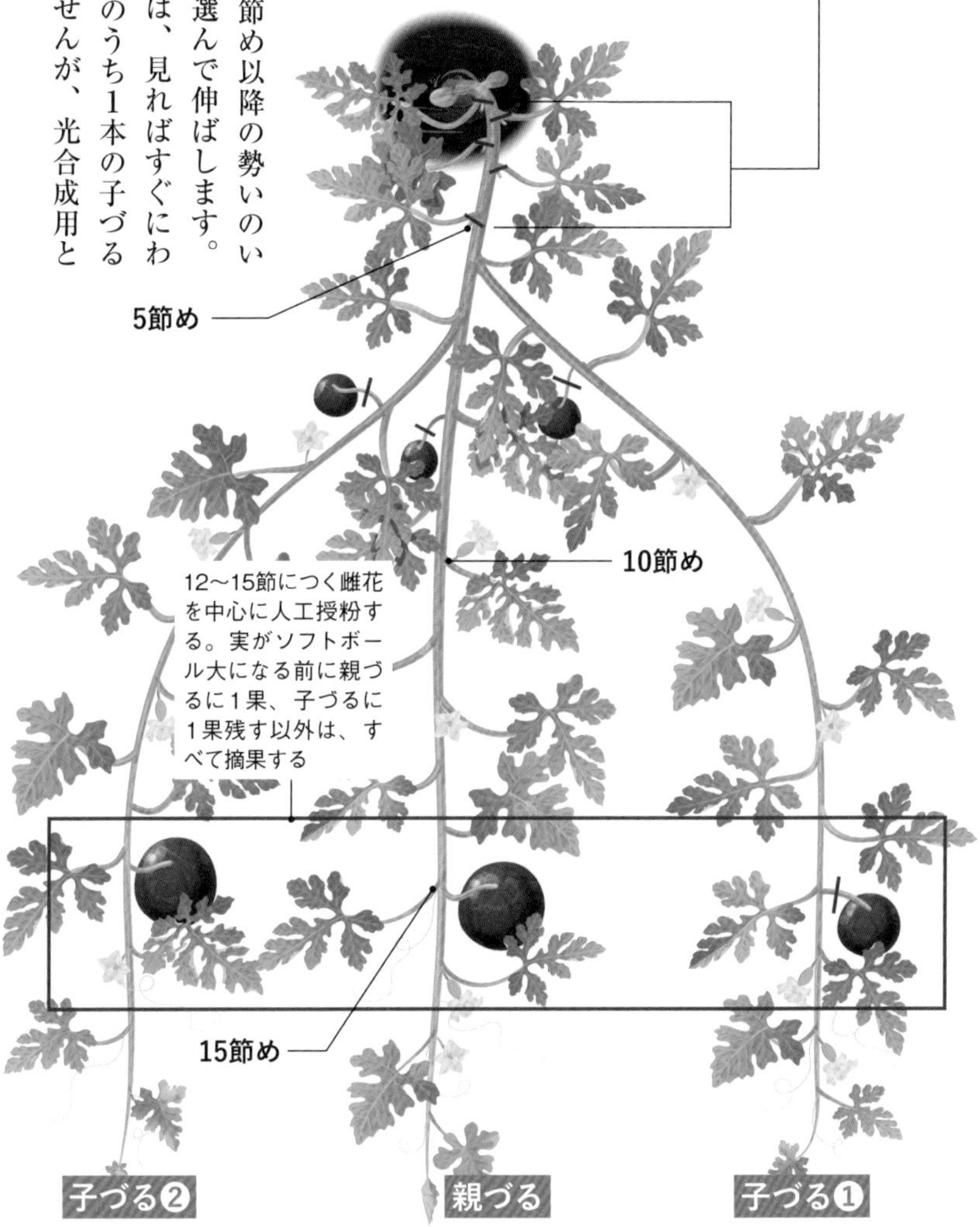

親づると子づる２本を伸ばす

6節め以降の勢いのいい子づるを２本選び、他の子づるは取り除く。親づる1本、子づる２本を伸ばして実をつける。勢いのいい子づるは見ればすぐにわかる。もう1本はその強い子づるから近い位置にある子づるを選ぶ

5 人工授粉

雌花が咲いたら人工授粉をします。ただし、最初についた雌花は実が大きくならないので摘み取り、その後、2番め、3番めについた雌花をねらって人工授粉します。

花粉が出るのは晴れた日の午前中です。新鮮な雄花を摘み取り、花びらを外し、雄花の花粉を雌花にこすりつけます。1つの雄花の花粉で2つの雌花に人工授粉できますよ。ねらうべきは、12～15節につく雌花ですが、念のため、その日に咲いている雌花にはすべて人工授粉しておきましょう。

雌花は、花のつけ根に小さな実（子房）がついている。中には雌しべが、あるが花粉はない

雄花のつけ根には膨らみがない。花の中に雄しべがあり、細かな花粉がついている

人工授粉は、できれば花粉の勢いがある午前10時までに行う。開花したばかりの雄花を探し、花びらをさいて花弁を除去し、雄花についた花粉を雌しべの柱頭部にやさしくこすりつけて授粉させる。授粉日を記録しておくと、収穫適期を見極めるのに重宝する

6 追肥

1回めの追肥は、人工授粉の直後に行います。葉や茎を傷つけないようにつるが伸びているほうとは反対側から、有機質入り肥料を畝1m当たり30g、帯状に施します。2回めの追肥は、目当ての実が鶏卵大になり、他の実を摘果したときです。つるの先端の周囲に1回めと同量をパラパラとまいておきます。敷きわらの上からでも大丈夫。ひと雨降れば自然に吸収されますよ。

1回め、2回めともに、有機質入り肥料を畝1m当たり30g施す。根はつると同じくらい伸びていることを意識し、根の先端のあたりに与えること

7 摘果・摘芯

実が鶏卵大になった頃、親づるに1果と子づるに1果、計2果を残して他の実を摘果します。どの実を残すかは、着果した節位や傷や形を見て、遅くともソフトボール大になるまでに判断します。もったいないのですが、こうしないと1個1個の実が大きく育ちません。摘果したら、目当ての実の先に葉を10枚残して摘芯します。

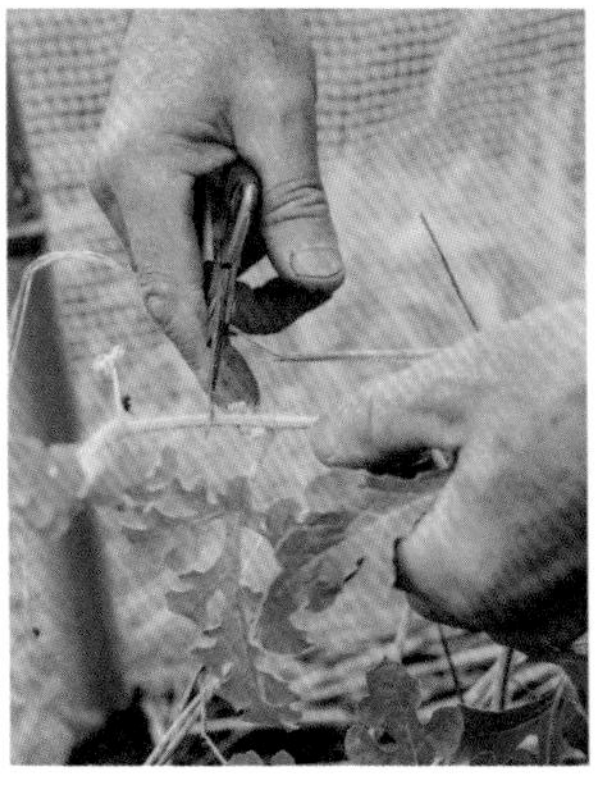

摘果は、遅くなると、株のダメージが大きくなるので注意する。摘果後は、実の先に葉を残して摘芯する。残した葉は光合成に役立つ。また、地ばい栽培用のマットを果実の下に敷いておくと、色むら防止や病気予防になる

どうして？

実をつける位置と、残す葉の枚数が糖度を上げる

大きなスイカを育てるには、着果させる節位がポイントです。雌花は最初、7～8節めにつくことが多いのですが、1番めの雌花は小さくて果皮が厚く、いい実がなりません。節位が上になると、薄い皮の大きな実になります。また、糖度を上げるには、葉枚数を確保することがたいせつです。最終的に、実は親づると子づるから1果ずつ収穫しますが、実を摘んでしまった子づるも光合成用に残します。糖度は、最後に光合成によって上がります。

「わら笠」で日焼け防止＆カラスよけ

果実が肥大してきたら、日よけとカラスよけにわら笠をかぶせる。梅雨の中休みは意外と日ざしが強い。稲わらがなければ、緊急用に新聞紙で覆うとよい。

8 収穫

人工授粉から収穫までの日数は、品種によって異なるので、種苗会社のカタログやホームページで確認しましょう。ここで栽培している『ブラックボス』は、40～45日です。収穫予定日が近づいてきたら実を確認し、節の巻きづるが枯れていたら、適期と判断します。とり遅れると、中がスカスカになるので、収穫のタイミングが合わなければ、少し早めに収穫してもいいでしょう。

ハサミでつるを切って収穫する。枯れた巻づるの葉は収穫の目安になるが、病気が原因で枯れる場合もあるので、人工授粉後の日数を基準にするとよい

ズッキーニ

支柱に結わえて茎を守り、人工授粉で尻こけ果を防ぐ

"つるなしカボチャ"と呼ばれるズッキーニは、カボチャの仲間ですが、完熟果を収穫するカボチャと異なり未熟果を収穫する野菜です。カボチャのようにつるを伸ばさないので、広い面積は必要とせず、栽培は短期間で終了します。

　収穫期間は長くて1か月ほど。梅雨時に病気になりやすいのが難点です。もともと過湿が苦手なので、梅雨に入るととたんにパワーダウン。雨だと受粉もうまくいかず、収穫量がぐっと減ります。また、茎が折れやすいのにも手を焼きます。かように気難しいズッキーニを上手につくれれば、かなりの腕前でしょう。

おすすめ品種

『グリーンボード2号』(カネコ種苗) 濃緑色で細長い形の定番品種。雌花が早くから咲き、実の数が多い。ウイルス病にも強い。

栽培スケジュール

1	2	3	4	5	6	7	8	9	10	11	12月
				植えつけ		収穫					

1 畑の準備

苦土石灰 100g/㎡
堆肥
牛ふん堆肥と腐葉土を1：1で混ぜたもの
3～4kg/㎡
元肥
有機質入り肥料 150g/㎡

　ズッキーニは、過湿が苦手な一方で、根が浅く張るため乾燥も嫌います。畝を立てる場所は、植えつけの2週間前に苦土石灰を、1週間前に堆肥と元肥を施したら、よく耕して、水はけ、水もちをよくしておきましょう。もとから水はけのよくない場所や、長期予報をみて雨が多くなりそうな場合は、畝を高めにしましょう。通常7～8cmであれば10cmの高さに立てます。さらに黒マルチを張れば水分を適度に保ってくれます。

　つるは伸びませんが、葉が大きく広がります。株間は90cmと広めにあけるとよいでしょう。

2 植えつけ

　市販の苗を買うか、ポットで育苗してスタートします。本葉3～4枚の若い苗がベストです。マルチに植え穴をあけてたっぷり水やりし、水が引いたのを確認したら、根鉢を崩さないように植えつけます。根鉢の周りに土を入れて、株元を手で押さえます。

　風によるぐらつきを考えると、つい深植えしたくなりますが、苗は畝と根鉢の土の高さが同じくらいになるようにしてください。風対策として、仮支柱を立てて苗を支えます。

　また、ウリハムシやアブラムシに取りつかれると初期生育を阻害されるので、植えつけ後は、すぐに防虫ネットを掛けておくといいでしょう。

どうして?

子葉の下の胚軸部は埋めないでください。ここを埋めてしまうと、胚軸部から新たに根が出て、本来伸びてほしい下の根の生長が遅れてしまいます。結果的に生長全般が遅れてしまうということを覚えておきましょう。

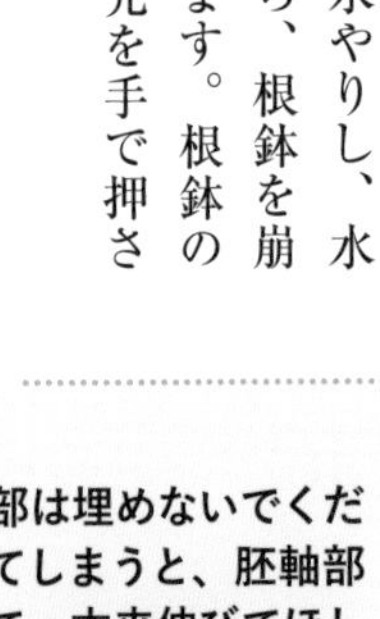

3 倒伏防止

茎と葉が大きくなってくるにしたがい、自立できなくなります。草丈が防虫ネットに届いたら、外して本支柱を立てましょう。本支柱は防虫ネットで使ったトンネル支柱をそのまま生かせばむだがありません。株を左右からはさむようにして誘引すれば、株が大きくなっても倒れませんよ。トンネル支柱がなければ、ふつうの支柱や竹を2本1組にして使うといいでしょう。

トンネル支柱は、株元から5cm離れた葉柄と葉柄の間に差し直す。主茎の株元にひもを掛けて8の字結びをするように交差させる（茎は締めつけ過ぎない）。ひもの両端をねじってから、両側の支柱にかたく結ぶ

4 追肥

雌花が咲いたら、1回めの追肥をします。マルチの穴に手を入れて、株元に、化成肥料（8・8・8）を1株当たり15g施します。以降、2週間に1度の割合で与えます。ズッキーニの根は、畝からはみ出すように浅く広く張ります。2回め以降の追肥は、1㎡当たり30gを通路にまいて土に混ぜ込むようにします。そのさい、デリケートな根を傷つけないように気をつけましょう。

ズッキーニの雌花。雄花と雌花は、カボチャやスイカと同じで、花の下が膨らんでいるかどうかで見分ける

5 人工授粉

受粉が確実でないと、実が順調に肥大しません。自然受粉もしますが、気温が低かったり、訪花昆虫が少ないと期待できません。雌花が咲いた段階で人工授粉をすると、確率が高まります。

人工授粉は晴れた日の午前中が有効です。雌花も雄花も早朝に開花し、3時間もするとしぼんでしまうので、遅くとも午前10時までに済ませます。私は午前8時と決めていますよ。

雄花の花びらを裂いて、つけ根から花びらをとる。雄しべの花粉を雌しべの柱頭部にやさしく均等にこすりつける

農大流！ 確実に受粉させて“尻こけ果”をつくらない

ズッキーニは、受粉がうまく行われないと、種のない“尻こけ果”になってしまいます。先端部のお尻の部分が腐ると、そこが灰色かび病の発生源になり、株全体に被害が広がる可能性もあります。被害を防ぐためにも確実に受粉させましょう。

先端部が腐った“尻こけ果”。見つけたら、早めにとって畑の外に出す

果柄部をハサミで切り取って収穫する。タイミングを逃すとあっという間に巨大になる。大きすぎると食味が落ちるうえ、株の負担が増す

6 収穫

上を向いていたズッキーニが、重くなるにつれ横向きになってきたらとりごろです。実がいくつもつくときがありますが、そのままにしておくと1つ1つが大きくならず、株に負担がかかります。その場合は、多少小さくても下の実は早めに収穫します。着果負担というブレーキが外れると、残した実が一気に肥大します。実がとれだしたら、黄色くなった下葉を取り除き、風通しをよくします。

オクラ

3〜4株を密植すれば やわらかい実を長く収穫できる

オクラの花ってきれいですよねぇ。淡黄色の花を節ごとに咲かせ、実をつけます。花が観賞できて実がとれて、しかも手間いらず。畑の隅に数株育てておくだけで十分楽しめます。

オクラは原産地のアフリカでは多年草なんです。５ｍも草丈が伸びて、何年にもわたって実を収穫できます。でも、四季のある日本では冬を越せないため、一年草として扱われています。寒さにとても弱いので、種まきは気温が十分に上がる５月中旬以降にするといいでしょう。わたしは密植して、わざと株の勢いを弱めながら育てます。そのほうが、やわらかい実を長く収穫できます。

おすすめ品種

『グリーンソード』(タキイ種苗) 鮮やかな濃緑色の五角形のオクラ。肉質がやわらかく筋張りにくい。

『丸オクラ・まるみちゃん』(タキイ種苗) 角がなく、さやが丸い形をしている。とり遅れてもかたくなりにくい。

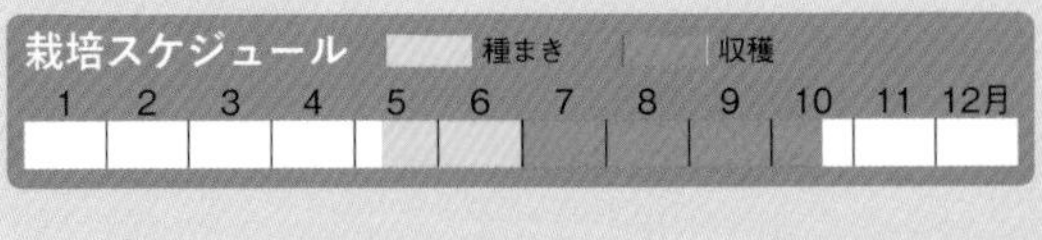

1 畑の準備

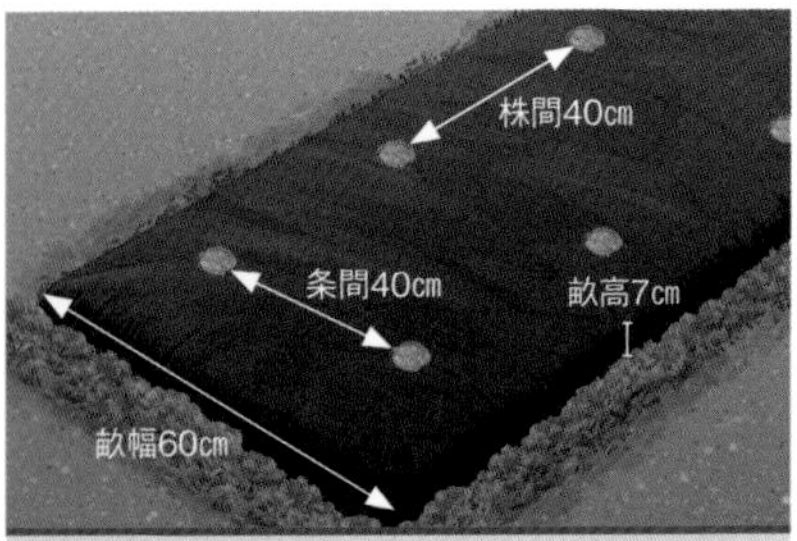

苦土石灰 100ｇ/㎡
堆肥
牛ふん堆肥と腐葉土を１：１で混ぜたもの 2kg/㎡
元肥
有機質入り肥料 100g/㎡、熔リン 30g/㎡

オクラは直根性なので、根がまっすぐ深く伸びます。土づくりのさいは深く耕して水はけをよくします。種まきの２週間前に苦土石灰を、１週間前に堆肥と元肥を施します。オクラは肥料食いなので、堆肥と元肥はしっかり入れて地力を高めましょう。ただし、多すぎると花が咲く前に草勢ばかり強くなり、実がつきにくくなります。堆肥や元肥は有機物を中心に施し、あとから追肥で補う形がよいですね。

オクラは暑さが大好き。地温が低いと発芽や生育に影響を及ぼすので、よく耕して畝を立てたら、地温を上げるために黒マルチを張ります。

2 種まき

オクラは移植を嫌うので、畑にじかまきが基本です。マルチを張った畝にまき穴をあけ、種を１箇所に４粒まきます。１㎝ほどの厚みで覆土し、手のひらで鎮圧して種と土を密着させたら、かたい種がやわらかくなるように、たっぷり水やりをします。オクラはアブラムシがつきやすく、発芽と同時に寄ってきます。新芽を加害されると生長が止まってしまうことがあるので、防虫ネットを掛けておくと安心ですよ。

なお、じかまきができない場合は、ポットに種をまいて苗をつくります。直根が早く伸びるので、本葉１枚展開する前に移植します。

オクラの種はかたい。種をまく前の晩からぬるま湯につけておくと発芽しやすくなる

まき穴をあけ、サイコロの４つ目の形に２〜３㎝間隔で種を４粒まく。防虫ネットは、種まき後、２〜３週間したらはずす。ネットに当たると、樹が曲がってしまう

3 追肥

1番果を収穫したら、1回めの追肥をします。オクラは直根性で細根が少ないので、マルチをめくって、1㎡当たり30gの化成肥料（8・8・8）をまき、土とよく混ぜてなじませます。

その後は、2週間に1度の割合で、同量を施します。葉の形や色、茎の太さを見て、勢いがないと感じたら、追肥の間隔を10日に1度にするなど、臨機応変に対処してください。草勢が弱まると、節間が狭く、花が小さくなってきます。

オクラは直根性なので、追肥はマルチをめくって根をめがけて施し、土に混ぜ込む

オクラの葉は、若いときは丸くて、上にいくと切れ込みが出る。草勢が弱いと、細くて切れ込みの深い葉になるので、生育が順調かどうかの目安になる

4 収穫

開花して5～7日後、実が7～8cmになったら収穫適期です。夏の盛りには、開花後、わずか3～4日でとれることもあります。五角形のオクラは、収穫が少し遅れただけでどんどんかたく筋張ってしまいます。丸形のオクラは多少大きくても五角形のオクラほど筋張ったりはしません。

密植している場合は、草丈が伸びないので、上から見て収穫するケースが多くなります。実が葉の裏に隠れていることがあるので、見落とさないようにしてくださいね。

オクラの果梗（実のつけ根の部分）はかたいので、ハサミで切って収穫する

密植で育てたので草丈は1mほど。収穫したての実は、生のままでもやわらかく、サラダ感覚で食べられる

注目！ 密植すると実がかたくなりにくい

発芽後は苗を段階的に間引いてもいいのですが、わたしは発芽した3～4本をそのまま間引きせずに育てます。1本で育てると草丈が高く茎も太くなりますが、生長が早いぶん、実がかたくなるのも早いんです。いっぽう、1箇所で数本育てると、栄養が分散して草勢が弱まり、実が大きくなるのを遅くすることができます。オクラは収穫が少し遅れただけで実がかたくなります。まめに収穫できない週1菜園の人には密植栽培がおすすめです。

4本が共に育っていく。やがて株が混んでくるので、実の収穫と同時に、その節についている葉を切り落とす。風通しをよくすることで、病害虫の発生を防ぎ、養分を実に回す。ただし、草丈が伸びない場合は葉を残して草勢の回復を待つ

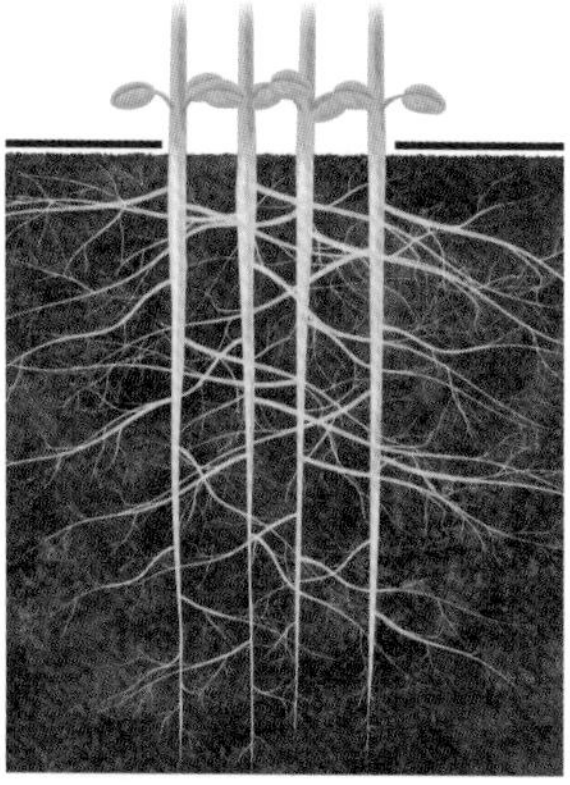
密植すると根が混み合うので、吸収する養分が分散されて、草勢が抑えられる

イチゴ

植えつけ前に苗をできるだけ大きく。大きな苗が大きな粒をつける

初めてつくる人は、市販の苗を買って始めるのがおすすめです。苗は9～10月に出回ります。購入した苗をそのまま植えてもいいのですが、鉢増し（植え替え）のひと手間で、大きな粒がとれるようになります。苗を大きなサイズのポットに移すと、根域が広がり根がよく回ります。株元のクラウン（新たな根と葉が出てくる膨らみ）も太り、がっちりした苗に生まれ変わります。そんな苗には大きな実をつける強い花芽ができます。貧弱な苗を植えて、後から肥料で補ってもそうはいきません。植えつけ3週間前までに苗を手に入れ、すぐに鉢増しするのが得策です。

おすすめ品種

『蜜香』（サントリーフラワーズ） 糖度14～18度の濃厚な甘さが特徴。香りがとても強く、果汁がたっぷり。草丈20～30㎝で、株張りは30～40㎝になる。

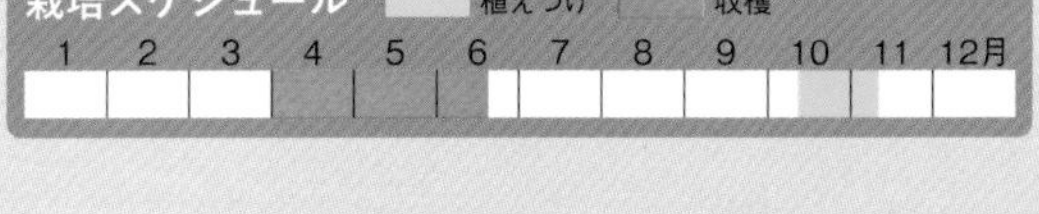

1 苗の準備

秋になると、3号ポットの苗が広く出回ります。イチゴには、一季なりと四季なりの品種がありますが、初めての方には春に大粒がとれる一季なりがおすすめです。

できるだけ大きな実を収穫したいなら、なるべく早い時期に苗を手に入れ、ひと回り大きな直径10・5㎝の3・5号のポットに移し替えるといいでしょう。ポットに土を足せば、そのぶん白い根が伸びてきて、クラウンも太ります。クラウンが大きいと、花芽がしっかりついて、大きな実がとれます。植えつけるまでのあいだは、乾燥したら水を与えるようにしてください。

株元のクラウンが充実していて本葉5～6枚、葉が濃い緑色をした苗がいい苗

農大流！ 鉢増しと同時に土を足す

根鉢を崩さないよう苗を3号ポットから取り出します。3.5号のポットの底に野菜用培養土を入れ、ポットの真ん中に苗を置きます。クラウンが埋まらないように周囲の隙間に培養土を入れます。底をトントンすると土面が下がるので、土を足して根鉢とまわりの土の高さが同じになるくらいにします。植え替えたら、たっぷり水やりを。1週間後に、有機質入り肥料をひとつまみ（2～3g）施し、そのまま3週間～1か月間おきます。

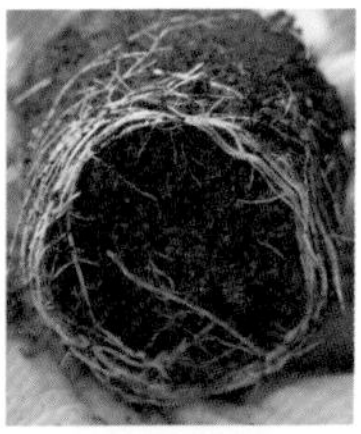

土を足したぶん、次第に新たな白い根が伸びてくる。鉢増しせず、小さなポットのまま肥料をあげると、根がポットの中で巻いてしまい、かえって植えつけ後の伸長を妨げる

ここがクラウン

9月下旬に3号ポットから3.5号ポットに移し、1か月ほど育苗したイチゴ苗。株元のクラウンや葉がひと回り大きくなった

2 畑の準備

苦土石灰 100g/㎡
堆肥
牛ふん堆肥と腐葉土を1：1で混ぜたもの 2〜3kg/㎡
元肥
有機質入り肥料 150g／㎡

苗づくりと並行して、畑の準備をはじめます。イチゴが好む土壌酸度はpH6・0〜6・5です。pHが5度台であれば、植えつけの2週間前に苦土石灰を施します。逆に7度台でアルカリ性に傾いていた場合は未調整のピートモスを使ってください。植えつけの1週間前には堆肥と元肥を全面に施してよく耕し、畝を立てます。植えつけから収穫まで7か月と生育期間が長いので、堆肥はたっぷりと施します。

3 植えつけ

植えつけてから根づくまでに3〜4週間かかります。根が張る前に霜柱が立つと株が浮き上がってしまうので、初霜前までに根づくよう余裕をもって植えつけましょう。

植えるときには、苗の株元に注目。苗として売られる前に切り取られたランナーの跡を探してください。この反対側に花房がつくので、跡を畝の内側に向けて植えると、花房が外側に伸びて収穫しやすくなります。

イチゴは株元のクラウンから新たな茎を出す。ここを土に埋めないように植えつける。植えつけ後はたっぷり水をやる。やがて株は休眠に入るため、水やりはこの1回でOK

4 追肥

植えつけてから約1か月で新しい根が伸びてきます。冬を越すためにも休眠前にできるだけ根を張らせましょう。伸びてくるタイミングで追肥すると効果的です。有機質入り肥料を1株につき7〜8gまき、土によく混ぜ込みます。肥料は、土中の微生物が分解することで、イチゴに吸収されやすくなります。2回めは、2月下旬〜3月上旬。マルチをかける直前に1回めと同量を与えます。

肥料は、株のまわりの葉の先端辺りにぱらぱらとまいて土に混ぜ込む。追肥後は軽く土寄せする。冬の間、地上部は動かないように見えるが、地下では春に向かって根を増やし、養分を貯めている

注目！ 冬に枯れた葉は摘み取る

イチゴは日が短くなり、気温が下がってくると休眠状態に入ります。植えつけ時には立っていた葉が地にはうようにロゼッタ状になり、株全体が少し縮んだようになって、やがて枯れる葉が出てきます。そのままにしておくと、灰色かび病などの発生要因になるので取り除きます。葉は、横に引っ張れば、簡単に外れます。わたしたち農家の間では、"はかま"と呼ばれているクラウンの外側のひらひらした部分も、枯れていたら取り除いておきましょう。

株元からわき芽が出ていたら、これも摘み取る。放っておくと栄養が分散してしまう

5 マルチ張り

イチゴは気温が下がり、日が短くなると、花芽を形成します。秋が深まり、さらに寒くなってくると休眠状態に入ります。そして春になり、気温が上がると、休眠から目覚めて花が咲き、実をつけます。

このようなイチゴの性質に合わせてマルチを張ります。越冬するときにマルチを張らないのは、しっかり寒さにあてるためです。中途半端に暖かいと、熟睡することができず、花芽が寒さで枯れてしまいます。

2月下旬～3月上旬になり、2回めの追肥をしたら、マルチを張ります。イチゴは、休眠中は寒さに強いのですが、地上部が生長し始めると寒さに弱くなるため、マルチを張って地温を上げます。マルチを掛けておけば、イチゴの実がなったときにも、地面に直接つかないので汚れにくく、また、泥の跳ね返りなどによる病気の予防効果もあります。

マルチ張りのポイント

2回めの追肥後、三角ホーなどで畝の周囲に溝を切る。畝に高さを出すと水はけがよくなり、地面から実が離れるので汚れにくくなる

畝全体にマルチをかぶせ、片側に土を仮にのせて押さえる。反対側のマルチを足で押さえながら土をのせて固定する。仮押さえしていた側にも土をのせる

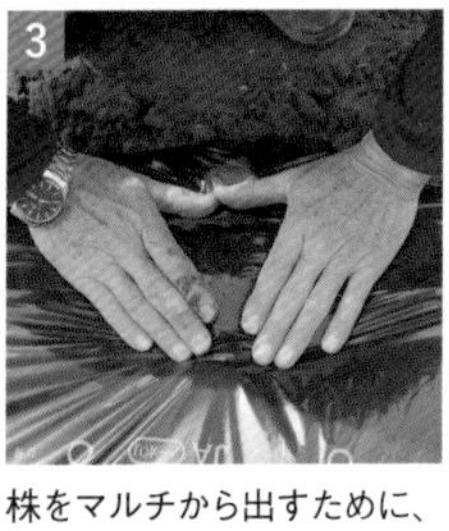

株をマルチから出すために、上から手で探りながら、株がある位置を確認する。株の真ん中あたりのマルチをつまみ、ハサミで少し切る。手でも破れるが、穴を最小限にしないと雑草が生えてしまう

手で穴を広げ、イチゴの葉を外に出す。葉が1枚でもマルチ内に残っていると溶けてしまう。すべての葉を出そう

6 人工授粉

一般的に露地栽培の場合、ミツバチやハナバチなどによって受粉は自然に行われます。しかし、イチゴの花は、まだ気温が低く、昆虫が少ない時期に咲き始めます。雌しべが受粉しないと果実が肥大しなかったり、形がいびつになったりするため、花が咲いたら、こまめに人工授粉をしてください。花が古くなると花粉の出が悪くなるので、新しいうちにやりましょう。

花びらの下に指を入れて、やさしくトントンとたたいて揺らす。上からたたくと花びらがぽろりと落ちてしまうので気をつけて

どうして?

イチゴはどうやって受粉するのか

イチゴの花は、1つの花の中に雄しべと雌しべが同居する両性花なので、振動を与えると、受粉が促されます。われわれが果実だと思って食べているイチゴの甘くて赤い部分は、茎の先端の「花托」という花を支えている部分が肥大したもの。白い花びらの中心に花托があり、その上にのるようにして雌しべが、まわりを囲うように雄しべがあります。受粉が行われると、この花托が肥大します。ちなみに学問的な意味での本来の実は、粒々の部分です。

花が咲き始めたらトンネルをかけておくと安心。実がついたときに雨に当たると傷みやすくなり、病気を誘発する。カラスや獣の食害も防げる

7 収穫

開花してから収穫するまではひと月ほど。ただし、実が成熟するまでの日数は積算温度によって決まるため、1か月以上かかることも多々あります。実がよく熟すと、へたがまつ毛のようにくるんと反り返るのが特徴です。実がへたのほうまで赤く色づき、甘い香りがしてきたら、順次摘み取りましょう。

　生育が進むとランナーが発生し、収穫期間中にも次々とランナーが伸びだします。最初の頃に出てくる勢いのいいランナーは苗とり用に残しておいて、他のランナーは、養分をできるだけ果実の肥大に回すために、つけ根から摘み取ってしまいます。

　甘い匂いのする果実は、鳥だけでなく、虫も大好物です。とくにナメクジにかじられる被害が多いので、取り遅れないようにしましょう。トータルで1か月近く収穫を楽しむことができます。

一般に流通しているイチゴは、輸送の関係で完熟する前に収穫したものがほとんど。完熟イチゴを味わえるのは、家庭菜園ならではの醍醐味

収穫が終わったら苗とりにチャレンジ

　イチゴは多年草です。クラウンからランナーを伸ばし、その節目に子株をつくって増えていきます。収穫後、ランナーから子株（＝苗）を採取すれば、次作は株数を増やすことができます。

　苗とりの時期は6月が頃合い。元気な親株を選び、1番めの子株（太郎苗）は実がつきにくいうえに、病気になりやすいので避け、2番め（次郎苗）、その先の3番め（三郎苗）の子株を掘り上げポリポットに移植します。ランナーはへその緒みたいなものなので、できれば親株から続いているランナーはそのまま切らずに養生します。そうはいかない場合は、ひと月ほど経って活着した頃、ランナーを切ってポット苗として独立させます。植えつけのときに向きがわかるようランナーは3～5㎝残します。その後、ひと月に1回の割合で、有機質入り肥料を1ポットにつき1つまみ（2～3g）を与え、適宜水やりして育苗します。

親株からランナーが伸びだし、その先に子株が連結してついていく。親株に近い方から太郎、次郎、その先の苗を三郎と呼び習わす

次郎苗、もしくは三郎苗をいったん地面から引き剝がしてポットに移す。そのさい、子株から複数のランナーが伸びだしていたら親株からつながっているランナーを残し、他は切り取る

3.5～4号ポットに野菜培養土を入れ、掘り上げた子株（次郎、三郎）を植えつける。親株→太郎から続いているランナーはすぐには切らない

※種苗法で登録された品種（登録品種）の自家増殖は、育成有権者の許諾が必要です。家庭菜園での自家消費を目的とする場合は、この限りではありません。

ゴーヤー

つるを大きく張らせて1株40本。これだけとれれば十分でしょ

夏に涼を呼ぶ緑のカーテンと言えば、ゴーヤーを思い浮かべる人がほとんどでしょう。つる性の野菜の中でも、もっとも葉が密に茂ります。つるが伸びて葉が茂るほどに光合成が盛んになり、実がたくさんつきます。そのため、ゴーヤーの栽培では、葉を茂らせるスペースをいかに確保するかがポイントです。

つる性野菜は、葉をネットにはわせていくのが常。そのときにアーチ支柱を使うと、株全体にまんべんなく日が当たりよく育ちます。とはいえ、つるは伸び放題にはせず、ある程度株姿を整えたほうが形のいい実がそろいます。

おすすめ品種

『スーパーゴーヤ』（日本デルモンテアグリ）葉のつけ根ごとに実がつく節なり性品種。20cmほどの使いやすいサイズの実がたくさんとれる。ほどよい苦味が評判。

栽培スケジュール　植えつけ　収穫

1	2	3	4	5	6	7	8	9	10	11	12月

1 畑の準備

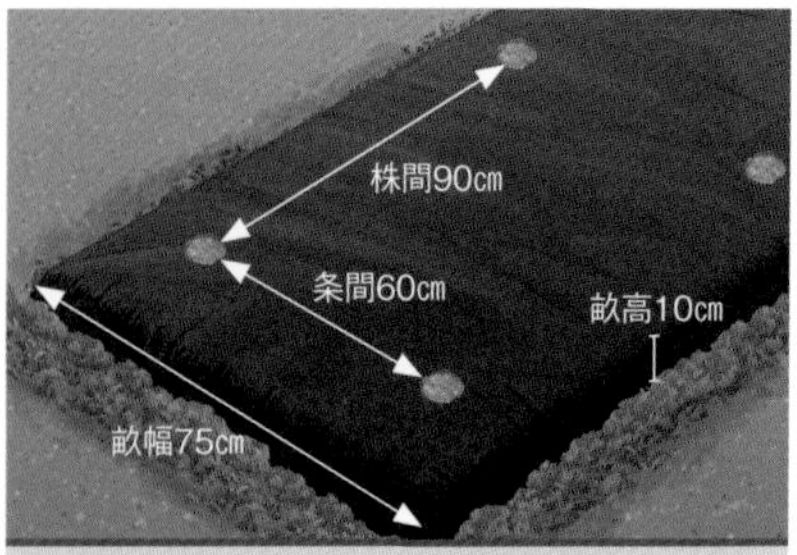

苦土石灰 100g/㎡
堆肥
牛ふん堆肥と腐葉土を1：1で混ぜたもの 2～3kg/㎡
元肥
有機質入り肥料 150g/㎡

野菜はたいてい、日当たりのいい場所を好むものですが、ゴーヤーはとりわけ日光を好み、高温下でよく育ちます。また、根は浅く広く伸びていきます。植えつけの2週間前に苦土石灰を施したら、1週間前までに10～15cmほどの深さまで耕し、堆肥と元肥を混ぜ込んでおくとよいでしょう。

過湿を嫌うので、畝は10cmの高さに立てます。暑さが大好きなゴーヤーのために、黒マルチを掛けて地温を上げておけば、初期の伸びがかなり違ってきます。また、のちのち除草の手間も省けますよ。

2 植えつけとネット張り

気温が25℃を超えるくらいが植えごろです。じかまき、育苗、苗の購入のどれからでもスタートしてよいですが、発芽しにくい野菜なので、家庭菜園なら市販苗が手軽でしょう。本葉が4～5枚の苗を、深植えにならないように植えつけ、株元を押さえてから水やりをします。

生育が早いので、植えつけ時に誘引用の支柱を立てるといいですよ。作業しやすいアーチ支柱＋ネットがおすすめです。キュウリやカボチャと半々で使うこともできます。

植えつけ時に、支柱立てとネット張りをする。支柱は親づるを誘引できるように株から近いところに立てる。アーチ支柱だと、つるや葉が広範囲に茂るので光合成が進んで実つきがよい。アーチの中に入れるので作業もしやすい

3 整枝と誘引

ゴーヤーの仕立て方は、早めに親づるを摘芯し、子づるを伸ばす方法が一般的ですが、わたしは親づるを摘芯せずに伸ばし続けます。親づるの勢いに引っ張られて、根張りがよくなり、スタミナのある株になるからです。子づるは10節まですべて摘み、親づるに養分を集中させましょう。

次に、親づるの11節め以降から出た子づるを左右に広げていきます。子づる同士や隣の株となるべく重ならないよう誘引してください。子づるからは孫づるも出ます。ゴーヤは、子づる、孫づるで実がとれます。孫づるは、雌花を1～2花残し、その先の葉を2枚残して摘芯します。

どうして？

雌花の先に残した２枚の葉が実を大きく、充実させる

葉は光合成によって糖分をつくり出します。雌花の先に葉を２枚残しておけば、その葉は直下の実へ栄養を送り続けます。実が大きくなるか否かは、雌花の先にある葉っぱの光合成量にかかっています。

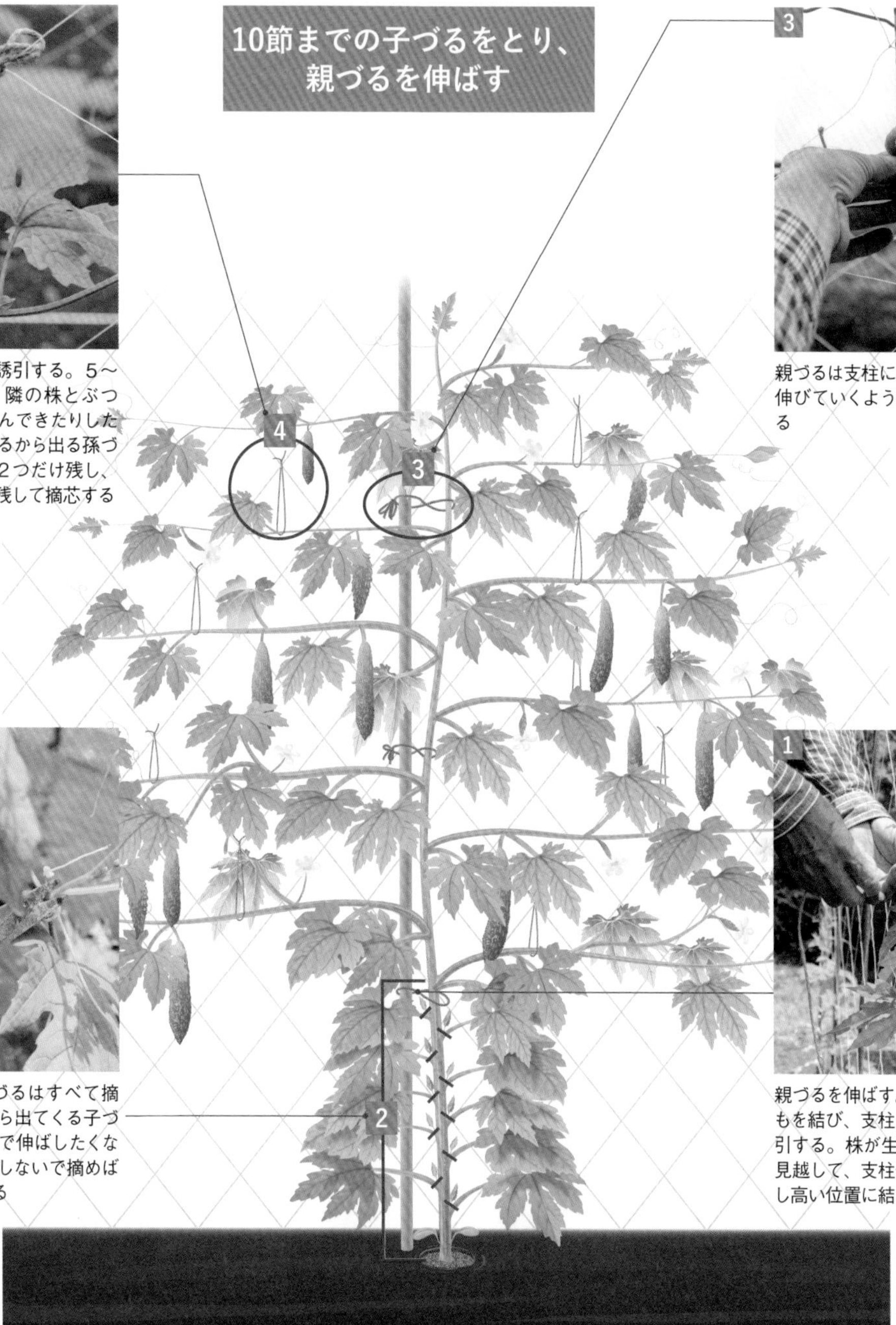

子づるはネットに誘引する。5～6節めを目安に、隣の株とぶつかったり、葉が混んできたりしたら摘芯する。子づるから出る孫づるは、雌花を1～2つだけ残し、花の先に葉を2枚残して摘芯する

親づるは支柱に誘引する。真上に伸びていくよう適宜、くくりつける

10節めまでの子づるはすべて摘む。3～4節めから出てくる子づるは勢いがあるので伸ばしたくなるが、ここで躊躇しないで摘めばよい実を長くとれる

親づるを伸ばす。葉のつけ根にひもを結び、支柱に8の字結びで誘引する。株が生長していくことを見越して、支柱側の誘引ひもは少し高い位置に結ぶ

4 追肥

植えつけ後、10日～2週間経ったら、1回めの追肥をします。1㎡当たり化成肥料（8・8・8）30gを畝の両サイドに与え、土になじませます。2回めは、11節め以降の子づるが伸び出した頃。1回めと同様に施します。以降は、2週間に1度を目安に畝の脇の通路にまいて土に混ぜます。ゴーヤーはつるが伸びるし、実もどんどんつきます。肥料を切らさないように小刻みに与えるのがポイントです。

1回めの追肥はマルチをめくり、畝の側方に帯状に施す。施肥後は、土とよくなじませて、マルチを戻す

実つきが悪い時は人工授粉で解決

ゴーヤーは自然受粉して実がつくので、人工授粉はあまりなじみがないでしょう。けれど、雨が続いたり、花粉を媒介する虫が少なくて実つきが悪くなるときがあります。そんなときは、手助けしてあげると停滞を破れますよ。1つの雄花で2つの雌花に人工授粉できますよ。

ゴーヤーは、同じ株に雌花と雄花をつける「雌雄同株」。雌花には小さな実の赤ちゃんがついているので見分けられる。雄花の花びらを取り、雌花に雄しべの花粉をやさしくつける。花の寿命は半日と短い。人工授粉は、花粉の量が多い午前中に行う

5 収穫

開花から15～20日がとりごろ。とり遅れて黄色くならないように、肥大が止まったものから順にハサミで収穫します。晴れた日の朝、涼しいうちに収穫すると、みずみずしい実がとれますよ。夜のうちに実の糖化が進み、水分も蓄えられるので、朝どりは味が濃いんです。なお、親づるは、支柱組みのてっぺんまできたら摘芯します。光と風通しを確保すれば、秋口まで収穫が楽しめますよ。

つるを引っ張らず、果梗部分をハサミで切って収穫する。強く握って、実のいぼを傷つけないように気をつける

親づるが“主柱”、子づるが“骨組み”というイメージで空間を見ながらつるを誘引していく。親づるは支柱のてっぺんで摘芯する

カボチャ

〝光合成〟と〝摘果〟でホクホク感と甘みを引き出す

カボチャを栽培するには広い面積が欲しい。株間は1m、畝間は2〜3m。葉っぱ1枚1枚に太陽の光をたっぷり当てることで、甘みのあるホクホクした、質のいい実ができるんです。肥料も必要ですが、それより光合成を促すために葉の枚数をいかに確保するかが重要なんです。

摘果もしかり。確かにカボチャは、放っておいても自然受粉して実はつきます。でもそれだけではうまみがのりません。甘みのある実をとるために、ならせる位置や個数を調整しましょう。カボチャの栽培は〝光合成〟を意識し、〝摘果〟でねらった実を大きくさせるよう栽培してください。

おすすめ品種

『こふき』(ナント種苗) 高品質カボチャの代表格。漆黒の黒皮が見た目に美しく、高級感がある。果肉は黄橙色。

栽培スケジュール　植えつけ　収穫

1	2	3	4	5	6	7	8	9	10	11	12月
				植えつけ		収穫					

1 畑の準備

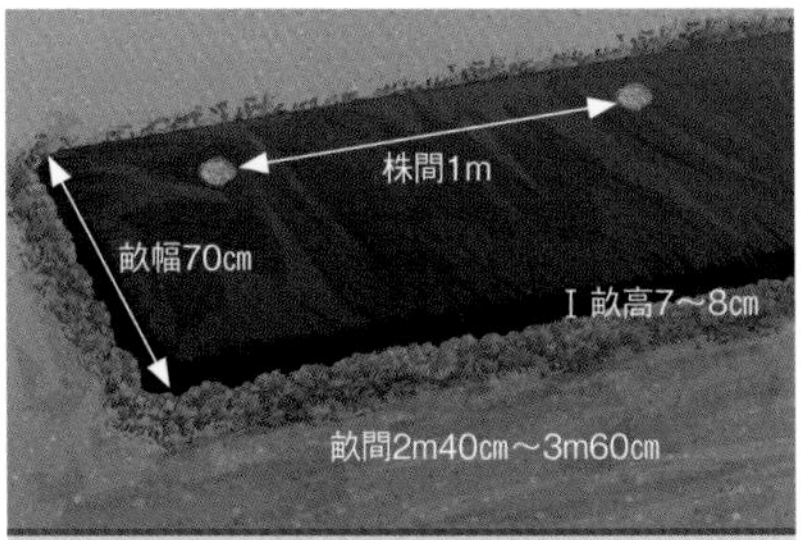

苦土石灰 100g/㎡
堆肥
牛ふん堆肥と腐葉土を1：1で混ぜたもの 4kg/㎡
元肥
有機質入り肥料 150g/㎡　熔リン 50g/㎡

カボチャは土質を選ばず、日当たりのいい場所であればよく育ちます。ただし、ツルが地を這うように広がるので、他の野菜の邪魔にならないように注意します。

植えつけの2週間前に苦土石灰を、1週間前に堆肥と元肥を施します。堆肥は畑の全面に散布してよく耕すことで、通気性や排水性を補います。元肥は栽培期間が長いので、速効性と緩効性を兼ね備えた有機質入り肥料がおすすめです。ただし、肥料が多すぎると「つるぼけ」になりやすいので注意。畝を立てた後は、黒マルチを掛けて地温を上げておきます。

2 植えつけ

市販の苗も自分で育苗する場合も、本葉3〜4枚の苗が植えごろ。定植するのは、気温が上がり始める5月の連休以降が理想的。葉っぱ1枚1枚が大きく、つるが広がるので、日当たりと風通しを考えて、株間や畝間を広く開けます。マルチの上をつるがはうように、植え穴は、畝の片端に寄せるようにしましょう。

植え穴にたっぷり水を注いで土を湿らせ、水が引いたら、根鉢をくずさないように植えつけます。このとき、つるの方向を定めるために、伸ばしたいほうに苗を斜めに傾けて植えるといいですよ。定植後、株元を手で押さえ、水やりをします。

定植適期苗。苗を購入するさいは、大きく育ちすぎた老化苗や胚軸が伸びた徒長苗は、植えつけ後の生育が悪いので選ばないこと。ウリ科野菜は浅く広く根が張る。深く植えると根腐れを起こすことがあるので、畑の土と同じ高さになるくらいに浅めに植える

3 防虫ネット掛け

気温が暖かくなる5月は、害虫が急に増えだします。カボチャにつきやすいのは、ウリハムシとアブラムシ。まだ葉の少ない幼苗期に食害されるとダメージが大きいので、定植後は、すぐに防虫ネットを掛けましょう(86ページ参照)。つるが伸びてきたら防虫ネットは外してもOK。その後、畝間に敷きわらを敷いておけば、巻きづるがわらに絡みついて、風にあおられる心配がありません。

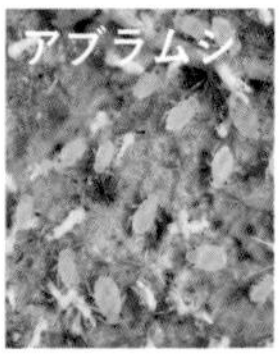

防虫ネットの目合いは、ウリハムシは1㎜以下、アブラムシを防ぐためには0.6㎜以下が望ましい

防虫ネットは、防風対策としても有効。ネットを外す目安は、植えつけから2～3週間後

4 追肥

植えつけて10日～2週間ほど経ったら、1回めの追肥を行います。根はまだそこまで広く張ってはいませんが、これから根が伸びるのを見越して、つるが伸びている方とは反対側の通路に、有機質入り肥料を1㎡当たり30g施し、土になじませておきます。有機質入り肥料ならゆっくりと穏やかに効くので、根が伸びるタイミングにドンピシャです。

2回めの追肥は、実がソフトボール大になった頃。敷きわらの上からでいいので、つるの先端の周囲に1回めと同量をパラパラと施します。

3回めは、株の様子を見て判断します。葉っぱの色が薄いなど、必要を感じた場合のみ、実の色が黒っぽく変わり始めた頃に1㎡当たり20gを施します。とはいえ、カボチャは肥料が多すぎるよりも、むしろ足りないくらいのほうが、食味がまろやかになりますよ。

5 整枝

つるを伸ばしっぱなしでは、いい実はとれません。いろいろな仕立て方がありますが、私のおすすめは、親づる1本と子づる2本の、計3本を伸ばす方法です。では、どの子づるを伸ばすのか。まず、株元から5節めまでの子づるはすべて取り除きます。そして、6節め以降のいきおいのある子づるを2本残し、他の子づるを取り除きます。

低い節位についた実は小さかったり、奇形果になったりして、いい実にはなりません。なので、11節目までにつく雌花も取ってしまいます。ただし、雄花はミツバチを呼ぶので残しておきましょう。

どうして?

カボチャのつるは、幼い頃に風でパタパタとあおられると育ちが悪くなります。カボチャのつるは、節から巻きひげや不定根を伸ばします。不定根はつるを固定する他、養分や水分を吸収して実に送る役目もあります。つるを動かすときに誤って引き抜いたりしないように気をつけてください。

葉が混み合うので、着果節までのわき芽は取るが、着果したあとは放任してかまわない。ただし、実はつけないこと

5節めまでの子づるを摘む

養分を株づくりに回すため、5節めまでの子づるは取り除きます。節は、子葉の上から1節、2節と数えます。3～4節めに強い子づるが出ますが、これも取ってしまいます。11節めまでは雌花が咲いていたら取ります。雄花はミツバチを呼ぶので残します

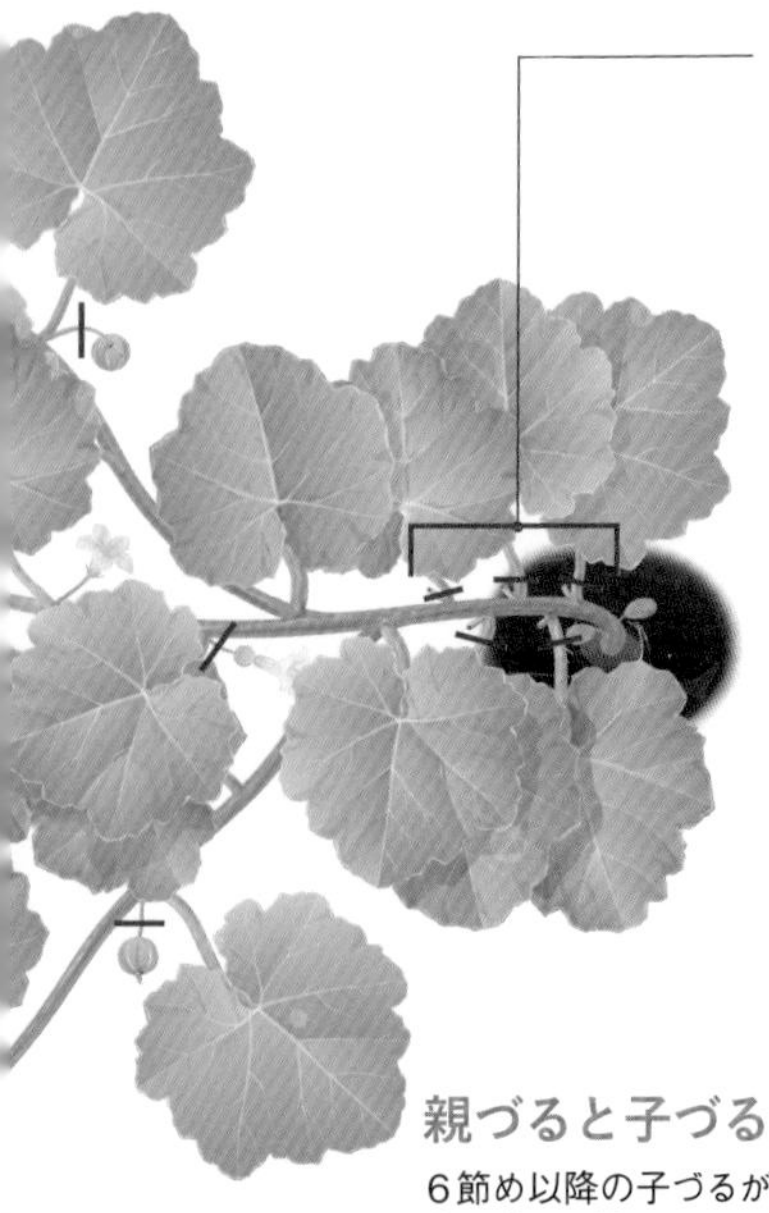

親づると子づる2本を伸ばす

6節め以降の子づるが伸びてきたら、勢いのいい2本を残し、他の子づるは取り除きます。ぐんぐん伸びそうな元気な子づるは見ればわかります。まず1本を定めて伸ばし、その子づるからごく近いところから伸びている元気のいい子づるをもう1本伸ばします

6 人工授粉

ハチなどの昆虫によって自然に受粉しますが、雨が続いたりすると虫が来ないことがあるので手助けするといいでしょう。

カボチャの花は朝早く咲き、昼にはしぼんでしまいます。また、雄花から出る花粉の寿命も短いので、人工授粉は早朝から、遅くとも10時ごろまでに済ませます。12～14節めの雌花をねらってください。その上にある雌花も咲いていたら授粉します。

授粉のポイント

1
雄花の花びらの中央には雄しべがあり、先端に鮮やかな黄色い花粉がついている。その日に咲いた雄花を選んで授粉する

2
雌花の花の下には、実になるふっくらした子房がついている。受粉が成功すると膨らむが、受粉しないと子房は肥大しないまま落下する

3
雄花の花びらは、1か所裂けば、くるくるっと外れる。雄しべの花粉を雌花の雌しべの柱頭にやさしくまんべんなくこすりつける

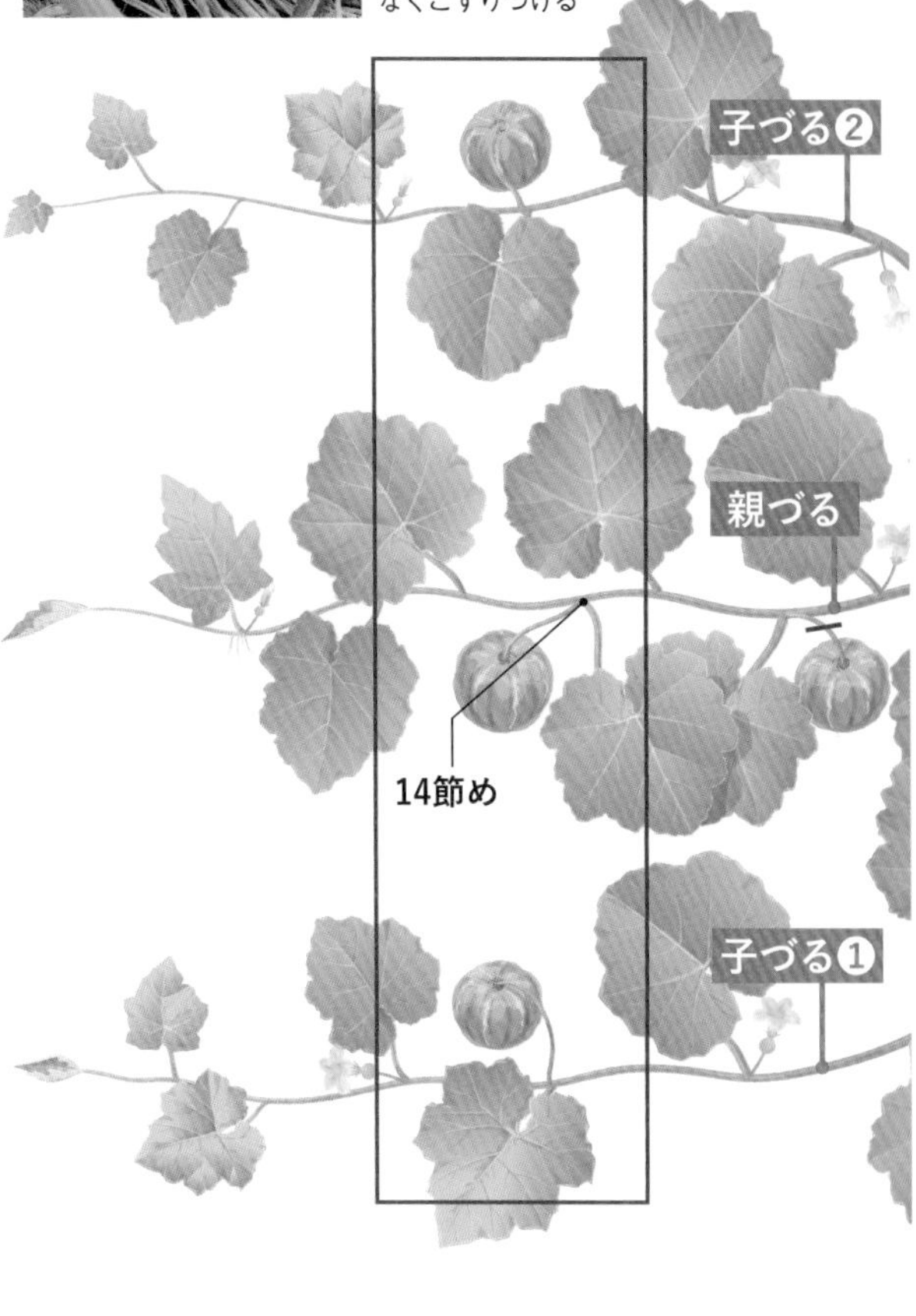

7 摘果

ねらって人工授粉した以外にも、自然に実がつきます。たくさんの実をつけておくと水っぽいカボチャになってしまうので、各つるに実を1個ずつ、計3個に減らし、1つ1つの実に栄養を行き渡らせます。実がソフトボール大になった頃、親づるの12～14節めを基準に、近い節位にある、同じくらいの大きさで形のよい実を子づるに残します。実の位置が近いと、栄養が効率よく分散されます。

生理落果といって、自ら実を落とすことがあるので、残す実の目星がついても、他の実をすべて摘果せず、様子を見ること

カボチャは実が地面に接するため、そのままにしておくと、日の当たらない部分が黄色くなる。マットを敷いておくと、色味だけでなく、腐敗防止にもなる。専用のマットも販売されているが、食品トレーに穴をあけ、逆さにして使ってもよい

8 収穫

カボチャは受粉してから45～55日で収穫期を迎えます。果皮が緑から黒みを帯びた色に変わり、へたがコルク化してきたらとりごろです。持ち帰って1週間ほどおくと、果実のデンプンが糖に変わり、甘くなりますよ。

果柄を1㎝ほど残して、ハサミで切って収穫する

カボチャやスイカの実は、小さなときに傷つくと、大きくなってからもその傷が残る。実が小さな頃は果皮がやわらかいのでやさしく扱うことが果皮のきれいなカボチャを育てるポイント

ラッカセイ

透明マルチ掛けっぱなしなら楽してたくさんとれる

漢字で「落花生」と書くとおり、ラッカセイは花が咲いたあとに伸びる子房柄が土に潜り込んでさやになります。この「土に潜り込む」というラッカセイ特有の生育プロセスを踏まえると、マルチはないほうがいいような気もしますが、掛けたほうがトータルではメリットがあります。

というのは、マルチを掛けると地温が上がって、発芽に難があるラッカセイの初期生育を助けてくれます。除草の手間も省けます。ただし、開花したらマルチの上に土をのせます。少し手助けすると、マルチを掛けっ放しでも、子房柄が土の中に潜っていきやすくなります。

おすすめ品種

『おおまさりネオ』 ラッカセイの大産地である千葉県で育成された品種で、粒の大きさが一般的な品種の約2倍。やわらかくて甘みが強く、ゆでると味の本質を発揮する。

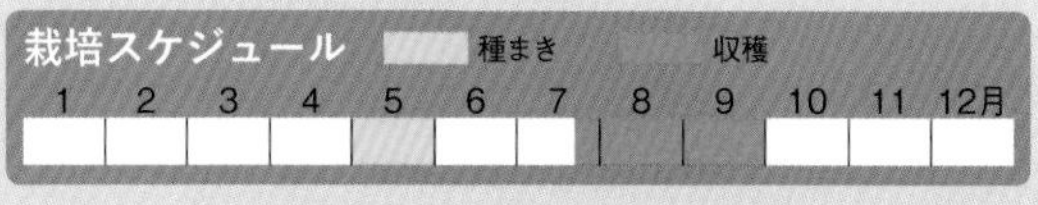

1 畑の準備

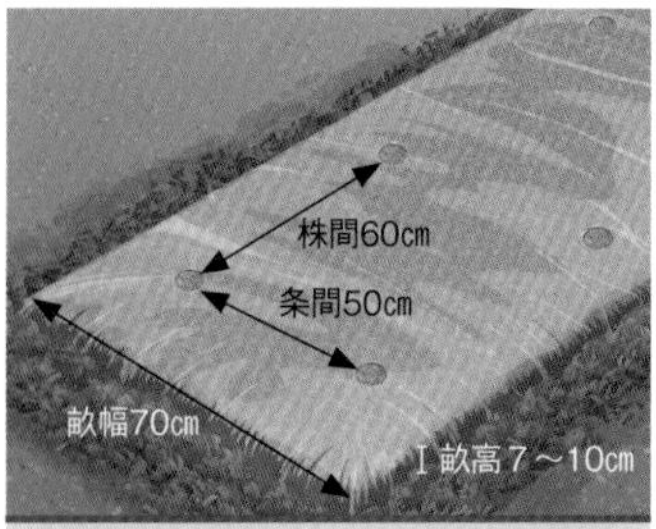

苦土石灰 100g/㎡
堆肥
なし
元肥
化成肥料(8・8・8) 10～20g/㎡

マメ科の野菜の根に共生している根粒菌は、空気中の窒素を養分として取り入れることができるため、元肥は控えめにします。とくに窒素分が多いと茎葉ばかりが茂って実のつきが悪い状態になってしまいます。

種まきの2週間前に苦土石灰を施し土になじませます。1週間前になったら化成肥料（8・8・8）を1㎡当たり10～20gとごく少量を施し、よく耕します。堆肥はさやを食害するコガネムシの幼虫などの害虫を呼び寄せるので入れません。

畝を立てたら、透明マルチを張って地温を確保します。黒マルチよりも透明のほうが深いところまで地温が上がりますよ。また、マルチの両サイドはいずれ子房柄が土の中に潜り込むのを意識して、土を多めにのせておきます。

2 種まき

ホームセンターや園芸店で売っている袋入りの種を購入してスタートします。ラッカセイは、発芽に難があるため、前もって吸水処理して発芽を促す方法もあります。しかし、マメ科の種は過湿に弱く、長く水につかっていると腐ってしまうため、そのまままくことをおすすめします。

種まきは、ひと穴につき2粒、先の尖ったほうを下に向けて、深さ2cm程度押し込みます。土をかけて鎮圧し、水やりします。種まき後、カラスやハトにいたずらされないよう、防虫ネットや防鳥網を掛けておくといいでしょう。なお、補植用としてポットでも育苗しておくと安心ですよ。

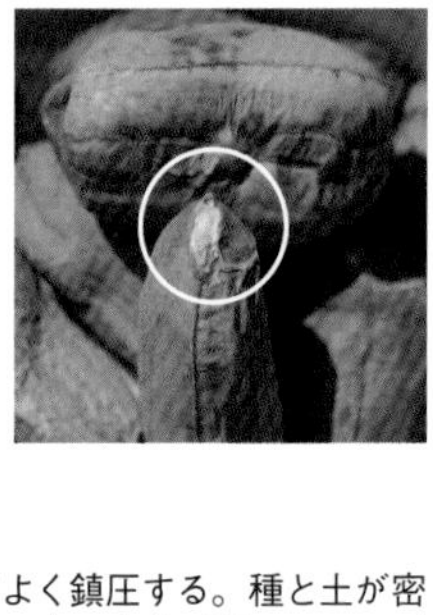

種は一方が丸く、もう一方はやや尖った形をしている。根が出るのは尖ったほうなので、こちらを下にして押し込むと発芽しやすい

覆土してよく鎮圧する。種と土が密着すると、土の水分が種にスムーズに浸透する。水やりは種まきのときのみ。むしろ与えすぎは腐る原因になるので、翌日雨が降る予報ならあげなくてもいい

3 追肥

元肥を控えているので追肥で少しずつ補います。マメ科野菜は、肥料分は少なめが鉄則ですが、開花とさやつきを促すために補充します。1回めは本葉6～7枚になった頃に株元に施します。2回めはその3週間後。畝のわきの通路にまいて土に混ぜ込みます。ラッカセイは生育がゆっくりなので、雑草が多いと栄養分を取られてしまいます。通路や株元の雑草はこまめに取り除きましょう。

発芽後、20日くらいで本葉6～7枚になったら1回めの追肥を株元に施す。化成肥料（8・8・8）を1株当たり3～5g。もし手に入るなら、リン酸とカリがほどよく入ったマメ科専用肥料がおすすめ

2回めは1㎡当たり10～20gを畝のわきの通路に施す。土寄せしながら土に混ぜ込む

4 土のせ

梅雨が明けると茎葉が繁茂し、次々と開花します。マルチは剥がさず、掛けたままのほうが保温・保湿されてさやつきがよくなります。ラッカセイは花が落ちると、つけ根から子房柄が伸びて土の中に入り、先端が膨らんでさやになります。子房柄が土中に突き刺さりやすくなるよう、マルチの上に土をのせておきます。この土に1㎡当たり苦土石灰20gを混ぜておくと、さやに実が入りやすくなりますよ。

花の下を土で覆うようなつもりで、通路から土をすくってマルチの上に盛り上げていく

子房柄が伸びる

伸びた子房柄は土のせで盛り上げた土の中に潜っていく。その先端が徐々に肥大してさやになる

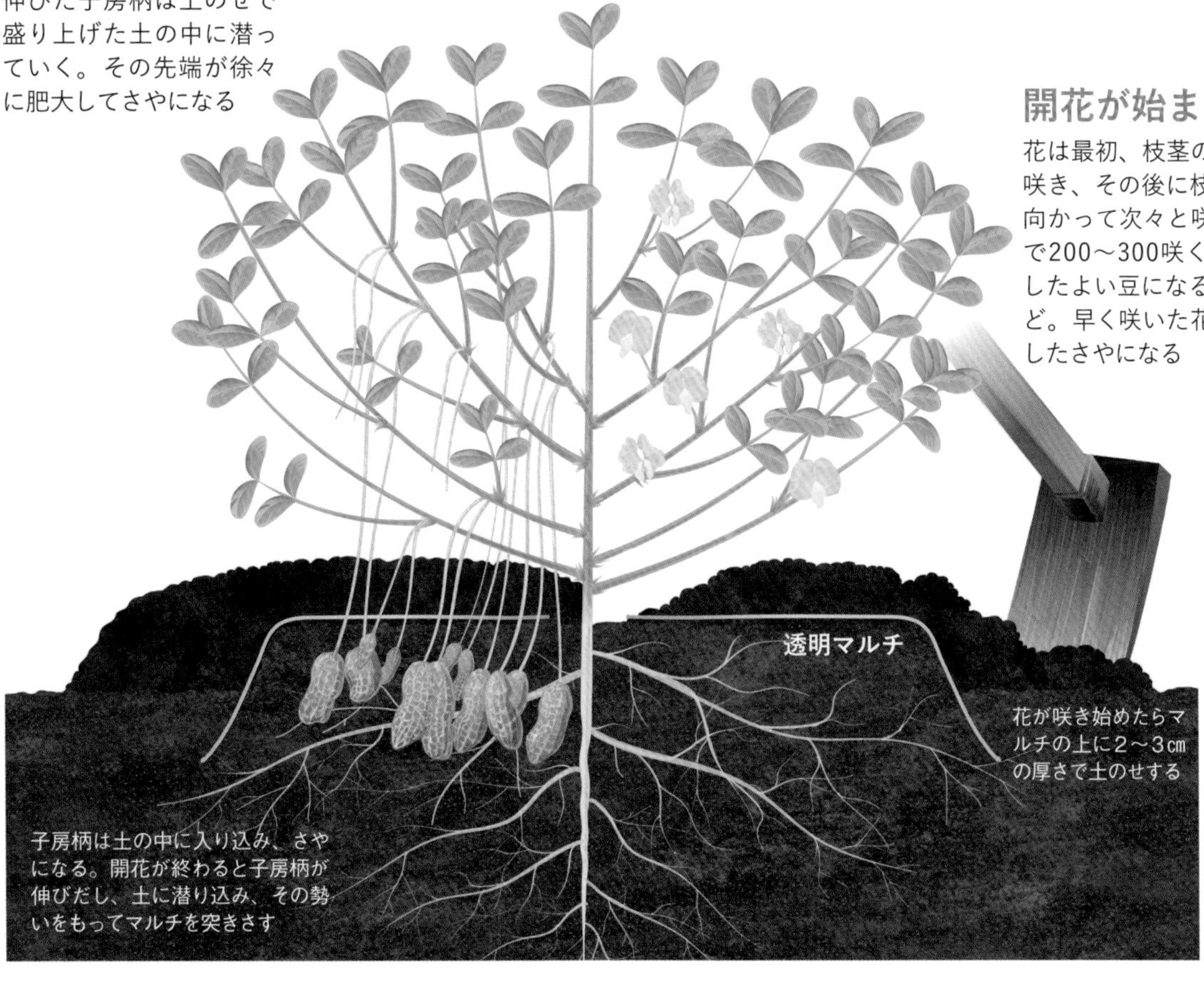

開花が始まる

花は最初、枝茎の分岐部に咲き、その後に枝茎の先へ向かって次々と咲く。1株で200～300咲くが、充実したよい豆になるのは30ほど。早く咲いた花ほど成熟したさやになる

5 収穫

地中にさやができるラッカセイは、収穫時期の見極めが難しいんです。品種によって開花から収穫までの日数は異なり、『おおまさりネオ』は90日とされています。とはいえ、1つの株の中でさえ、開花日はまちまちです。

全体的に葉の黄色みが強くなったと感じたら、試し掘りをしてみてください。網目がくっきり入ったさやが、株の8割くらいあれば、及第といえます。ただ落葉するまで待っていると、さやが離れて収穫したときに土の中に残ってしまう数が多くなります。それではもったいないので、取り遅れのないようにしましょう。

収穫するさいはマルチを剥いで、スコップや四本鍬などで土をほぐして株ごと持ち上げます。最後に土の中にさやが残っていないか確認しましょう。なお、株からさやを外すときは、引っ張るのではなく、ちぎると外れやすいですよ。

その場でさやを切り離して持ち帰る。収穫したてのラッカセイをゆでて味わえるのは、家庭菜園の醍醐味

掘り上げる前にマルチを剥ぐ。マルチの下の土はかたく締まっている。株の周囲にスコップを入れ、掘り上げる。隙間があるので収穫物を傷つけない

とりたてはゆでて！

さや付きのラッカセイ500gにたいして、水1.5ℓ、塩25gでゆでる。食べきれないときは冷凍しておくとよい

注目! ネットを張り替えながら鳥よけ・獣よけ

野生鳥獣による農作物被害は、地域によって差があるでしょう。近ごろは、都市部においてもハクビシンなどが出没し、被害が発生しているようです。ラッカセイは鳥や獣の大好物なので、種まき直後から対策しておくことをおすすめします。

地域にかかわらず鳥類、なかでもカラスには要注意です。種を掘り返すばかりでなく、出芽した子葉をつついたり、丸ごと引き抜いたりします。種まき後は防虫ネットや防鳥網を掛けておくといいでしょう。開花後は、より頑丈な防獣用ネットを掛けておくと安心です。わたしの畑は作付け面積が広いのですが、150〜180㎝の支柱を立てて、畝全体を覆っています。

種まきしたら

防鳥用ネットを掛ける。目合い3㎝以下のネットを用い、畝の上面と横面を覆う。また裾をくしゃくしゃに重ねておけば、下から侵入しようとする小動物も防げる。本葉5枚くらいまで大きくなったら外してよい。トンネル支柱で防虫ネットを掛ける場合は、葉がネットに触れたら外す

開花したら

獣害が出る地域では、防獣用ネットをかけて対策する。開花して子房柄が潜り始めると、ハクビシンやタヌキが小さやを狙い始める。より丈夫な専用のネットを使うと安心

すぐに食べないなら十分に乾かす

保管したい場合は、さやを付けたまま株を逆さにし、葉を下にした状態でよく乾かします。畑で乾かすなら、鳥よけ、獣よけのために上からネットをかけるのを忘れずに。晴れ間が続けば1週間ほどで完全に乾きます。さやが乾いたら、日陰の涼しい場所で保管しておきましょう

ソラマメ

草丈を抑えて6～7枝伸ばせば、充実した3粒さやが鈴なり

ソラマメを育てるなら、さやの中に充実した実が3粒しっかり詰まった〝3粒さや〟をとりたいですよね。ソラマメは、11月に植えつけて冬を越し、3月に入るとわき芽が株元から伸びてきます。「1株で何本立ちにしたら3粒さやが多くとれるのかなぁ」と、いろんなパターンで試したことがありますが、結果、6～7本立ちがいちばん多かった。でも、草丈を高くすると粒の数にばらつきが出ます。草丈を50～60㎝に抑えるのがポイントです。その程度の高さなら、ソラマメ栽培では必須とされる倒伏防止の支柱も不要です。手間をかけずに3粒さやの数を稼げます。

おすすめ品種

『陵西一寸』(ヴィルモランみかど)中早生でさやが大きく、3粒さやが多くとれる品種。実はほくっとした粉質で、風味、食味がよい。

栽培スケジュール 種まき 植えつけ 収穫

1 2 3 4 5 6 7 8 9 10 11 12月

1 苗づくり

畑にじかまきすることもできますが、鳥害を予防し、発芽をそろえるために、ポットで育苗するのが無難です。種は筋の入った〝お歯黒〟の部分を斜め下にしてまきます。全部埋めてしまうと酸素不足になるので種が少し外に出るようにしてください。なお、水のやり過ぎは禁物です。種が腐ってしまいますよ。

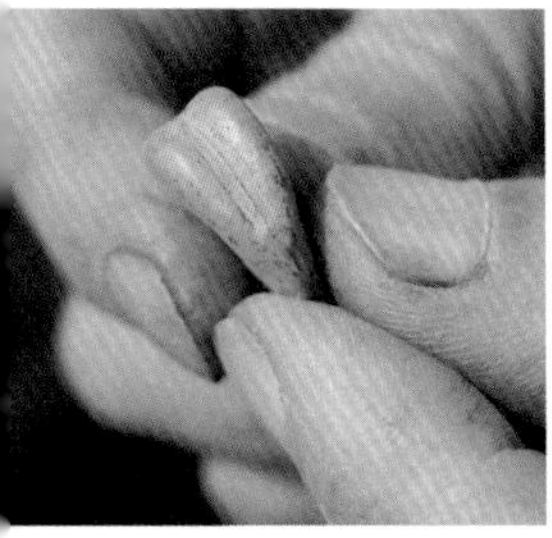

薬剤処理されたソラマメの種。筋の入った部分が“お歯黒”。ここから根と芽が出る

3.5号(直径10.5㎝)のポットに、種まき培土を入れて種をまく。“お歯黒”を斜め下に向け、種を完全に埋めないのがポイント。水やりのやり過ぎに気をつける。むしろ乾きぎみくらいでちょうどいい

種まき後、6日めの様子。種皮が割れたのは、根が動き出した証。ソラマメは発芽に時間がかかり、初めての栽培だと不安になるが、6～7日くらいすると発芽する

種まき後、ひと月ほどたった苗。本葉が4枚出ている。本葉2～4枚が植えごろ

2 畑の準備

マメ科の野菜は、共生する根粒菌の働きで空気中の窒素を取り込んで養分を補うことができるため、肥料は控えめが鉄則です。ただし、さやをつけるためにリン酸が欠かせないため、元肥として熔リンを施します。

植えつけ2週間までに苦土石灰を施し、1週間前に堆肥と元肥を散布してよく耕します。高さ20cmの畝を立てて黒マルチを張り、地温を上げておきましょう。

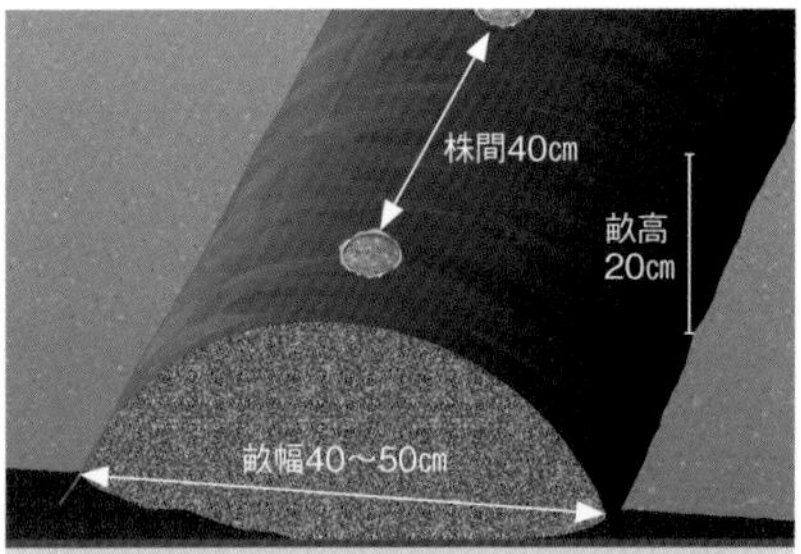

苦土石灰 100g／㎡
堆肥
牛ふん堆肥と腐葉土を1：1で混ぜたもの 2kg／㎡
元肥
有機質入り肥料 50g／㎡ 熔リン 50g／㎡

3 植えつけ

植え穴をあけるさいは、できるだけ熱が逃げないよう、黒マルチの穴を小さくするのがポイントです。ポットから苗を取り出して植えつけたら、根鉢の周囲の隙間に土を入れて株元を押さえ、水やりをします。

ソラマメが花芽をつけるには一定の寒さが必要ですが、草丈が20cm以上になると寒さに負けてしまいます。本葉4～5枚のまま草丈15cm以下で越冬させるのがいいでしょう。

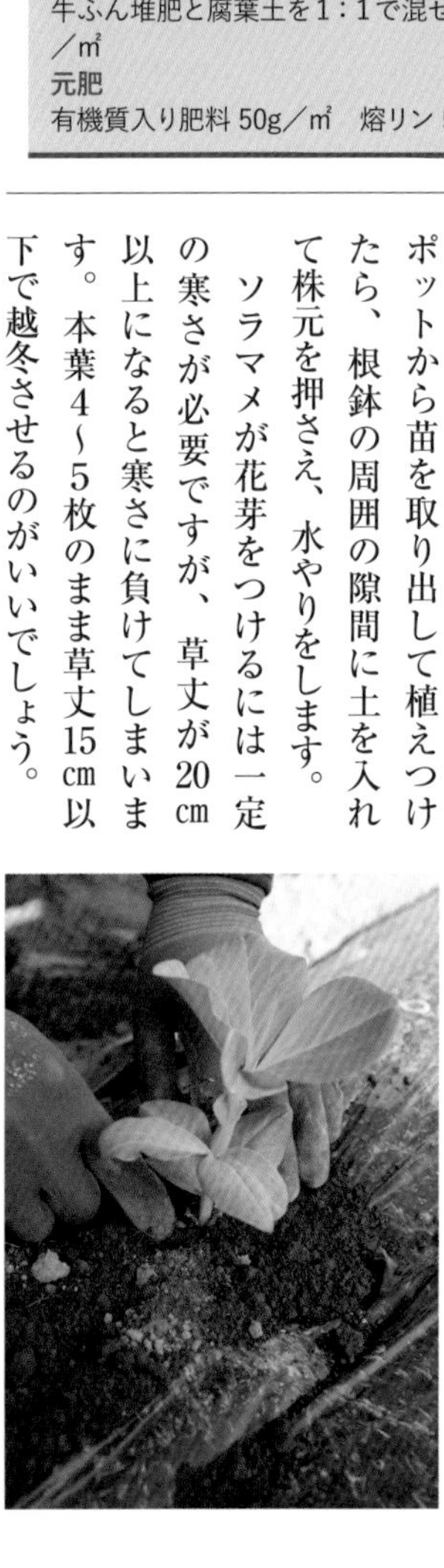

苗を植えつけるさい、マルチの穴の上にも土をかぶせておく。酸欠防止のために種（子葉）が少し見えた状態で植えるのが一般的だが、カラスに掘り返されることがあるため隠しておいたほうが安心。1週間程度で活着する。霜が降りるまでに根づくよう、植えつけ時期を見極める

4 わき芽とり・土のせ

春になり気温が上がると、株元からわき芽が伸びてきます。混み合っていたら、丈夫そうな枝を6～7本残し、他はつけ根から切り取ります。わき芽はまた出てきますが、つけ根の周囲に土をのせて埋めてしまえば抑えることができます。

そして最終的な草丈が60cmになるよう維持すれば、ソラマメ栽培では常識とされる支柱による倒伏防止措置はする必要ありませんよ。

枝数を減らして、最終的な草丈を60cmに抑えると3粒さやが多くつく。わき芽取りは、傷口が早く乾くように晴れた日の午前中にやるのがベスト

わき芽をとることで採光や風通しがよくなり、アブラムシの発生も抑制される

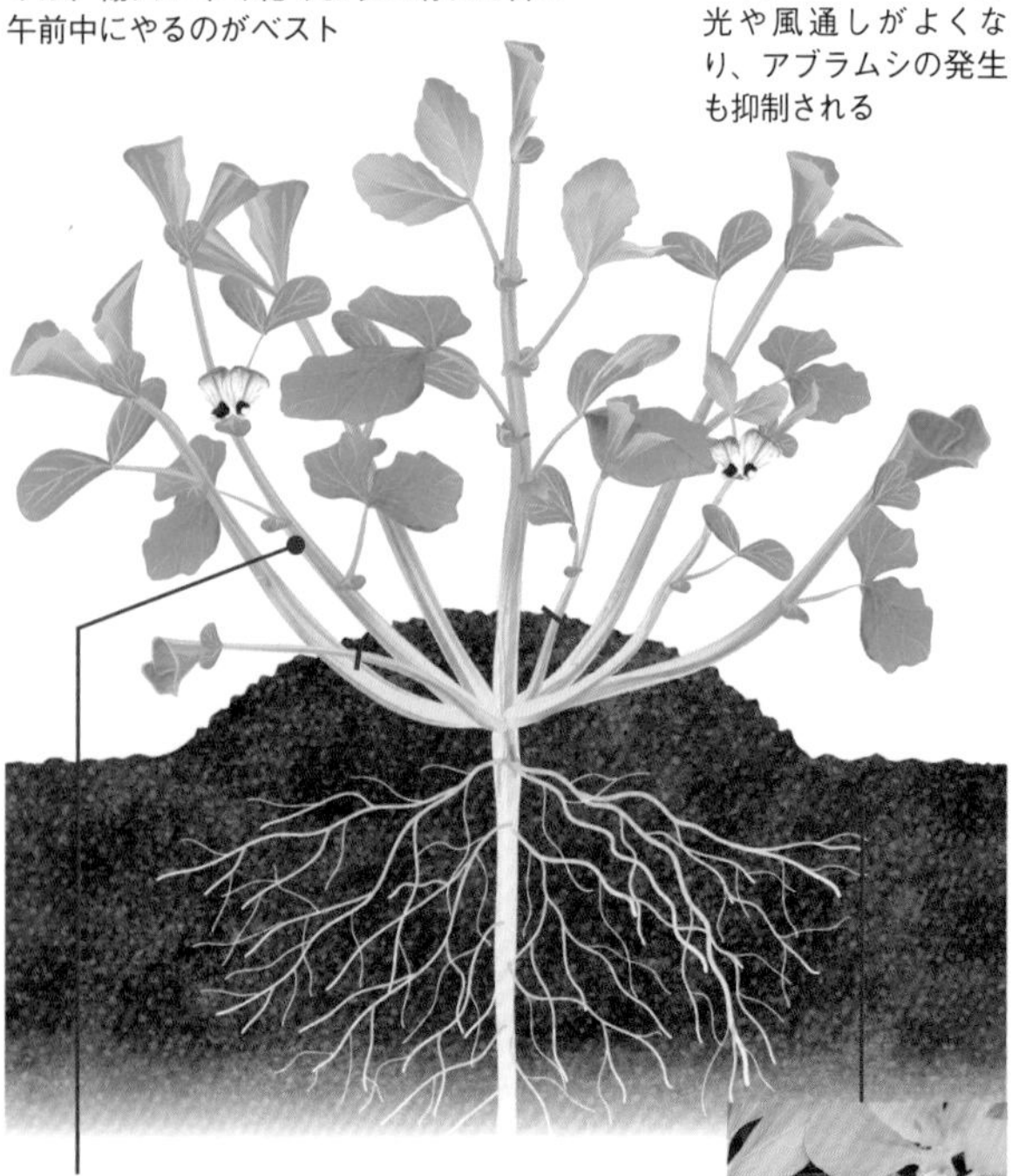

すでに花が咲いている枝は、細くても優先して残す

株の中まで土を盛るくらいでいい。わき芽の抑制の他、倒伏防止の効果がある

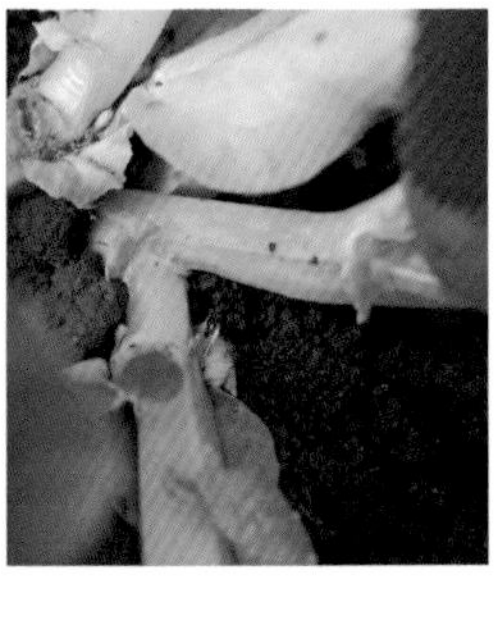

株元に取りたくても取れないほど小さなわき芽を発見。土をかぶせてしまえば、生長を遅らせることができる

5 追肥

根粒菌の窒素固定の働きにより、春までは元肥だけで十分に足ります。むしろ中途半端なタイミングで肥料を与えて大きく育ってしまうと、寒さに耐えられず、株が弱ってしまいます。

とはいえ、ソラマメはマメ科の中では窒素を多く必要とする作物です。春になり、第1花が咲いたのを確認したら追肥してさやが太るのを手助けしましょう。

花が咲き始めたら追肥のタイミング。じっとしている冬の間は必要ないが、実をつけ始める春以降は養分をプラスする

野菜の中でもめだって大きなソラマメの花。いったん咲き出すと次々と開花する

1㎡あたり化成肥料（8・8・8）30gを両脇にパラパラまく。もし、葉の色が薄かったり、草丈40cmにも満たない株があれば、同量を追肥する

追肥後は、中耕をかねて、肥料が隠れる程度に土寄せする

6 摘芯

草丈が伸びると、それだけたくさんの花が咲きます。けれど、下の方は3粒さや、上のほうは2粒、1粒さやとばらつきがあったり、まったく生育しないさやもあります。

そこで、養分を分散させないため、草丈45cmを目安に各枝の先端を摘芯します。それによって養分がさやに向かって充実します。摘芯後も節間は伸びるため、最終的な草丈は60cmくらいまで伸びます。

手で自然に摘み取れるところが摘芯のポイント。草丈45cmくらいのところをバケツを片手に次々と摘む

手で摘むと、傷口が小さいので樹勢がめげない。遅くても草丈60cmになるまでに行うこと。摘芯すると新芽につきやすいアブラムシが減る

7 収穫

さやが若いうちはさやが空を向いていますが、実が充実してくると、重みでじょじょにさやが下を向くようになります。また、さやの表面が黒くなり、光沢が出てきます。これらが収穫適期のサインです。さやを手で触って、実がしっかり確認できたら、さやのつけ根部分をハサミで切って収穫しましょう。

実が詰まったさやもいいですが、触ってまだふわっとしたやわらかいさやも、ゆでて皮ごと食べられるのでおすすめです。

ソラマメは最初、空に向かって伸びるようにつき、実が充実してくると、その重みで下を向く

ハサミでつけ根を切って収穫する。皮ごとグリルすると、中わたが甘くなって美味

エンドウ

小さな株で冬越しさせ、春になったら追肥でさやつきをよくする

スナップとキヌサヤの2種類は好みで選んでください。スナップなら若どりでさやのまま、豆がかたくなったらグリーンピースにできます。一方、キヌサヤは、煮物や味噌汁との相性がよく、わたしはもっぱらキヌサヤを栽培しています。

どちらにせよ、冬越し前に草丈が高くなりすぎると寒さに負けてしまいます。種の早まきには要注意です。逆に遅くなって株が小さ過ぎても越冬できずに枯れてしまう確率が高くなります。冬の間はまったく動きを見せず心配になりますが、4月になると急に大きくなります。初めて栽培するとびっくりしますよ。

おすすめ品種

『ビッグエンドウ』（サカタのタネ）手のひらほどの大きなサイズの実がとれるキヌサヤ。背はそれほど高くならないが花がいっぱい咲いて、次から次へと実がとれる。

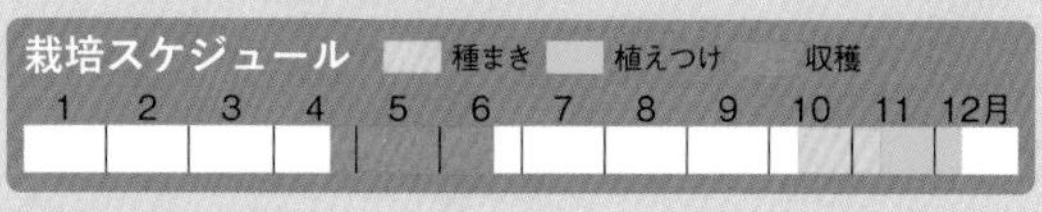

1 苗づくり

エンドウに限らず、マメ科の野菜は種まき後に鳥害に逢いやすいので、ポットで育苗すると安心です。3〜3・5号ポット（直径9〜10・5㎝）に種まき培土を入れて3粒まき、1か月ほどおきます。2本立ちで育てるのを見越し、予備として1粒多めにまきます。

エンドウの種はまきやすく、だいたい5日くらいで発芽します。ただし、水のやりすぎだけは注意してください。マメ科の種は水分が多すぎると腐りやすくなりますよ。

指先でまき穴を三角形にあけ、種をまく。種の上に土をかぶせ、指先で鎮圧してから水やりをする。鳥害を防ぐために、ポットに不織布や防虫ネットをふわっとかけておき、発芽したら外す

種まきから1か月後の苗。3粒とも発芽し、3本出ている。植えつけ前までに、勢いの弱い株を1本間引いて2本にする。2株だと競い合いながら育ち、光合成量も確保できる

どうして？

間引くときは地中に刃を入れて切る

エンドウの根は深く伸びます。そのため引き抜くのではなく、ハサミでカットしたほうが、残す株の根を傷めません。ただし、マメ類は種子＝子葉であり、エンドウは、たいてい子葉が種皮をかぶったまま地下に残ります。地上に出た部分の節の上をカットしても、わき芽が出てきて復活することがあるので、ハサミを地中に入れるくらいにして切ってください。

2 畑の準備

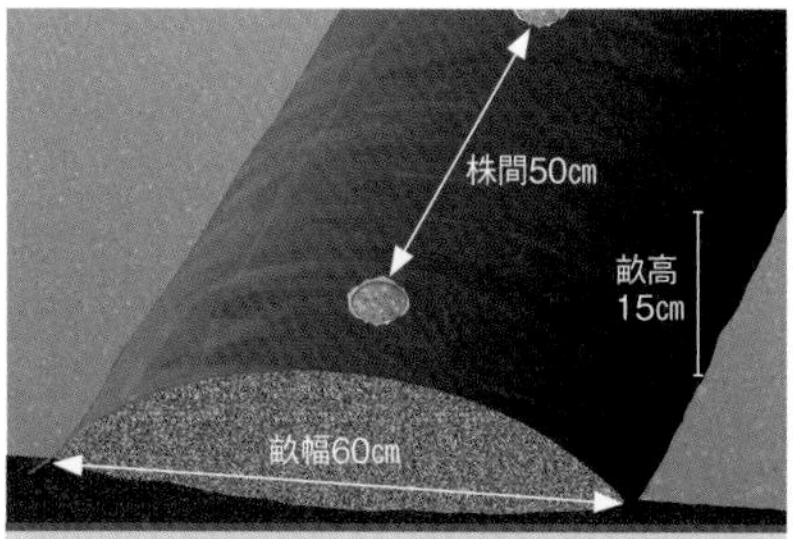

苦土石灰 100g／㎡
堆肥
牛ふん堆肥と腐葉土を1：1で混ぜたもの 2kg／㎡
元肥
化成肥料（8・8・8）50g／㎡　熔リン 50g／㎡

エンドウはとりわけ連作を嫌うため、数年マメ科の野菜を栽培していない場所を選びます。また、酸性土壌に弱いので、植えつけの2週間前に苦土石灰を施し、pH6・0くらいになるように土壌酸度を調整します。

春先まで追肥しないので、元肥はある程度入れておきましょう。植えつけの1週間前に堆肥と肥料を施し、よく耕したら高さ15cmの畝を立て、黒マルチを張ります。

3 植えつけ

本葉4～6枚の苗が植えごろです。畝に根鉢よりもやや深めに植え穴を掘り、2本立ちのまま根鉢を崩さないように苗を入れます。手で株元をよく押さえてから水やりします。

少し深めに植えるのは、根の凍結を防ぐため。霜が降りる頃になると、地表から下1cm以内は凍結する場合があります。小さなうちは低温に強いものの浅植えだと根が凍りやすくなるので、深めに植えて防ぎます。

写真のように畝に平行になるような向きでそろえて植えると、春になったとき、ネットに誘引しやすい

4 防寒対策

小さいうちは寒さに強いとはいえ、何もしないと凍害で枯れる恐れがあります。草丈20cmを超えると途端に霜害を受けやすくなります。

エンドウの防寒対策には笹竹がおすすめです。年の瀬までにエンドウの株の北側に1本立てて寒さに備えます。笹の葉が布団のようになって霜と厳しい寒さから守ってくれますよ。笹竹が手に入らなければ、トンネルをかけて寒さを防ぎましょう。

エンドウに寄り添うように差すと、笹竹の葉が屋根になる。春先、つるが伸びてくる頃になると、恐ろしいほどの勢いで枝にからみつく

注目！ トンネル支柱＋被覆資材で防寒

笹竹がなくても、トンネル支柱に不織布や防虫ネットをかぶせれば、霜の直撃を防ぐことができます。防虫目的ではないので、裾までしっかり閉める必要はありません。ただし、冬は風が強いので、飛ばされないように気をつけてください。

5 支柱立て・追肥

3月に入ったら、直立式に支柱を立て、誘引ネット（キュウリネットなど）を張ります。

追肥は計3回。1回めは立春を過ぎた頃。マルチの裾をめくって畝の側方に化成肥料（8・8・8）を施し、軽く土寄せします。2回めはそのひと月後。草丈が伸びてきたタイミングで通路にまき、株が伸びるのをサポートします。3回めは4月に入って花が咲き始めた頃に与えます。

6 収穫

4月の中旬〜下旬になると、さやがつき始めます。次々なるので、さやの中の実が少し膨らみかけたらどんどんとってください。若さやくらいのほうがやわらかくて甘いですよ。

への字になったへたの部分をハサミで切って収穫します。さやが緑色でスナップに比べて薄いので見えにくいのですが、実が膨らんでくるとかたくなり風味も落ちるので、取り残さないよう、よく探してください。

花が終わるとさやがつく。さやが長くなって、中の実がめだち始める頃に収穫する。引っ張ってとろうとすると株を傷めるので、収穫バサミを使うこと

マルチの裾をめくり、畝の側方に化成肥料（8・8・8）を1㎡当たり30gを両脇に施す。2回めは同量を通路にまく。施肥後は土寄せする

4月に入って花が次々と咲き始めたら3回めの追肥。1㎡当たり30gを施す。実をたくさんとるためには必須。また、開花期に水不足だとさやつきが悪くなるので、乾燥していたら水やりするとよい

防寒対策で笹竹を使った場合は、支柱を立ててネットを張る必要はない。葉は枯れ落ち、春になると残った枝につるがからみつく。笹竹は被覆資材＋支柱＋ネットの一石三鳥。近場で手に入ればぜひ使うとよい

注目！ 秋まきで失敗したら春まきで再チャレンジ

秋まきでうまくいかなかったら、2月下旬〜3月に再スタートしましょう。とれる期間が短くなり収量は劣りますが、収穫できますよ。秋に余った種を冷蔵庫のチルドルームで保管します。冷蔵庫で0℃にあてると、花芽分化のスイッチが入ってさやつきがよくなります。常温で種を保管すると、草丈は伸びても実があまりつかないことが多くなります。

2月下旬に種をまいたエンドウの苗。秋まきと同じように本葉4〜6枚で植えつける

第2章

葉菜類

葉や茎、花蕾を食べる野菜。菜っ葉と呼ばれるホウレンソウやコマツナ、
葉が巻いて球になるハクサイやキャベツ、花蕾を食べるブロッコリーやカリフラワー。
比較的栽培が容易な野菜が多いので、家庭菜園の初心者におすすめです。

ハクサイ

適期の種まきとコンスタントな追肥で、結球を確実にする

ハクサイは、結球のしやすさや食べやすさを考えると、使いきりのミニサイズがおすすめです。小さいけれど味が濃く、サラダで食べられるほどやわらかいですよ。

苗は購入できますが、ハクサイの種は発芽しやすいので、育苗の練習のつもりで種まきに挑戦してみてください。ただし、適期を逃さないこと。まき遅れた小さい株は、寒さに遭うと外葉が大きくならず、結球しません。ハクサイはアブラナ科の中で一番の肥料食いです。結球開始まで定期的に追肥し、株の勢いを維持します。外葉を大きく育てることが立派な球を育てる秘訣です。

1 苗づくり

ハクサイは、種まき適期を守ることがとても重要です。ベストタイミングは8月下旬～9月上旬。早すぎても遅すぎてもうまく育ちません。

3号のポリポット（直径9㎝）に種まき用の培土を入れて事前に水やりしてから種を3粒まきます。発芽までは乾燥しないように注意します。

種まき用培土に種をまくときは、前もって水やりしておくと土が落ち着いて種がまきやすい。指先で深さ1㎝ほどのまき穴を2㎝間隔で三角にあけ、種を3粒まく。覆土の目安は種の厚さの3倍だが、ハクサイはあまり神経質にならなくても発芽する

注目！ 新聞紙をのせて発芽を促進する

種まき後、水やりをしたら、新聞紙をのせて、さらに灌水します。新聞紙は魔法の断熱材で、光と熱を遮りながら保温して、発芽のお手伝いをしてくれます。翌日の水やりは新聞紙の上からで大丈夫。地温を上げるためにゴザを掛けておいてもいいでしょう。ただし、発芽したら新聞は取り除きます。そのままにしておくと徒長してしまいます。

どうして？ 種まき時期を厳守する

ハクサイは、種をまくのが早すぎると生育初期に高温期にあたってしまい、病害虫の被害が多くなります。遅くまけばいいかというと、それもだめ。というのも、ハクサイは、最低気温が10℃程度の低温条件に一定期間遭うと、生長点に花芽が形成されて葉がひらこうとしてしまい、結球しなくなってしまうからです。一般地では、9月中旬までに種まきを済ませるようにしましょう。

おすすめ品種

『CRお黄にいり』（タキイ種苗） 600g～1kgの使いやすい大きさ。病気に強くて育てやすい人気品種

『娃々菜《わわさい》』（トキタ種苗） 1球300～500gで、片手で持てるほどの小ぶりサイズ。外葉から芯までやわらかく甘い。

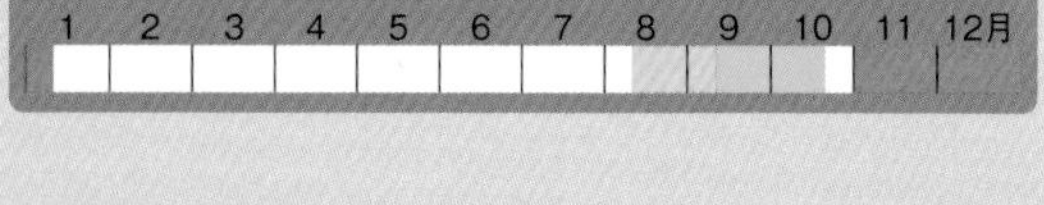

2 畑の準備

ハクサイは土壌が酸性に傾いていると、根こぶ病が発生しやすくなり、カルシウム不足で球の内側が溶ける症状が出たりします。植えつけの2週間前に苦土石灰をまき、土壌酸度をpH6・5〜7・0に調整します。

多肥を好むハクサイのために、1週間前には、溝施肥と全面施肥を併用し、堆肥と肥料を手厚く施します。畝の中央に深さ20cmの溝を掘り、中に腐葉土を均等に入れて溝に土を戻します。畝の上には堆肥と元肥を施して土を混ぜ合わせ、高さ7〜8cmの畝を立てて黒マルチを張ります。

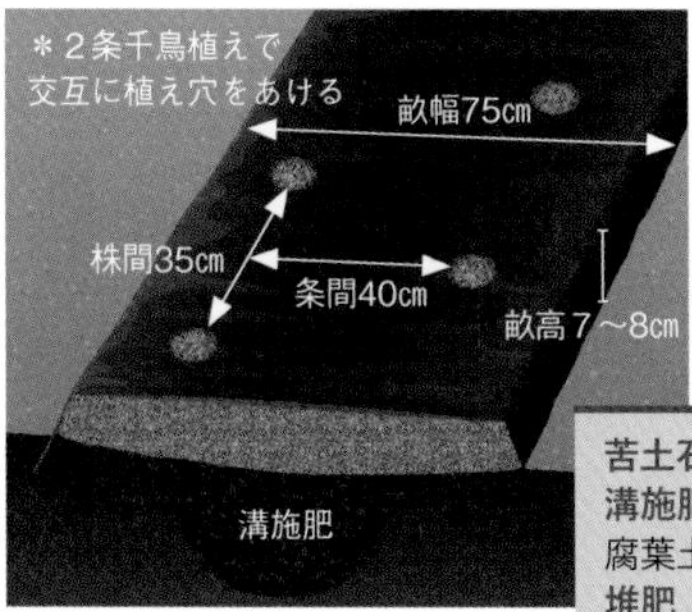

苦土石灰 100g／㎡
溝施肥
腐葉土 2〜3kg／㎡
堆肥
牛ふん堆肥と腐葉土を1：1で混ぜたもの 2〜3kg／㎡
元肥
有機質入り肥料 100g／㎡

3 植えつけ

ハクサイは、本葉3〜4枚の頃が植えつけ適期。定植の2〜3時間前に、水を張った容器に苗ごとつけておきましょう。マルチに植え穴をあけてたっぷり灌水し、水が引いたらポットから苗を丁寧に取り出し、植えつけます。水分はこれから旅をする子どもに水筒を持たせるようなもの。定植後、根がよく伸びて、早く活着します。ただし、雨が降った直後なら水の量は少なめでかまいません。

植えごろの苗。本葉2枚のときに育ちの悪い苗を1本間引いて2本にし、種まき後、3〜4週間後、本葉3〜4枚になったら植えつける

アブラナ科の野菜は害虫の被害が多い。なかでもハクサイはハイマダラノメイガの大好物。植えつけると、ねらいすませたようにやってくるので、植えつけ後は、すぐに防虫ネットを掛ける。葉がネットに触れる前には外す

4 間引きと追肥1回め

2株一緒に植えつけるのは、万が一、ハイマダラノメイガの幼虫（シンクイムシ）に忍び込まれて食害された時の保険です。9月後半になると虫の被害はだいぶ落ち着いてきます。植えつけ後、1〜2週間して苗が活着したら、勢いの弱い苗を間引きます。1本立ちにしたら、1回めの追肥をします。株の周りに化成肥料（8・8・8）を1株当たり7〜8g施し、土寄せをします。

残すほうの株元を手で押えながら、苗を引き抜く。ハクサイの間引き菜は絶品。味噌汁などの具におすすめ

株の周りに吸収根があるので、1回めの追肥はマルチの植え穴部分を持ち上げて、葉の下あたりにパラパラまき、土寄せする

5 その後の追肥・土寄せ

1回めの間引き・追肥後、結球するまでは、10日に1度のペースで追肥し、養分を切らさないようにします。マルチの裾をめくり、1㎡当たり15gの化学肥料(8・8・8)を畝の側方にパラパラまき、土寄せします。

外葉は光合成をして栄養を送るたいせつな役割を担っています。傷つけないように、葉を手で持ち上げながら土寄せするくらいの慎重さで作業をしてください。

マルチをめくると、ハクサイの細根が通路のほうまで伸びているのが見える。この細根が養分を吸収している

結球が始まる前のラストの追肥。化成肥料(8・8・8)15g/㎡を畝の側方に施す

土寄せするときは、中耕(表土を浅く耕して土壌の通気性をよくする)を除草とセットでやっておくとよい

注目! 結球し始めたら追肥をストップ

コンスタントに追肥し、外葉を大きく育てると球が太ります。しかし、いざ結球が始まったら追肥はやめます。いつまでも追肥していると、収穫時に葉にえぐみが残ります。結球部への養分は外葉が運び続けているので心配いりません。

ちなみに、早生種は外葉が18枚前後になると結球が始まります。内側にある葉が持ち上がり、2枚の葉がたがいに内側を向くのが始まりの合図です。

6 収穫

ここで紹介しているミニハクサイは植えつけ後、40～50日でとりごろになります。ハクサイは1日に0・6枚、最盛期には1枚以上、葉が内側から増えていきます。手で球を触ってみて、よく締まっていたら収穫しましょう。

外葉を2枚つけた状態で、他の葉を手で押し広げます。そして結球葉を倒し、つけ根の部分を包丁でカットします。

ハクサイの頭の部分を触ったとき、ふわふわしていたらもう少しおく

外葉2枚をつけた状態で、他の葉を手で押し広げ球を倒し、株元に包丁を入れる。霜が降りるまでには収穫する。冬越しさせる場合は、外葉で結球部を包み、ひもで縛っておく

長ネギ

じっくり育てた粒ぞろいの苗を こまめな土寄せで太く長く

栽培期間がとても長く、種から育てると収穫まで8～9か月かかります。かといって、苗はあまり出回りません。好みの品種を選べるので育苗するのがおすすめです。

太くてがっちりしたネギを育てる秘訣は、土寄せのやり方とタイミングにあります。ネギの根は酸素を好むので、植えつけのさいは浅植えにし、生長に合わせて少しずつ土をかぶせます。とくに生育初期は、葉鞘部（白い部分）が太るのを待ってから土寄せするのが鉄則です。早々に土をかぶせると太りませんよ。ただ、ひょろっとしたネギでも薬味に使えるので気軽にトライしてください。

おすすめ品種

『森の奏で』（トキタ種苗） 夏の暑さに強く、栽培しやすい。よく太り、じょうぶで風にも強く、比較的栽培が容易。

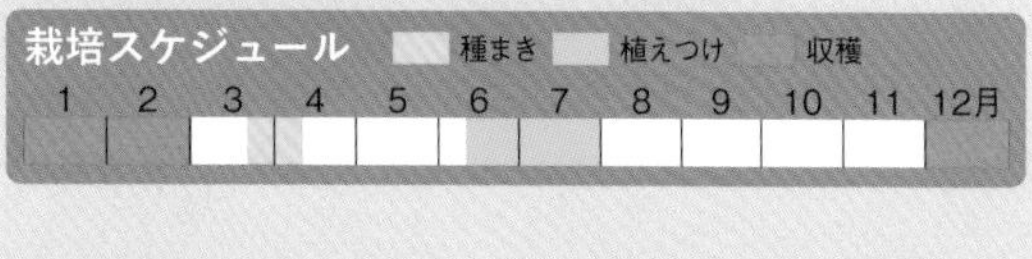

1 苗づくり

ネギの根は浅く、過湿に弱いため、苗床は日当たりと水はけのよい場所を選びます。ネギなどのヒガンバナ科の野菜は石灰を必要とするので、種まきの2週間前に苦土石灰を施します。また、1週間前に堆肥と元肥を施してよく耕し、幅70㎝の苗床をつくります。

堆肥をしっかり入れると根がよく伸びてがっちりした苗ができますよ。

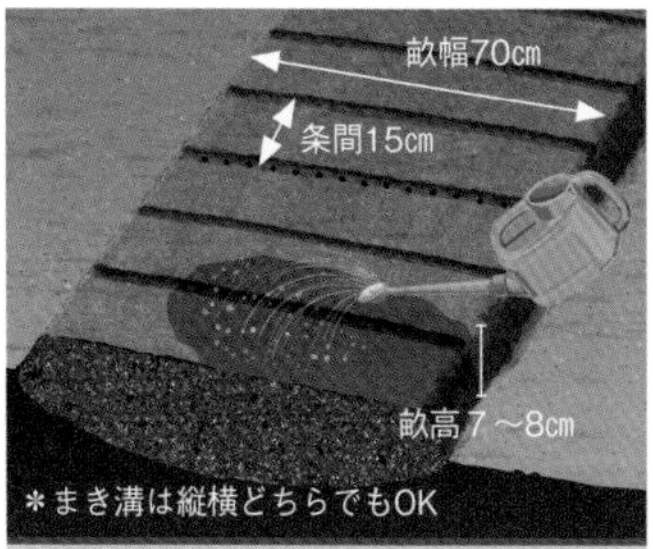

苦土石灰 100～150g／㎡
堆肥
牛ふん堆肥と腐葉土を1：1で混ぜたもの 2～3㎏／㎡
元肥
化成肥料（8・8・8）100g／㎡

支柱などを使い、深さ5㎜のまき溝をつくり、1㎝間隔で種をまく。ネギの種は嫌光性だが、あまり深く埋めると発芽しないため、5㎜くらいの厚みで土をかけて、板などを押し当てて鎮圧し、水やりする

ネギは日本各地に在来品種が豊富にある。好みの品種のネギを自分で育苗して栽培できるのが楽しい

注目！ 苗取りして選抜する

発芽して3～4週間して株と株が触れ合うようになったら2㎝間隔に間引き、条間に化成肥料（8・8・8）を1㎡当たり20g追肥して土を軽くかぶせます。最終的に株間3㎝になるように間引き、草丈30～40㎝、鉛筆を超えるくらいの太さになったら植えつけます。実際に畑に定植するさいは、がっちりしてしっかり根が張った苗を選んで植えつけるようにしましょう。

種まきから70日後の様子。ネギの苗は細いので、雑草に負けないようにまめに草取りをする。6月頃までに、株間が3㎝になるように間引き、1本1本に光が当たるようにする

種まきから100日後、鉛筆以上の太さになったら植えつけ適期。大きな苗と小さな苗に分けて、サイズごとにグループ分けして植えると生育がそろい、追肥、土寄せなどの管理がしやすくなる

2 畑の準備と植えつけ

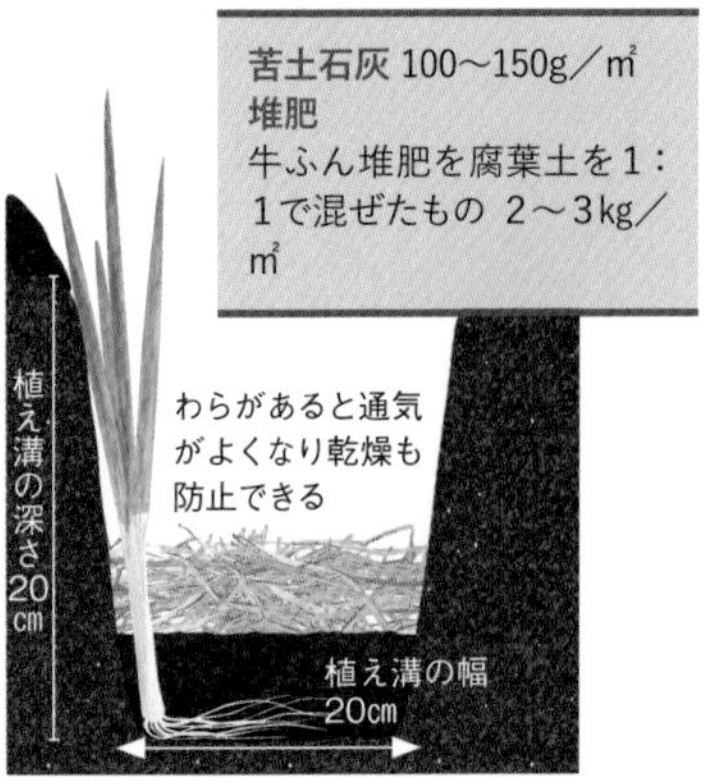

ネギは酸性土壌を嫌います。植えつけの2週間前に苦土石灰を散布し、1週間前には堆肥を施して耕しておきます。肥料焼けを防ぐため、植えつけ時に元肥は入れません。

畝の中央に深さ20㎝の溝を掘り、掘った土を溝の両側に積み上げます。苗を壁に立てるように並べ、根が隠れる程度に覆土します。その上にわらを敷いておきます。こうすると、通気性や水はけが格段によくなり、土寄せ後も根が酸素を求めてよく伸びます。わらがなければ、落ち葉やよく干した雑草でも代用できますよ。

1 幅20㎝、深さ20㎝ほどの植え溝を掘る。掘った土は、溝の両側に盛り上げ、側面をできるだけ垂直にする
2 苗を溝の片側の壁に立てかけるように5㎝間隔で並べる。できるだけ垂直に、溝の底に根がぴったりつくようにおき、根が隠れる程度に覆土する。ネギの根は多くの酸素を必要とするので土をかぶせ過ぎない
3 この時点でネギが斜めになっていると曲がりネギになるので、覆土後、ネギ苗の株元の両側にわらなどを入れて支え、できるだけ垂直になるようにする

3 追肥・土寄せ

1〜2回めの土寄せは慌てず、葉鞘部が太るのを待ちます。というのも、生育が停滞する真夏に無理して土を盛り上げると、細いネギにしかならないからです。植えつけから5〜6週間を目安に、1回めの土寄せを行います。

3回め以降の追肥・土寄せは20〜25日おきへと頻度を増やします。土寄せを繰り返したぶん、白い部分が長く、太く育ちます。なお、いずれの土寄せにおいても、葉身（青い部分）の首元（分岐部）を埋めないように注意してください。

1〜2回め

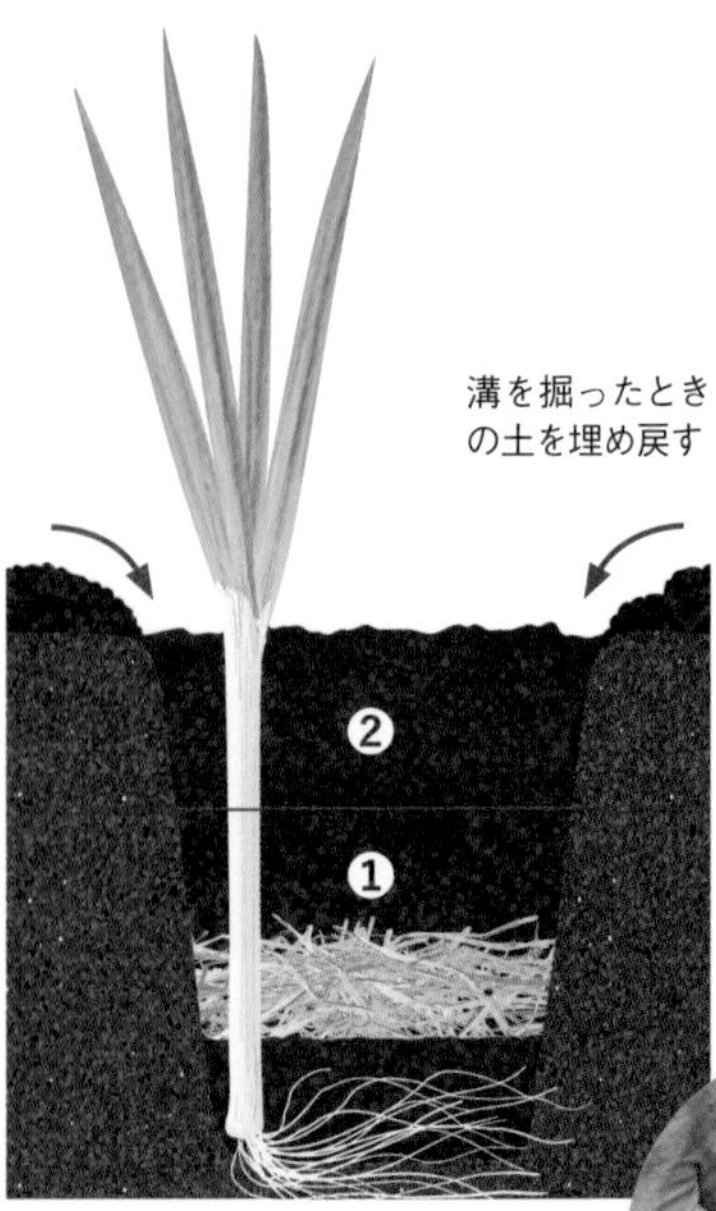

首元（分岐部）を埋めないように注意する。葉と葉の間に土が入ると、病気を招く。もしかけてしまったら、手ではたいておく

溝の両側の盛り上げた土に、1㎡当たり化成肥料（8・8・8）30gを畝の両脇にまいて土に混ぜる。首元を埋めないように、土を溝に入れる。2回めも同様に行う（写真は2回めの追肥・土寄せの様子）

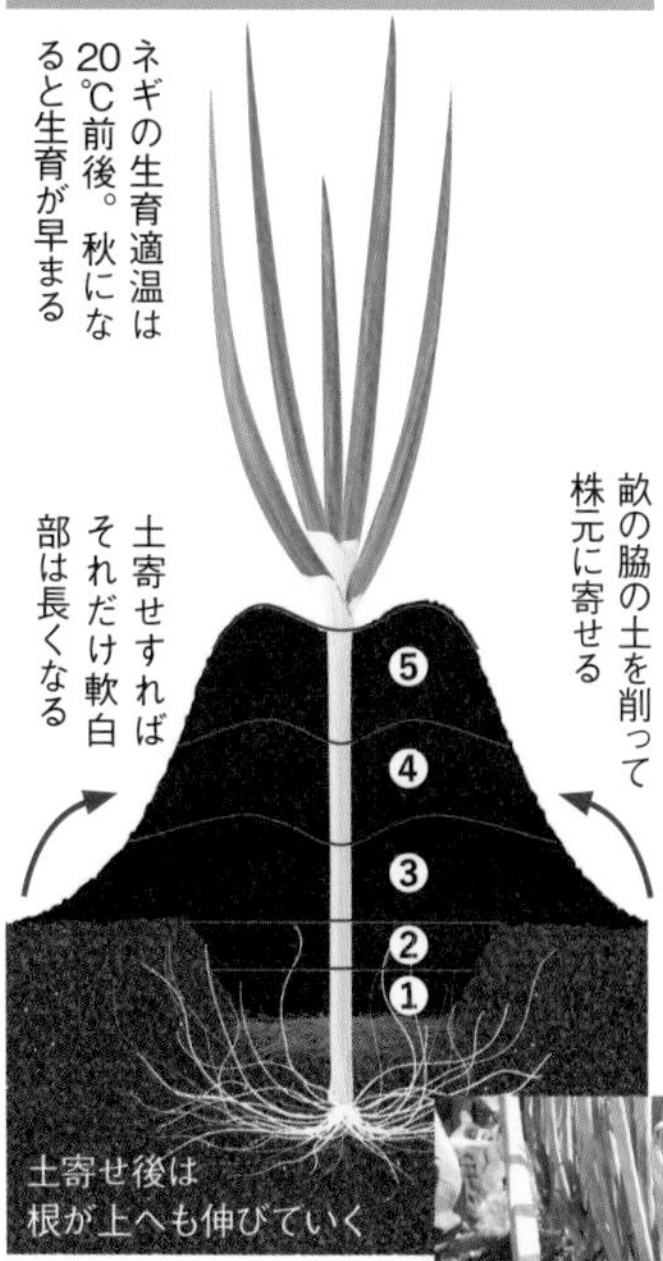

1㎡当たり化成肥料(8・8・8)30gを畝の両脇にまいて畝の脇の土を混ぜ、首元の下まで盛り上げる

4 収穫

白い葉鞘部が40㎝以上になったら、太くなったものから順に収穫します。もっとも家庭菜園なら、長さや太さにかかわらず、11月ぐらいになったら、いつ収穫してもいいんじゃないでしょうか。ネギは寒さにあたったほうが甘くなり、周りの皮が1枚枯れてきたくらいが美味しいので、ネギ坊主ができる3月くらいまでは、必要なぶんだけその都度収穫するのもいいでしょう。

高く盛り上げた土を鍬やスコップで崩してから、葉鞘部の下の方をしっかりと握って引き抜きます。収穫後、すぐに食べない場合は、泥がついたまま新聞紙にくるみ、立てた状態で保存すると鮮度が保たれますよ。なお、4月に入り、気温が上がってくると、ネギ坊主が出てきます。ネギ坊主を摘むと、分げつして、新しいネギが出てきますが、それもまた美味しいですよ。

土寄せして盛り上げた土を、鍬やスコップを入れて崩してから、株元を持って引き抜く。力まかせに抜くと、途中で切れてしまう恐れがあるので注意する

真冬は生育が停滞するが、それでもほんの少しずつは伸びる。土寄せを繰り返せば、暖かくなってネギ坊主ができるまで葉鞘部を長くできる

ちょっとしたスペースで葉ネギもつくってみませんか?

長ネギとは別に葉ネギもつくっておくと、薬味などに使えて何かと重宝しますよ。他の野菜の条間や株間、畑の隅のちょっとしたスペースで栽培でき、ニンジンやアブラナ科の虫よけ作物にもなります。長ネギと違い、種まきから2か月余りで収穫できるのも嬉しいですね。しかも抜かずに株元を残して収穫すれば、新葉が伸びて、何度もとれます。

長ネギと同じく3〜10月ごろがつくりやすいのでおすすめです。畝に支柱などを押し当て、深さ5㎜のまき溝をつくり、種を1㎝間隔でまきます。覆土したあと、しっかり鎮圧して水やりします。その後、草丈が10㎝くらいになったら2㎝間隔に間引いてそのまま育てます。種まきから2〜3か月経ち、草丈が30〜35㎝になったら収穫します。

他の野菜の条間などを有効活用すれば、土づくりの必要はない。1㎝間隔で種をまき、草丈が10㎝くらいになり混み合ってきたら2㎝間隔に間引く。間引き後は苗の両サイドに化成肥料(8・8・8)を15g/㎡ずつまき、株元に土を寄せる

草丈が30〜35㎝になったら収穫する。地上部を2〜3㎝残して収穫すれば、新葉が伸びてきて30〜40日すると再度、収穫できる

写真右のように株ごと引き抜けば別の場所に移植が可能。株を更新しながら何度もとれる。左のように株元で切って収穫すれば新葉が伸びてくる。春にまけば11月ごろまで繰り返し収穫が楽しめる

キャベツ

早めの追肥で外葉を大きく。大きな外葉が大玉をつくる

このキャベツはうちの畑のです。外葉が大きいでしょう？　外葉が大きいと、光合成によって有機物がたくさんつくられて、球が大きく育ちます。ハクサイやブロッコリーも同じ。外葉の大きさと球（結球葉）や花蕾の大きさは比例するんです。外葉を大きくするには、元肥を多めに与えます。また、追肥が遅れると、株の生長スピードに養分補給が間に合いません。時期を少しフライングするくらいのほうが、成功率は高まります。ただし、結球が始まったら施肥は禁物。結球不良や裂球を招くおそれがあります。このメリハリが食味のよい球を作るコツです。

1 畑の準備

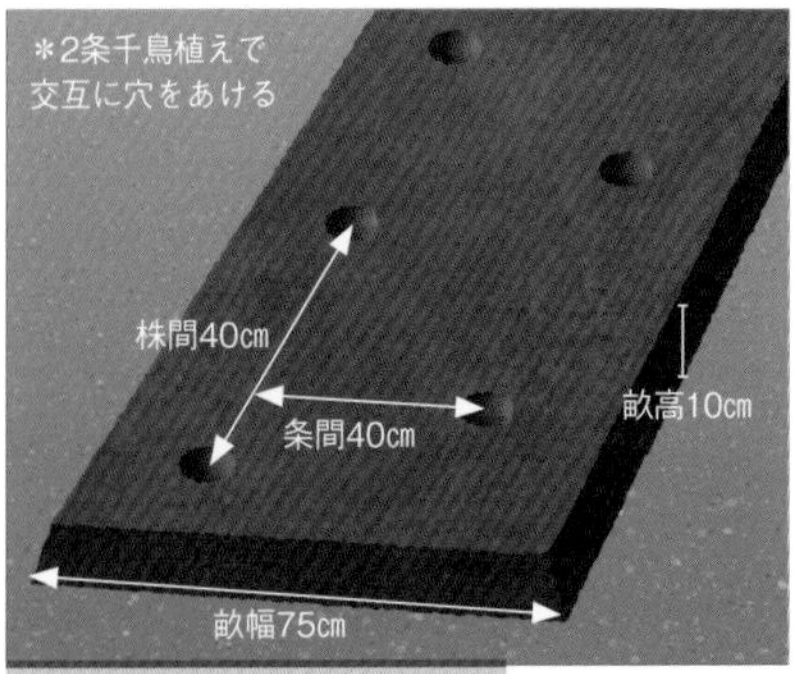

苦土石灰 50～100g/㎡
堆肥
牛ふん堆肥と腐葉土を1:1で混ぜたもの 2～3kg/㎡
元肥
有機質入り肥料 100g/㎡

キャベツは、カルシウムが不足すると芯の部分が変色することがあります。外側からは見えず、収穫して半分に割って、はじめてわかります。これを防ぐ目的で、苦土石灰を肥料の一つとして入れてください。植えつけの2週間前に、1㎡当たり50～100gを基本量として散布し、土となじませます。植えつけの1週間前には堆肥と元肥を畝に施してよく耕します。キャベツは排水性のよい土壌を好むので、深くまで耕し、高さ10cmの畝を立てます。

2 植えつけ

市販の苗を購入するか、8月上旬に種まきして育苗し、苗をつくっておきます。植えつけ適期は、本葉4～5枚の頃。定植する2～3時間前に、水を張った容器にポットごとつけて、底面給水しておきます。植え穴には植えつけする時にたっぷり灌水し、水が引くのを確認したら、深植えしないよう植えつけます。

多くの害虫がアブラナ科の野菜をねらっています。植えつけ後はすぐに防虫ネットを掛けましょう。

キャベツはひげ根で、浅い層に多いため、乾燥に弱い。水分も多く吸収する。深すぎず、浅すぎず、本葉を埋めないように株元を押さえて植えつける。植えつけ後にも灌水する

注目！ 胚軸が長い苗は斜めに植える

もし胚軸の長い徒長苗を植える場合は、斜め植えにするといいですよ。空気の層は地上に近いところにあるので、苗を斜めにすることで、元からある根も新たに胚軸から出てくる根も元気に伸びて勢いがよくなります。

おすすめ品種

『はるなぎエース』（石井育種場）夏にまき、晩秋から年内に収穫できる春系品種。やわらかくて食感がよい。油で炒めても、煮ても、サラダでもおいしい。調理の幅が広いところが魅力。

栽培スケジュール　植えつけ　収穫

1　2　3　4　5　6　7　8　9　10　11　12月

3 追肥・土寄せ

本葉が5～6枚になったら、追肥を開始します。株の周りにパラパラまき、株元に土を寄せます。まだ元肥が効いている時期なので、"1回めの追肥は本葉10枚の頃"と紹介している園芸書が多いかと思いますが、早めに施し、外葉1枚1枚をもっと早く大きくしたほうがいいですよ。

2回めの追肥は本葉10枚の頃。すでにキャベツの葉は畝を覆うほど大きくなっているので、畝の側方に施し、通路の土を削って土寄せします。

3回めとなるラストの追肥は、結球が始まる頃。2回めと同様に追肥して土寄せします。これを最後にする理由は、収穫期までに余分な養分を切らしたいから。過剰に残っていると、葉にえぐみが残ってしまいます。養分が多すぎると、裂球することもあるので気をつけてください。

植えつけ後、7～10日たち、本葉5～6枚になって根が活着した頃に1回めの追肥をする。葉の先端の下を意識して、1株当たり化成肥料（8・8・8）を7～8g施す

2回めの追肥は、本葉10枚の頃。30g／㎡を畝の側方に施し土寄せする。葉が大きくなってきているので、葉を手で持ち上げて、移植ごてで土を株元に寄せる

3回めは結球が始まる頃、2回めと同量を畝の側方に施して土寄せする

どうして？

キャベツの外葉は"ソーラーパネル"のようなものです。太陽の光を受けて光合成をすることで、デンプンなどの養分をつくり出し、葉に貯蔵します。そして、ため込んだエネルギーや新たに光合成をしてつくり出した産物を結球葉へと送り込みます。外葉が大きければ、たくさんエネルギーを貯めることができるので、結球葉に送り込む養分も多くなり、その分、球が大きく育ちます。

4 収穫

葉に光沢が出てきて、手で球を押したときに葉が詰まっていると感じたらとりごろです。外葉を2～3枚残して押し広げ、球を斜めに傾けて株元に包丁を入れて切り取ります。収穫が遅れると頭の部分が破れて裂球しやすくなりますよ。割れてしまったら台なしですので、よく結球したものから順番に収穫するようにしましょう。

外葉を2～3枚残し、包丁の刃を株元に入れて茎を切る。キャベツの茎は意外にかたい。手を切らないように注意して

葉が詰まり、大きく育った適期のキャベツ。もう少し若いうちにとれば、甘くてやわらかい食感が味わえる

ブロッコリー

大きな頂花蕾をとったあとは小ぶりな側花蕾を早春まで摘む

ブロッコリーは、主茎の先端につく花蕾（つぼみの集合体）をとる野菜です。収穫適期が短く、とり遅れるとつぼみが開いて花が咲いてしまうので、農家は早生、中生、晩生の品種をリレー方式で栽培しています。

家庭菜園で育てるなら、頂花蕾を収穫したあとに、それより下の葉のつけ根から新たな花蕾（側花蕾）が次々と出てくるタイプの品種がおすすめです。秋に頂花蕾を収穫したら、冬にかけて側花蕾、さらにそのわき芽から出る小さな花蕾まで、延々と取り続けることができます。小さな花蕾は、シチューや煮込みの具としてとっても重宝します。

おすすめ品種

『ハイツSP』（タキイ種苗） 頂花蕾、側花蕾兼用品種。色、形、締まりがよい。耐暑性に優れており、栽培が容易。家庭菜園におすすめ。

『おはよう』（サカタのタネ） 頂花蕾専用品種。収穫期の幅が広い。第60回全日本野菜品種審査会にて一等特別賞を受賞。

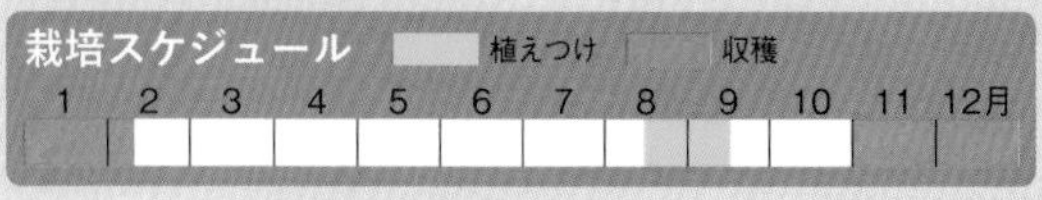

1 畑の準備

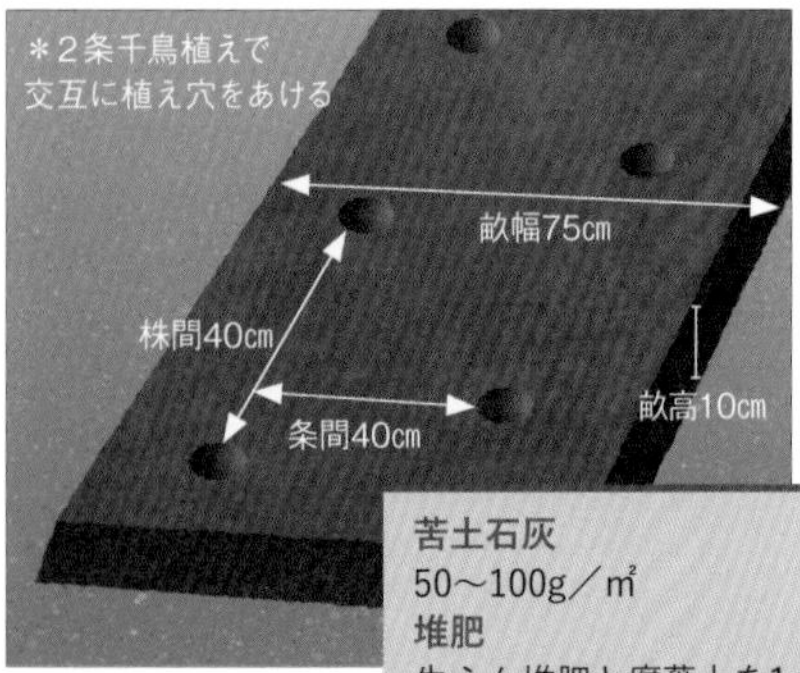

苦土石灰
50〜100g／㎡
堆肥
牛ふん堆肥と腐葉土を1:1で
混ぜたもの 2〜3kg/㎡
元肥
有機質入り肥料 100g／㎡

大きな花蕾を収穫するには、同じアブラナ科のキャベツと同様、外葉を大きく育てることがたいせつです。外葉がしっかりと光合成できるように、畑は日当たりのいい場所を選び、水はけのいい土づくりに努めます。

カルシウムが不足すると、芯の部分が変色しやすいので、植えつけの2週間前には苦土石灰を散布し、土になじませておきます。1週間前には、堆肥と元肥を施してよく耕して、土に空気を含ませます。多湿が苦手なので、畝は高めに立てます。

2 植えつけ・防虫ネット掛け

苗は、種まきして育苗するか、購入して植えつけます。一般的には、本葉5～6枚までに定植すればいいのですが、私はできるだけ早く外葉を大きくしたいので、ちょっと早めの本葉3～4枚の頃に植えつけて、根張りを促します。

ポット苗は、事前に水をたっぷり与えておきます。植え穴にも灌水し、水が引いたら植えつけます。植えつけ後は、すぐに防虫ネットを掛けてください。生育初期に芯をかじられてしまうと、復活できませんよ。

深植えは初期生育が停滞するので厳禁。ポットの深さくらいに植え穴をあけ、根鉢の土面と、畝の高さが同じになるように植えつける。活着すると根がどんどん増えて、茎葉が勢いよく生長する

3 追肥・土寄せ

植えつけ後、本葉5〜7枚になった頃、1回めの追肥を行います。化成肥料（8・8・8）を1株当たり7〜8gを株の周りにパラパラまいて株元に土寄せし、土と肥料をなじませます。2回めは、本葉10枚を超えた頃。1㎡当たり30gを畝の側方にまいて、土寄せします。3回めは、頂花蕾の赤ちゃんが確認できた頃。小さくても花蕾の姿をしているので見逃さず、2回めと同様に施肥します。追肥はこれが最後ですが、側花蕾をとる場合は、収穫後に再度追肥します。

本葉5〜7枚の頃に1回めの追肥。根は葉の先端あたりまで伸びてきているので、葉の下に円を描くように施肥する

追肥後は、鍬や三角ホーなどで株元に土を寄せる。除草もかねて、条間や株間を中耕しておくと、根が呼吸をしやすくなって生育がよくなる

4 収穫

花蕾が大きく育ち、直径が13〜15cmになったら収穫適期です。茎を15〜20cmつけて包丁やハサミで切って収穫します。ぼくら農家の間では、"ドームが閉まっているうちに収穫しましょう"という言い方をしています。晩生（種まきから収穫までが長い）のブロッコリーは、収穫適期が長めですが、早生や中生の品種は1週間程度。収穫が遅れると、花蕾の中の茎が伸びてしまいます。こうなると、食味が落ちてもったいないので、適期を逃さないようにしましょう。

右が収穫適期の花蕾。左が取り遅れてドームが開いてきた状態。隙間ができて表面がでこぼこになる。さらにとらずにいると花が咲いてしまう

農大流！ 葉を残しておくと長くとれる

頂花蕾を収穫するとき、残す茎をできるだけ長くして葉っぱを残すと、わき芽が出る場所が増えて側花蕾がたくさんとれます。側花蕾をたくさん、長くとるために、頂花蕾の収穫後は畝の側方に化成肥料（8・8・8）15g／㎡を追肥して、土を寄せておきましょう。しだいに側花蕾が次々と出てきますが、頂花蕾のように大きくならないので、直径4〜5cmくらいになったら収穫します。葉を残しておくと、さらに側側花蕾が収穫できますよ。

側花蕾を収穫するとき、葉っぱを残しておくと、さらにわき芽が伸びて小さな花蕾がとれる

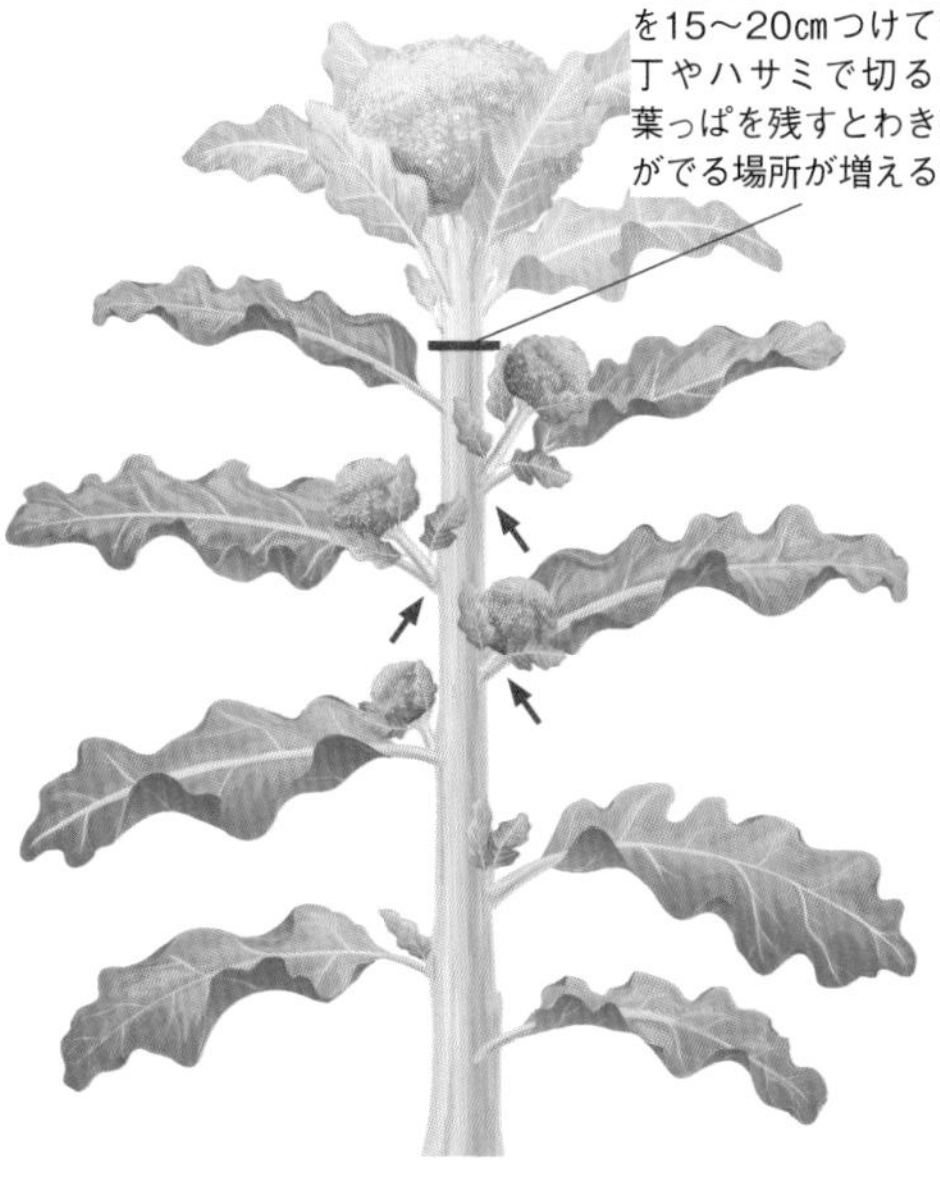

注目！ 花蕾が500円玉サイズになったら最後の追肥

順調に生長すると、やがて主茎の頂点に花蕾の赤ちゃんが現れます。この花蕾が500円玉サイズになったら頃に3回めの追肥をします。これ以降、頂花蕾を収穫するまでいったん肥料はストップします。いつまでも肥料を与えていると、花蕾の形がいびつになったり、花蕾の間から葉が出たりします。また、肥料成分が残るためにえぐみが出てしまいます。

パクチー

種まき前に発芽しやすくする。秋まきなら翌春までとれる

近年のパクチーブームもあってか、家庭菜園で栽培する方が増えてきました。高温多湿な東南アジアが本場なので、日本の夏に合っていそうなイメージがありますが、意外と涼しい環境下を好みます。種まきは真夏を除けば、春から秋までまけます。いったん株ができれば寒さに強いので、春にとう立ちするまで収穫することができますよ。

畑にじかまきでもポットまきして移植してもいいのですが、発芽に難のある野菜なので、育苗したほうが確実です。葉っぱだけでなく、種子（コリアンダー）はスパイスとして魅力的で、根や花も食べられます。

おすすめ品種

『ぱくぱくパクチー』（サカタのタネ） 強い香りが肉や魚の生ぐさみを消す。若い葉をスープや炒め物に使う。

『サラサラ細葉パクチー』（サカタのタネ） 香りが控えめ。葉の形が細くてやわらかいのでサラダに向いている。

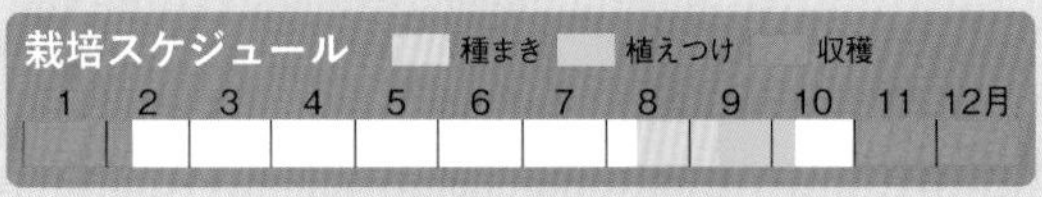

1 苗づくり

パクチーの種は、かたい殻に包まれており、中に2つ合わさった状態で入っています。発芽率は6割程度と、そのまままくと一般的な野菜に比べてかなり低めです。

パクチーの発芽率を高めるコツは2つあります。1つは、種をひと晩水に浸して、殻をやわらかくしてからまくこと。もう1つは、殻を割って種を取り出し、1粒ずつまく方法です。種を分けてからまくほうが、あとで間引きする手間が省けます。

種はじかまきしてもいいですが、ポットまきすると、発芽がそろいます。発芽するまでは乾燥しないように毎日水やりをしましょう。

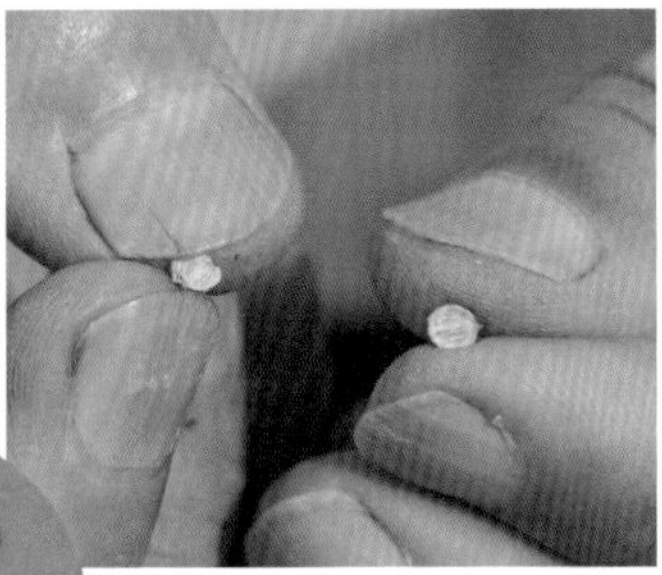

そのまままくより種子を取り出したほうが、発芽が早まる。殻の表面に爪の先が入る場所があるので、そこを押すと簡単に割れる

3号のポリポット（直径9㎝）に種まき用培土を入れ、種をまく前に水やりして土を落ち着かせる。培土の上に種を三角の形に3粒まき、指先で種を軽く押して、薄く覆土してから鎮圧する。パクチーは好光性種子なので、種を深く入れすぎないようにする。また、発芽するまでは土を乾燥させないように管理する

秋分の日までの温度の高い時期なら、播種後、3～4日で発芽し、1週間ほどで子葉が開く。本葉3～4枚まで育苗してから畑に定植する

2 畑の準備

パクチーは、前作で苦土石灰や堆肥を施していた場所なら、新たに施す必要はありません。植えつけの1週間前に、元肥として1㎡当たり50ｇの有機質入り肥料をまき、よく耕してから畝を立てます。

パクチーの根は直根性で、下にまっすぐ伸びるので、水分が多すぎると根腐れしてしまいます。もし水はけのよくない場所なら、畝は高めに立てておくといいでしょう。

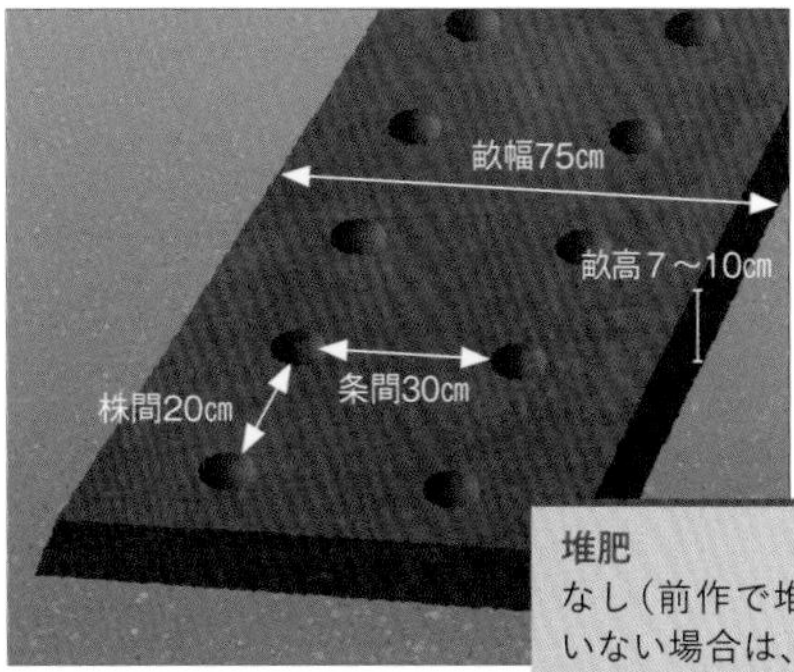

堆肥
なし（前作で堆肥が入っていない場合は、牛ふん堆肥2kg／㎡施す）
元肥
有機質入り肥料 50g／㎡

3 植えつけ

発芽の状況により、1つのポットにつき2～3株の苗ができます。ダイコンのように根を収穫して食べるわけではないですが、同じ直根性なので根を傷めないように気をつけながら、ポットから苗を取り出します。

畝に植え穴をあけ、中にたっぷりと水やりしてから、植えつけます。深植えは禁物ですが、苗がぐらぐらするので、強風に備えて子葉の下まで埋めて、土寄せしておきましょう。

植え穴をあけるとき、移植ごてを2本使って、土をはさむようにして持ち上げると、きれいな穴がつくれる

9～10月は台風シーズン。パクチーの苗はぐらぐらするので、深めに植えて株元を手でよく押さえて固めておく

4 間引きと追肥

植えつけ後、1～2週間で苗が活着します。このタイミングで、勢いの弱い1株を間引いて2株にします。残すほうの株元を手のひらで押さえながら、抜く株を横に引っ張ります。

間引き後に、1回めの追肥をします。根を伸ばし始めると、盛んに養分を吸収します。畝の側方に肥料をまき、土になじませてから土寄せします。以降、2週間に1度の割合で追肥と土寄せを行います。

1回めの追肥は、初期生育を促すため、1㎡当たり化成肥料（8・8・8）30gと多めに施す。2回め以降は半分の量（15g）が適量

追肥をしたら、三角ホーや移植ごてなどで中耕・土寄せをする。雨が降ったあとは、土の表面がかたく締まる。そのままにしておくと、土の中に酸素が入りにくいため、雨が降っても透水しない、肥料成分が根まで届かないなど、生育に影響する

5 収穫

草丈が20㎝ほどになったらいつでも収穫できます。外側の葉が大きくて、茎の長いものから、順にかき取り収穫するといいでしょう。外側の葉をハサミで切って収穫すると、風通しと光の入りがよくなり、新しい葉が内側から出てきます。

また、株ごと抜き取って収穫すれば根が食べられます。畑に残せば春に開花し、花を食べられます。パクチーは捨てるところがないんです。

左が一般的なパクチーで、右のニンジンのような葉が細葉パクチー。細葉パクチーはとくに根にうまみがあります。かき揚げにおすすめ

モロヘイヤ

株姿は「こんもり」と。摘めば摘むほどとれる

モロヘイヤは、真夏にとれる貴重な青菜。丈夫で病害虫に強いので、畑の空いたスペースで気軽に栽培してください。よく、自分の背丈以上に伸ばしている方がいますが、収穫しにくいし、葉がかたくなるのでおすすめできません。

やわらかい葉にするには、こんもりした株姿になるように茎葉を整えるのがコツです。摘芯して草丈を抑え、横に広げます。わき芽を出させて、こまめに摘み取っていきます。

家庭菜園なら、4株もあれば十分。なお、日本で購入できる品種は同系統なので品種名はなく、すべて「モロヘイヤ」として売られています。

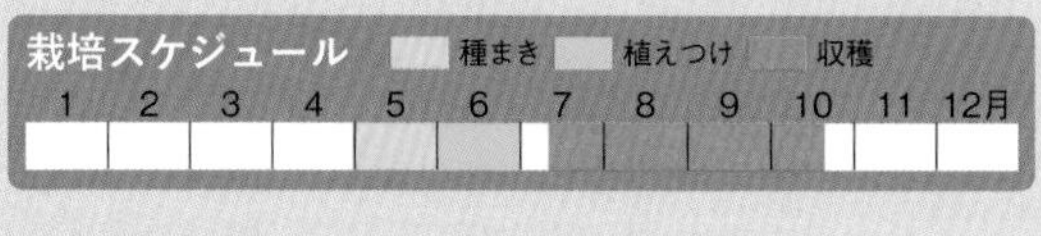

1 苗づくり

種まきは、5月上旬以降ならできますが、発芽適温が25℃以上と高いので、6月に入ってからでもいいでしょう。気温が上がってくれば、それだけ早く生長します。

3号（直径9㎝）のポリポットに種まき培土を入れます。発芽率がよくないので種は5粒まき、覆土して鎮圧してからやさしく水やりをします。途中で培土が乾くと発芽が止まってしまうので、発芽までは土を乾かさないようにします。

事前に吸水処理をしておくのも効果があります。種まき前に、種をひと晩ぬるま湯につけておくと、発芽しやすくなりますよ。

小さな種は扱いにくい。種をお椀に入れ、ピンセットでつまむと楽だ。黒い種なら赤いお椀に入れると種がよく見える

モロヘイヤの発芽率はよくない。種はサイコロの“5の目”のような配置で5粒を均等にまく。まき穴はつくらず、種を土の上にのせて、指で軽く押す

モロヘイヤの種は好光性なので、覆土はうっすらと（種の3倍の厚さが目安）。培土を手ですくってサラサラかけて鎮圧する。種まき後、水やりするときは、種の上にぼたっと水を落とさないよう注意。安定したやさしい水流であげる

乾かさないように管理した結果、1つのポットにつき3～4本発芽。種まき後、4週間で植えつけられる大きさに生長した。気温が高くなってくると生長は早い

2 畑の準備

モロヘイヤはどんな土質でもよく育ちますが、収穫が長期にわたるため、肥効がゆっくり長く続く牛ふん堆肥や腐葉土など、有機物をたっぷり施しておくのがおすすめです。元肥にも有機質入り肥料を選ぶようにしましょう。

とても高温を好むため、畝を立てたら黒マルチを張り、地温を上げておくといいでしょう。

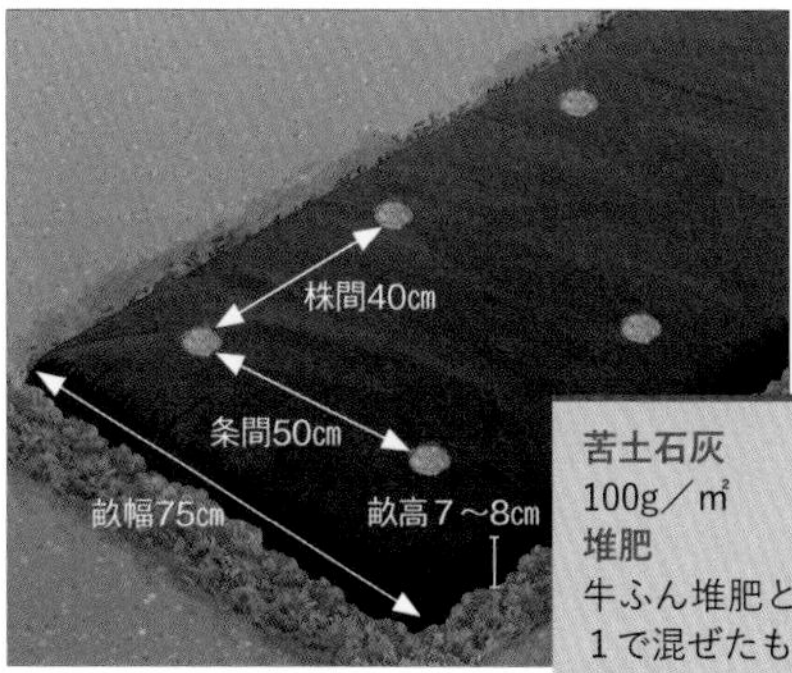

苦土石灰
100g／㎡
堆肥
牛ふん堆肥と腐葉土を1：1で混ぜたもの 3～4kg／㎡
元肥
有機質入り肥料 100g／㎡

3 植えつけ

本葉4～5枚になったら植えごろです。マルチの上から植え穴をあけ、水をたっぷり注ぎ、水が引くのを確認したら苗を入れます。株元を軽く押さえ、最後にもう1度水やりします。モロヘイヤはことさら活着に水を必要とします。最終的には2本立ちで育てます。3本以上育っていたら、植えつけ時に勢いの弱い苗を地際で切ります。あるいは丁寧に引き抜いて、移植することも可能です。

間引きは植えつけ直後に行う。時間がたってからだと活着して抜きにくくなり、残す株を傷めることがある

4 主枝の摘芯と追肥

一般的には草丈60cm～1mで主枝を摘芯しますが、わたしは30cmほどでばっさり切っています。こんもりした、ぽっちゃり型の株姿にしたいからです。摘芯後は、次々とわき芽が伸びてきます。収穫のペースが加速すると、肥料切れを起こしやすくなります。収穫を始めたら3週間に1度の頻度で追肥します。1㎡当たり化成肥料（8・8・8）30gを畝の側方に施します。

注目！ 摘芯しながら株を横に広げる

つねに草丈を抑え、横へ横へと広がるように努めます。わき芽が次々出てくるので、それを伸ばしてやわらかな茎葉を摘んでいきます。とにかくこまめに摘み取ることが、横に広げる秘訣ですよ。

先端を摘芯している様子。ハサミを入れている位置に注目。新芽（わき芽）の出ているところから1cm上を摘み取る

5 収穫

草丈が60～70cmになったら収穫の最盛期を迎えます。茎の先端から15～20cmほどのところを手で折り取って収穫します。手でポキッと折れる先がやわらかく、食べるのに適した部分です。収穫を続けるうち、新たに出てくる葉はしだいに小さくなりますが、やわらかいうちは食べられます。10月に入って、日照時間が短くなり、黄色い小さな花が咲き始めたら、収穫を終えます。

茎の先端から15～20cmほどのところを手で摘み取る。古くなってきた茎は手で摘めない

種とりもできる。紫がかった種が発芽しやすい。ただし、モロヘイヤの種には有毒な成分（ストロファンチジン）が含まれているので、花を含め、ぜったいに口にしてはいけない

タマネギ

適正サイズの苗を植える。適期の追肥で養分を球に送り込む

初めて栽培する人がつまずきやすいのは、苗のサイズです。よかれと思って大きすぎる苗を植えると、春にとう立ちしてしまうかもしれません。一方、小さすぎる苗は寒さに耐えられず枯れてしまいます。適正サイズの苗を適期に植えるのが鉄則です。また追肥のタイミングを誤ると、収穫後に腐りやすくなります。

10～11月に出回る市販の苗を購入して始めるのが簡単です。でも、あらゆる品種があるわけではないので、好みの品種をつくりたければ育苗します。畑に苗床をつくればたくさん苗をつくれますし、育苗箱なら軒先で見守れるので楽です。

おすすめ品種

『ソニック』(タキイ種苗) 大玉の早生種。早生種は一般的に貯蔵が長持ちしないがソニックは比較的長くおける。

『ネオアース』(タキイ種苗) 6月半ばから収穫可能な中晩生種。長期貯蔵向きとの定評がある。

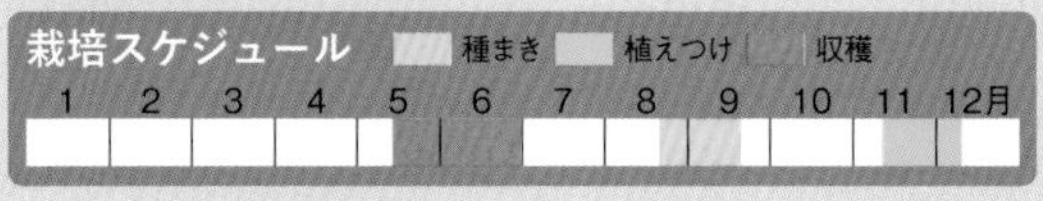

1 苗づくり

100～200本くらいの苗なら育苗箱でつくるほうが手軽で、発芽が揃います。ただし、苗床で育苗するのに比べ、肥料成分が流れやすくなるため苗が貧弱になりがちです。その点をカバーするために、適期よりも2週間程度早めに種をまき、週に1度液肥を与えて育苗します。

野菜用の液肥を購入したら、容器に書かれた希釈倍率を確認し、倍率が500倍だったら最初は1000倍にします。少しずつ500倍に近づけていけば、肥料焼けを防げます。

準備するもの

育苗箱、ならし板、お椀、ピンセット。バケツの中の土は、赤土と腐葉土を3対1で混ぜ、苦土石灰をひとつまみ加えたもの。もちろん、市販の種まき培土でもいい

1 土を入れて平らにならす

育苗箱の上1cm程度を残して土を詰める。水やりすると土面が下がるので、土は多めに入れておく。ならし板を土の表面に押し当てて平らにする

↓

2 まき溝をつくる

ならし板の側面を使い、5～6cm間隔で深さ7～8mmのまき溝をつくる。土の表面が平らで、溝の深さを均一にすることが発芽をそろえるコツ

↓

3 1cm間隔で種まき

種は1cm間隔でまく。種が重なった場合は、ピンセットでつまむと修正しやすい。少し手間はかかるが、種の間隔を一定にしておけば、間引きの必要がない。種まき後、指先で覆土し、ならし板を押し当てて鎮圧する

↓

4 水やりして保湿

タマネギの種は光を嫌うので、水やりしてから新聞紙をかぶせる。その上からさらに水やりする。5日もすれば発芽がそろう。発芽したら新聞紙ははずす

↓

5 種まき後、60日目

葉鞘部の直径が6～7mmが植えつけに最適な苗だが、育苗箱だとなかなかそこまで太らない。途中で液肥を与えたり、2cm間隔に間引くと太くなる。ただし、多少細めの苗を植えても、問題はない

注目！ たくさん苗が欲しければ、苗床がおすすめ

畑に苗床を設けて種まきすると、総じて育苗箱よりも大きな苗になります。1㎡当たり苦土石灰を100～150g、牛ふん堆肥を3～4kg、有機質入り肥料100～150gを施してよく耕し、幅70㎝、高さ10㎝の畝を立てます。10㎝ごとに横溝をつくり、種を1㎝間隔でまいて覆土し、よく鎮圧します。

2 畑の準備

タマネギは、栽培期間が長いため、畝は入念に整えます。酸性土壌だと根張りが弱くなるので、植えつけの2週間前に苦土石灰を施し、酸度を調整します。1週間前に堆肥と元肥を施してよく耕し、畝を立てたら、株間が15㎝のタマネギ用のマルチを掛けます。冬は強い風が吹きます。マルチの穴から風が入ると苗がぐらつくので、マルチの裾はしっかりと土に埋めるようにしましょう。

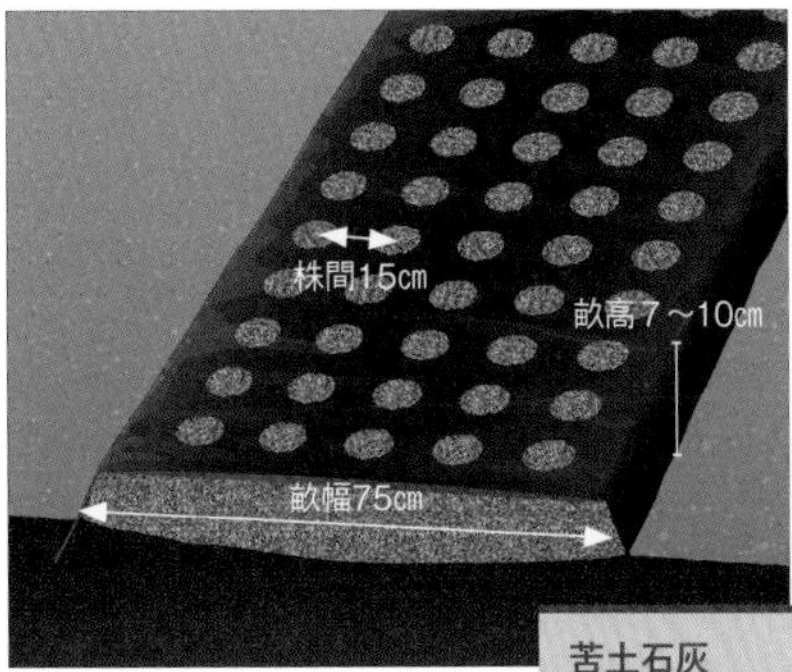

苦土石灰
100～150g／㎡
堆肥
牛ふん堆肥と腐葉土を1：1で混ぜたもの 3kg／㎡
元肥
有機質入り肥料 100～150g／㎡ 熔リン 30g／㎡

3 植えつけ

早生種は11月中旬～下旬、中生～晩生種は11月下旬～12月上旬が植えつけ適期。大きな苗は丈夫そうに見えますが、冬の寒さにあたると春にとう立ちしてしまいます。少し見劣りする直径3～7㎜の苗が適正サイズ。深さ5㎝ほどの植え穴をあけ、根が隠れるように苗を押し込みます。葉の分岐部にある生長点を埋めてしまうと病原菌が入り、春になってから腐りやすくなりますよ。

注目！ 植える苗のサイズをそろえる

育苗箱や苗床から苗を取り出し、1本1本ほぐしたら、だいたいの大きさをそろえて仕分けます。苗のサイズごとに植えると、その後の管理がしやすくなります。なお、苗床の場合は、移植ごてやスコップで土ごとごっそりと掘り上げてからだとほぐしやすいですよ。

一番左が、葉鞘部の直径が6～7㎜の最適サイズ苗。根の張り出しも申し分ない。真ん中が3～5㎜で植えつけ可能な苗。右端は1～2㎜しかなく、寒さで枯れる可能性が高い

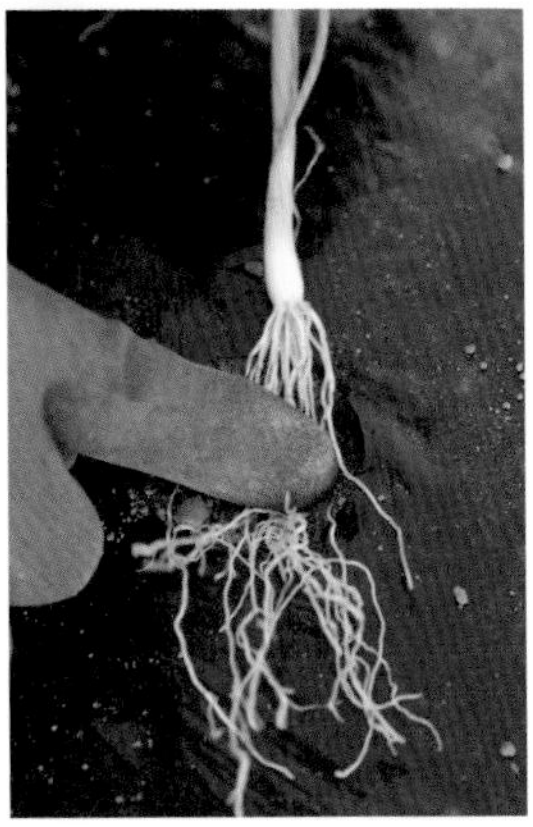

植え穴をあけ、苗を上に置き、根の真ん中あたりに指を当ててぎゅっと押し込む。植え穴は土がかたければ箸や棒を使ってあける

葉の分岐部を埋めないように気をつけながら、苗をまっすぐになるように立てる。土を寄せて株元を押さえる

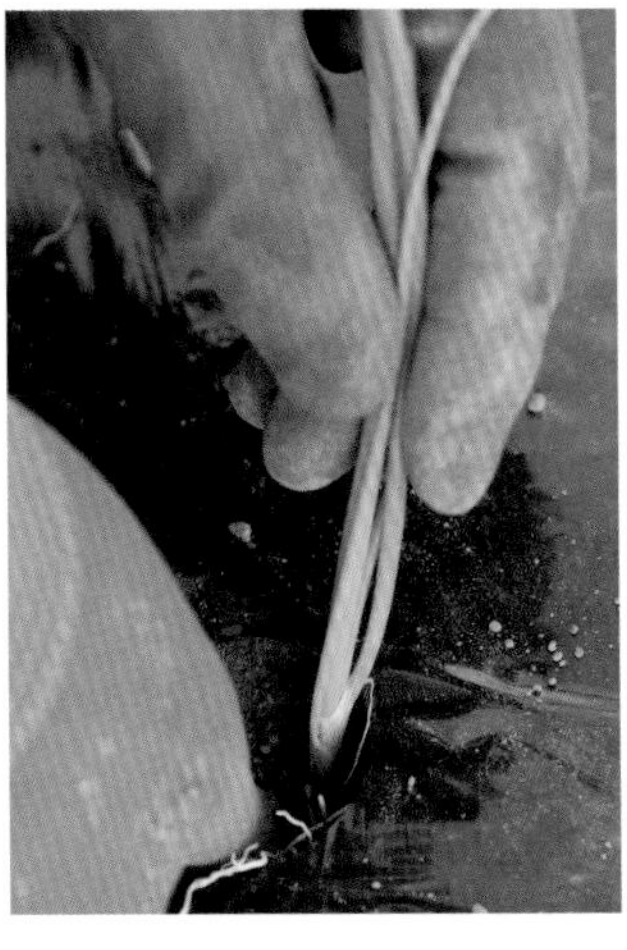

分岐部を埋めないように注意しながら株元に土を盛っておくと、霜による被害や、平べったい形のタマネギになるのを防ぐことができる

4 追肥

タマネギの栽培において、追肥のタイミングはとてもたいせつです。まず、植えつけてから12月いっぱいは肥料をあげないようにしてください。タマネギは、生育が進み過ぎた苗が、ある一定期間、低温にあたると、花芽を分化する性質があります。つまり、冬を越す前に大苗に育つと、春になってからとう立ちしたり、分球する確率が高くなってしまいます。

肥大させられるか、腐らせてしまうかも、その後の追肥のタイミングに左右されます。1回めの追肥は、大寒（1月20日ごろ）が過ぎた頃。マルチの穴から株元に化成肥料（8・8・8）をひとつまみ（2～3g）まき、土をかけておきます。2回めは、2月の下旬ごろ。1回めと同量を施します。3月に入ったら追肥は厳禁。収穫時に肥料過多になると、腐りやすくなります。収穫時までに肥効が切れている状態にするのがベストです。

注目！ タマネギ栽培につきもののとう立ちとべと病に注意

球が肥大する前にとうが立つと、養分が横取りされてしまい、球が大きくなれない。適期に追肥することで発生を抑えられる

べと病にかかると葉に楕円形の黄色い斑点が出る。球が太らなかったり貯蔵中に腐りやすくなったりする。他の株に伝染するので見つけ次第抜いて、畑の外へ持ち出す

1回めの追肥（1月下旬）

12月から1月の間、地上部はほとんど伸長しないが、2月に入ると地下の根も地上の葉も少しずつ動き出す。1月下旬の追肥は、これから旅をする子どもに持たせるお弁当のようなもの

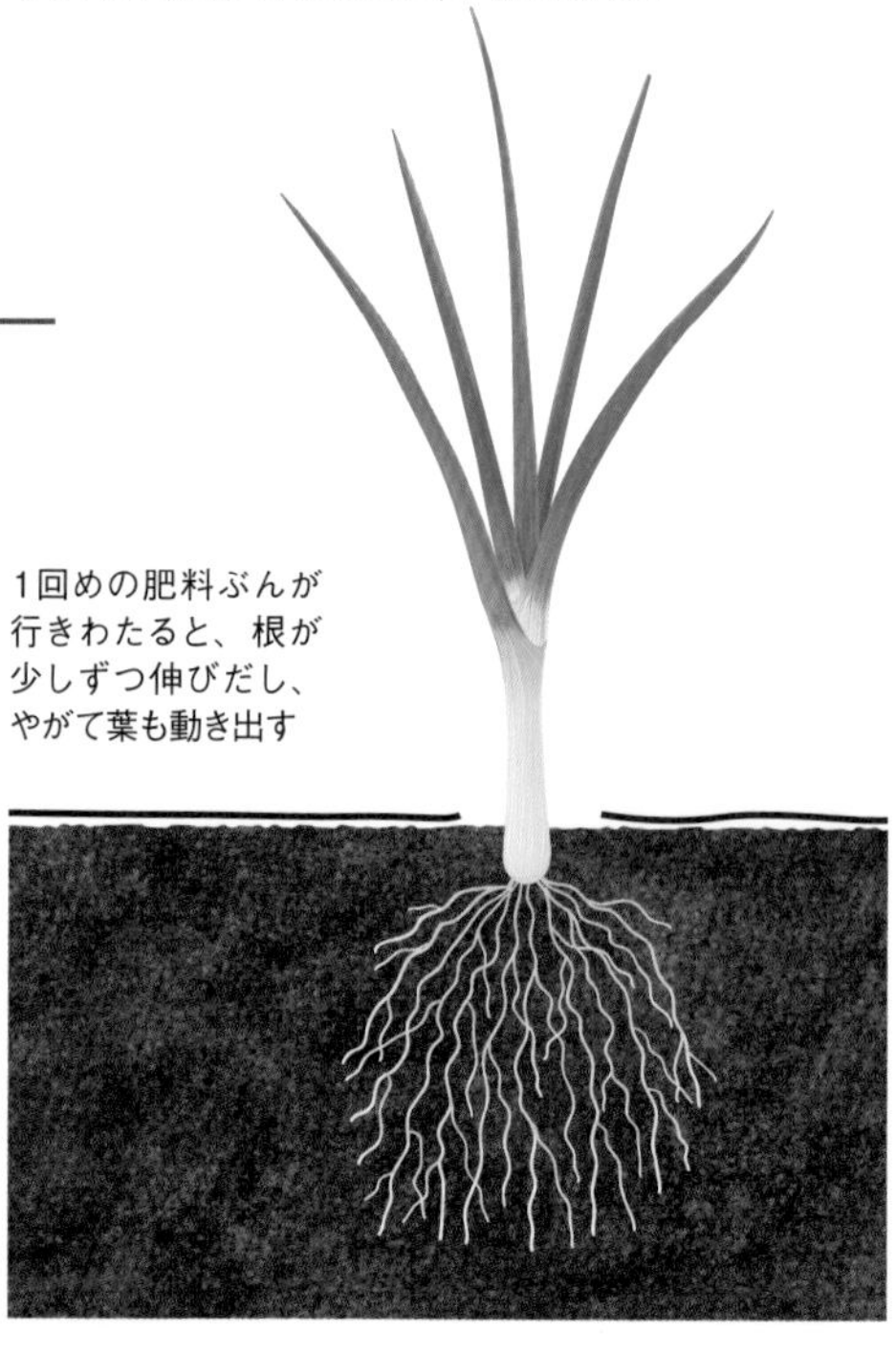

1回めの肥料ぶんが行きわたると、根が少しずつ伸びだし、やがて葉も動き出す

2回めの追肥（2月下旬）

1か月後、1回めの肥料が切れてきた頃に2回めの追肥をする。気温が上がり始めると、本格的に根や葉の数が増えてくる。この時期は大きくなるための養分が必要

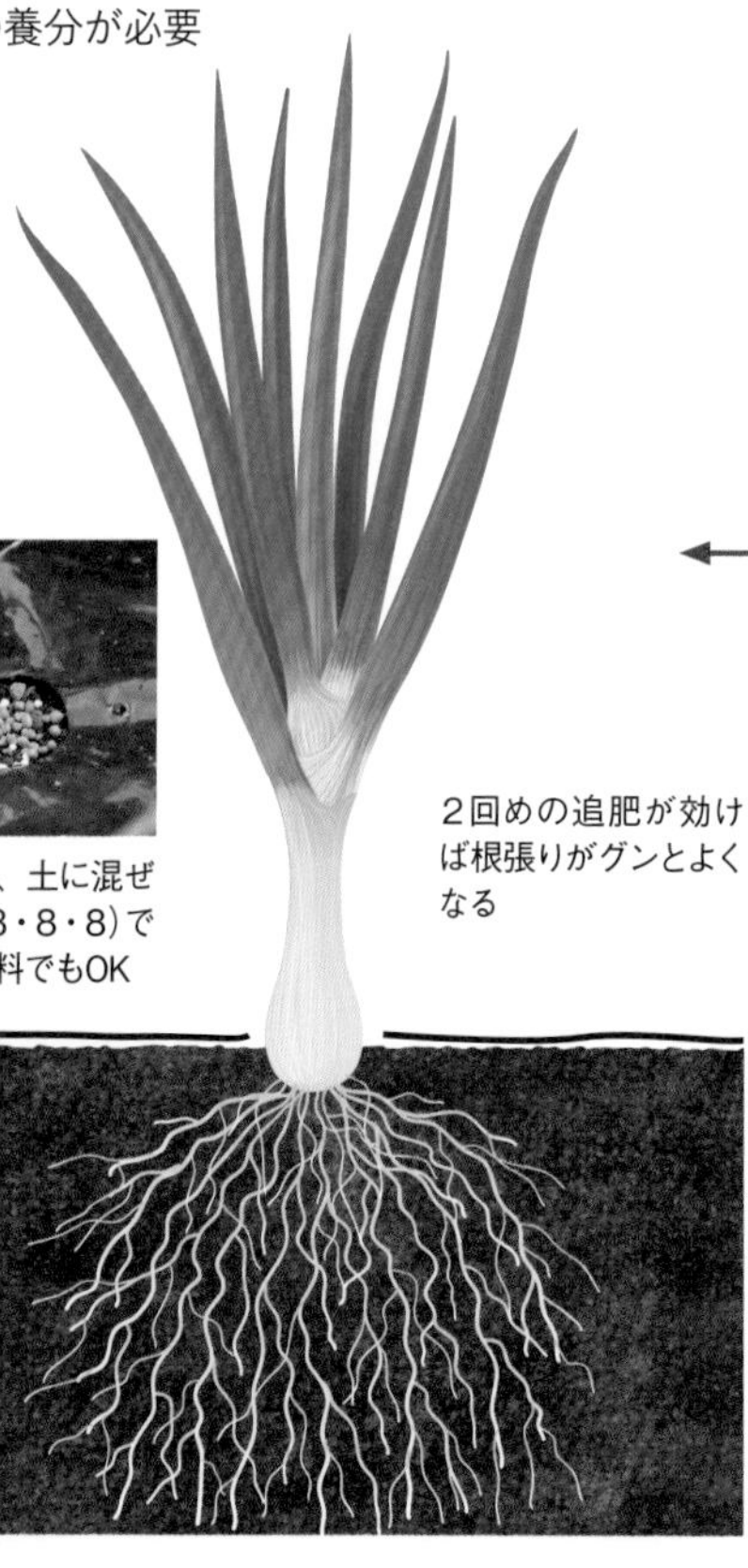

2回めの追肥が効けば根張りがグンとよくなる

追肥は株元にまき、土に混ぜ込む。化成肥料（8・8・8）でも、有機質入り肥料でもOK

5 収穫

早生品種は5月中旬から、中生、晩生品種は6月上旬から収穫できます。緑の葉がへたっと倒れたら収穫適期。葉が倒れてからも球は太り続けますが、放っておくと腐りやすくなるので、6~7割が倒れたら、晴れた日に収穫し、根をつけたまま、畑で半日~1日干して乾燥させます。品種によっては、収穫期が梅雨時と重なりますが、雨の日に強行すると、乾燥に手間がかかり、腐りやすくなるので注意しましょう。

葉が倒れるのは球に養分が転流しきった証し。すべてが倒れるのを待っていると機を逸するので、全体の6～7割を目安に

右が収穫期を迎えたタマネギ。追肥が適切であれば、最後は養分を使い切って倒れる。葉が立ったままの株も、全体が倒れたら収穫します。畑に残しておくと腐りやすくなりますよ

学校給食用に出荷している早生種の「ソニック」。調理員さんたちから、サイズの大きいものを求められるため、より大きなタマネギをつくることがモットー

6 貯蔵

タマネギは、収穫後に長期貯蔵が可能ですが、途中で腐らせないためにはコツがあります。まずは、掘り上げた後によく乾かすこと。その後、4~5個のタマネギを束ねてひもで縛り、軒下などの雨が当たらない場所に干しておきます。適切な場所がなければ、収穫コンテナに入れておくのがおすすめです。中生種、晩生種なら11月くらいまで芽が出ないまま貯蔵しておけますよ。

通気性がだいじなので、収穫コンテナは底の部分までメッシュ状になっているものを使うこと。湿気の少ない、風通しのいい場所で保存する

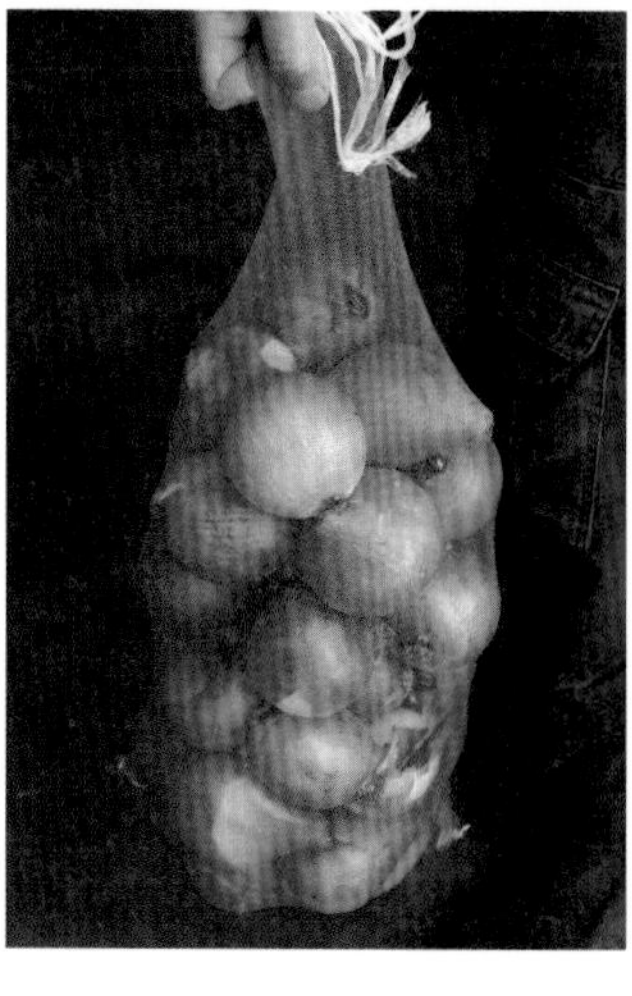

縛るのがめんどうなら、タマネギの出荷用ネットに入れてつるすと楽。使い古しのストッキングでもOK

ニンニク

長い長い栽培期間を乗りきるには、地力と養分補給が欠かせない

　ニンニクは栽培期間が長く、植えつけから収穫まで8～9か月かかります。生育ペースは非常に緩やかで白い根をゆっくり伸ばし、養分や水分を吸収します。そのため、完熟堆肥をたっぷり施して、水もち、肥料もちのいい土にしておくのが栽培の大きなポイントです。

　植えつける種球の選び方もたいせつです。大きくてふっくらとし、つやのある種球をばらして植えれば大きな球ができます。小さな種球は、小さな球にしかなりません。国産のニンニクは貴重品。堆肥たっぷりで育てれば、味も香りも輸入品とは大違いですよ。

品種選びの注意点

暖地向きと寒冷地向きがある。住んでいる地域の気候で選ぶ。代表的な品種は、暖地向きの『上海早生』、一般地、寒冷地向きの『福地ホワイト六片』。

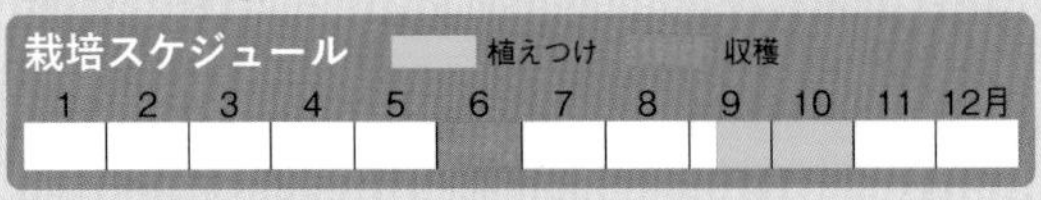

1 畑の準備

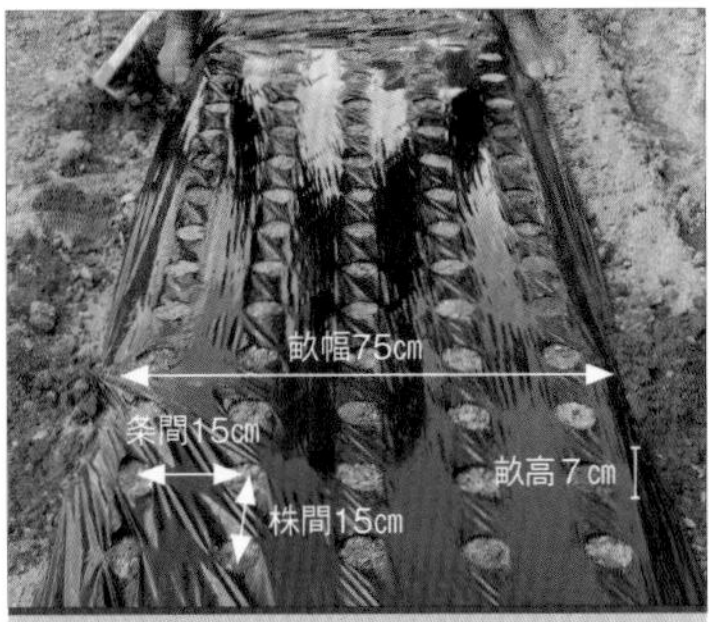

苦土石灰
100～150g／㎡
堆肥
牛ふん堆肥と腐葉土を1：1で混ぜたもの 3～4kg／㎡
元肥
有機質入り肥料 100g／㎡

　ニンニクは、水はけが悪いと根の伸びが悪くなります。深さ20cmほど掘り起こし、よく耕して土を細かくします。植えつけの2週間前に苦土石灰を、1週間前に堆肥と元肥を施します。よく、「ニンニクは、堆肥でつくれ」といわれます。規定量は1㎡当たり3～4kgですが、それ以上に施すくらいでもかまいません。

　栽培期間が長いため、雑草に栄養を奪われないよう畝にはタマネギ用マルチを掛けておくといいでしょう。

2 植えつけ

　ニンニクは、早く植えて株が大きくなり過ぎると寒さに弱くなり、遅れると春先から球の肥大に必要な葉枚数を越冬前につくれなくなります。種球の表皮をむき、鱗片にばらして植えます。ニンニクは当面、貯蔵葉（食用する部分）の水分、栄養分で育つので、とくに乾燥していない限り、水やりは不要です。

大きな鱗片から優先して植える。変色したり欠けたりしているものは取りのぞく

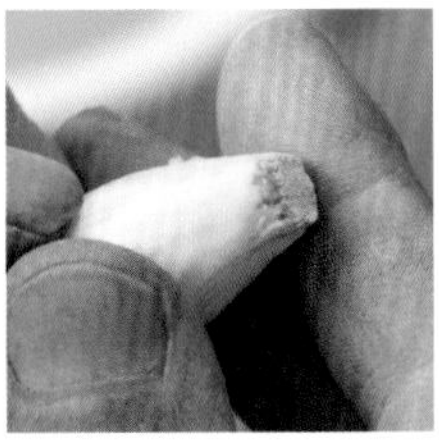

表皮をむくとき、盤茎と呼ばれる根が出ていた下のかたい部分を取らないように気をつけること

注目！ 先端をほんの少し地上に出して植えつける

　ばらした鱗片は、マルチの植え穴に1つずつ、芽の出る方を上にして、垂直に押し込みます。先の尖った部分がほんの少し土面に見えるようにして植えつけると発芽しやすいですよ。

3 追肥

植えつけ後、ひと月ほどたつと、芽が出そろい、草丈が伸びてきます。根量を増やし、冬の寒さに負けない株を養成するため、12月下旬に1回めの追肥をします。冬のあいだ、葉の枚数は3～5枚のまま増えませんが、地下では根が着実に伸びています。動いていないようで、葉は着実に光合成をしていて、根や茎に養分を蓄えています。2回めは1月下旬、3回めは2月下旬に行います。

追肥は1株につき化成肥料(8・8・8)をほんのひとつまみ(2～3g)、株元にまいて土に混ぜ込む

しゃがみこんで1穴1穴に追肥する作業は骨が折れるが、怠ると大きな球にはならない。追肥する前、植え穴に雑草が生えていたらとっておく

4 収穫

茎葉でつくって蓄えていた養分が転流して、鱗片の1つ1つが肥大します。葉が黄色く枯れたら転流しきった合図。葉の緑が少し残っているくらいが頃合いです。土が濡れていると腐りやすくなるので、晴天が続いて土が乾いている日に収穫します。茎をつかんで上に持ち上げれば簡単に抜けますよ。収穫後に半日ほど干しておくと、紫外線で殺菌されて、長く貯蔵できます。

葉の3分の2以上が枯れたら収穫する。遅れると球割れするので、畑に残したままにしないこと

収穫後に乾かしてから土を落とす。亀の子たわしでこすると土がきれいにとれる

5 貯蔵

収穫したニンニクは、乾燥させた後に束ねてつるしておくと風味が長持ちします。根を切り落とし、茎葉は、つるしやすいように適当な長さで切って、4～5個ずつ茎の部分を縛って束ねます。その際、〝とっくり結び〟にすると、緩みにくく解きやすいので便利です(123ページ参照)。束ねたニンニクは、直射日光と雨の当たらない、風通しのよい軒下などに干しておくといいでしょう。

適期に収穫したものをしっかり乾燥させれば、長期保存が可能。干しておく場所がない人は、乾燥させた後、新聞紙に包んで冷蔵庫に入れておく

どうして?

芽が出たら早めにとる

春になって気温が上昇すると、球が肥大し、同時に花茎が伸びてきます(とう立ち)。これがいわゆるニンニクの芽。そのままにしておくと、花茎に養分を取られ球が太りません。手で折り取って、食べてしまいましょう。

玉レタス

冷蔵処理で発芽の困難を克服し育苗してから植えつける

レタスは冷涼な気候を好む野菜。したがって、平地の気温が高い時期は、発芽しにくいんです。そのせいか、市販の苗はハクサイやキャベツに比べると割高な印象があります。育苗を学ぶのに、多少難あるレタスは、いい教材になるので、苗づくりにチャレンジしてみませんか？

収穫適期が短いことにも留意してください。畑に長く置いておくことはできません。一度にとれてしまわないように、日数の間隔をおいて、種まき→植えつけを行うといいでしょう。春まきに比べ、害虫や病気が少ない秋まきは、総じてつくりやすいですよ。

おすすめ品種

『みずさわ』(カネコ種苗) 耐暑性、耐寒性、耐病性のある晩抽性中早生種。つくりやすくて食味も抜群。

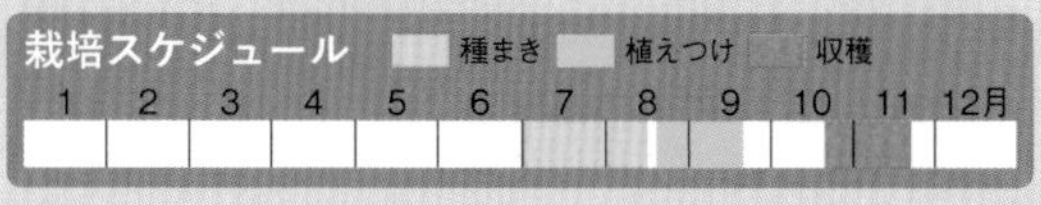

1 苗づくり

レタスの種は、25℃を超えると休眠状態に入るため、発芽率が著しく低下します。そこで種まき前に吸水させて冷蔵庫で冷やすことで、眠りから覚ますことができ、発芽しやすくなります。根が2㎜以上伸びたら移植してもだいじょうぶ。72穴のセルトレーに市販の種まき培土を詰めて植えます。レタスの種は光を好むので、覆土は薄くします。種まき後は水やりをして、発芽するまで涼しい場所に置きます。土が乾いたら、水やりしてください。

農大流！ キッチンペーパー＋野菜室で“休眠打破”

レタスの発芽適温は15～20℃。畑の涼しいところを狙ってまいてもいいですが、暑い日が続くとうまく発芽しないことも。種に吸水させて、冷蔵庫の野菜室で根を出してからまくと、発芽がそろいやすくなります。

1 浅めの容器に、ぬらしたキッチンペーパーを敷き、レタスの種をパラパラまく

2 乾燥しないようにラップをして、冷蔵庫の野菜室に2日間入れる。3日目に冷蔵庫から出し、半日陰の涼しい場所に置く。根が2㎜以上伸びたら移植する

3 セルトレーに移すときは、ピンセットを使うと便利。根をピンセットで土に押し込む

4 枠の中に1株ずつ植える。水をやり過ぎると徒長するので、日々の水やりは朝あげて、夕方、乾いているくらいがちょうどいい

2 畑の準備

レタスは酸性土壌に弱いので、植えつけ2週間前に、苦土石灰をまいておきましょう。1週間前に、堆肥と元肥を投入します。レタスは広く浅く根が張り、根のほとんどは表層近くにあるので、10cmほどの深さを目安に混ぜ込みましょう。畝を立て、タマネギ用の5条マルチを張ります。

レタスは有機質肥料と相性がよく、ゆっくり肥料を効かせると、苦味が和らぎ食感もやさしくなりますよ。

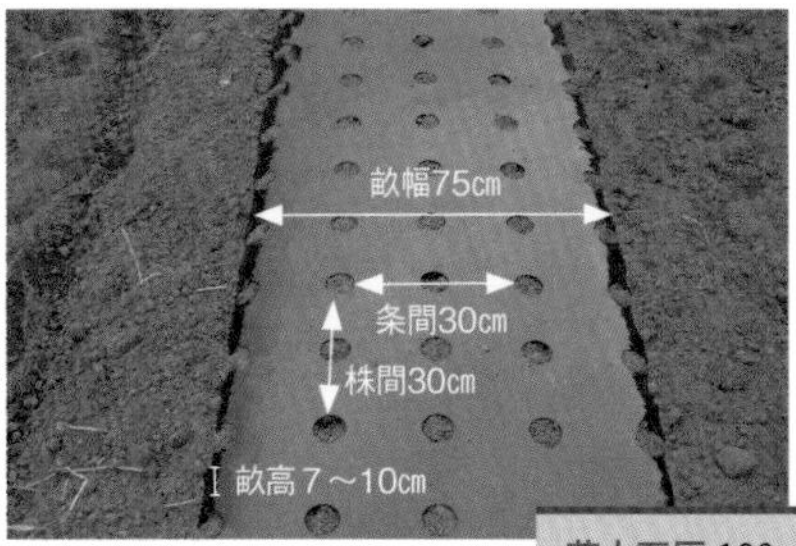

苦土石灰 100g／㎡
堆肥
牛ふんと腐葉土を1：1で混ぜたもの 2〜3kg／㎡
元肥
有機質入り肥料 150g／㎡

3 植えつけ

セルトレーへ鉢上げしてから3〜4週間で本葉3〜5枚の苗になります。これを株間が30cmになるよう、マルチの穴に植えます。キャベツやハクサイと同様、レタスも外葉を大きく育てると、球が大きく育ちます。外葉がたっぷり光合成できるよう、空間を確保して植えつけましょう。

植えつけ後は、株元を手のひらで鎮圧してから水やりすると、活着がよくなりますよ。

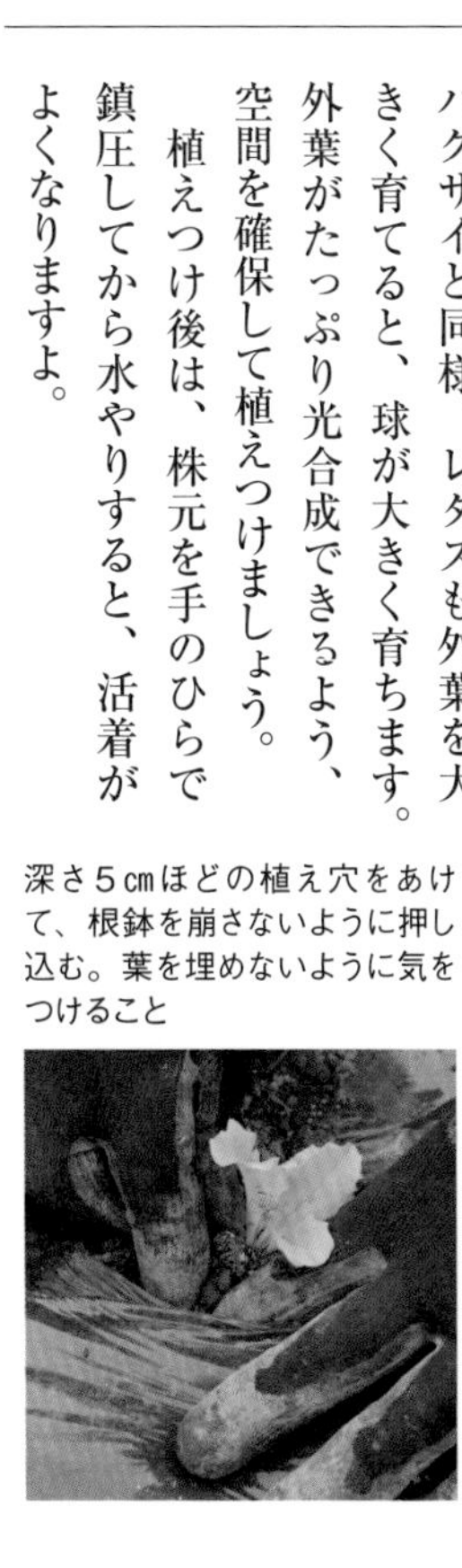

深さ5cmほどの植え穴をあけて、根鉢を崩さないように押し込む。葉を埋めないように気をつけること

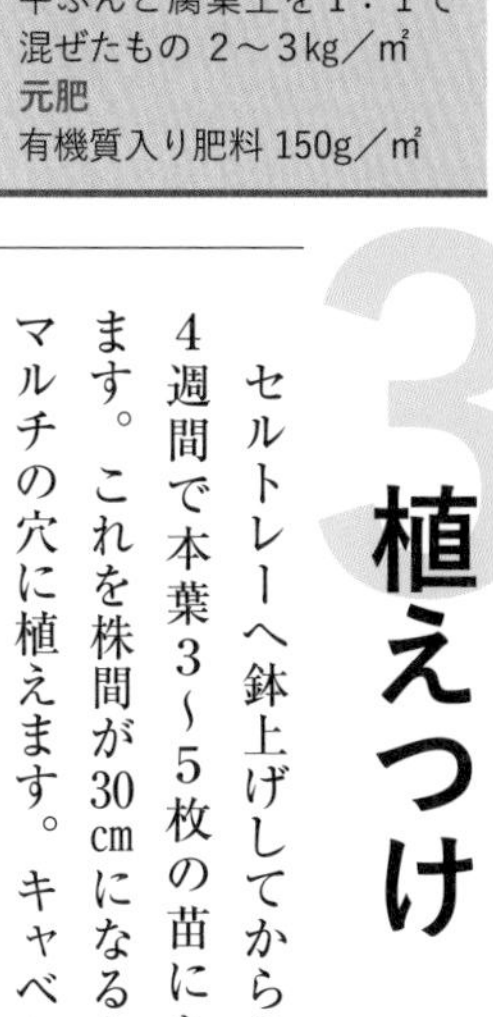

写真のように1列3苗→1列2苗で交互に植えると、株間30cmをむだなく確保できる

4 追肥

植えつけ後、10日〜2週間で1回めの追肥をします。有機質入り肥料をひとつまみ（2〜3g）、植え穴の隣の株が植わっていないマルチの穴にまいて土に混ぜ込みます。レタスの根は広く浅く張ります。根の張る先をねらいたいので、隣の穴に施肥するとちょうどいいんです。2回めの追肥は、2週間後に同量を施します。収穫時に肥料が残らないよう、これ以降、追肥しません。

中心の葉が内側を向いて巻き始めていたら追肥が効いている証し

葉をかき分けて追肥するのはけっこうな手間ですが、外葉を大きく展開させて球を太らせるためには、たいせつな作業

5 収穫

発芽してから外葉が増えていくあいだは、ゆっくり大きくなります。一転、結球が始まると、2〜3週間で収穫適期に至ります。とり遅れると水分が減って、苦味を強く感じるようになります。腐りやすくもなるので適期を逃さないようにしましょう。

頭の部分を手でやさしく押さえたときに、ほどよいふんわり感が残って弾力があるくらいがまさにとりごろです。

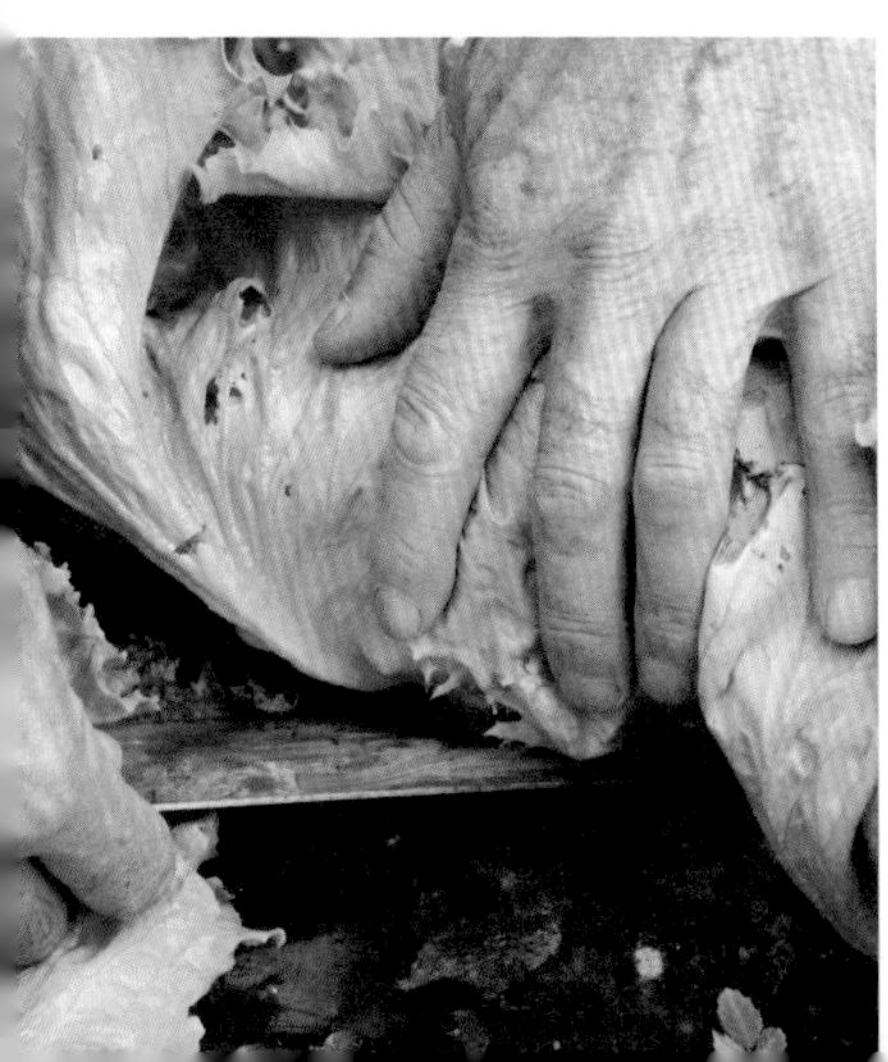

弾力を確認するさい、あまり強く押すと葉が折れて色が変わってしまう。また、無理に引き抜くと球が汚れるので、地際に包丁を当てて切り取る

ホウレンソウ

品種選びが楽しい。サラダ用でも寒締めでもお好きなように

ホウレンソウは、真夏を除いて栽培できますが、涼しい気候を好みますから、秋から冬にかけてがつくりやすいし、味もいいですよ。

品種が豊富なのも楽しいですね。9月上旬にサラダ用の品種を作り始め、9月下旬以降に寒締めホウレンソウをスタートするというように、品種をかえたり、種をまく時期をずらせば長い期間とれます。

サラダ用ホウレンソウは、小ぶりなうちが断然、食感が勝ります。収穫が遅れると、ホウレンソウでなく、ホウレンボク(木)になり苦味が強くなります。大株タイプなら、寒さにあてれば甘さが際立ちます。

おすすめ品種

『早生サラダあかり』(タキイ種苗) 葉柄や葉脈が赤紫色の生食向きのホウレンソウ。シュウ酸(アク)が少ないのが特徴。
『サンライト』(サカタのタネ) 葉は肉厚で葉数の多い大株に育つ。

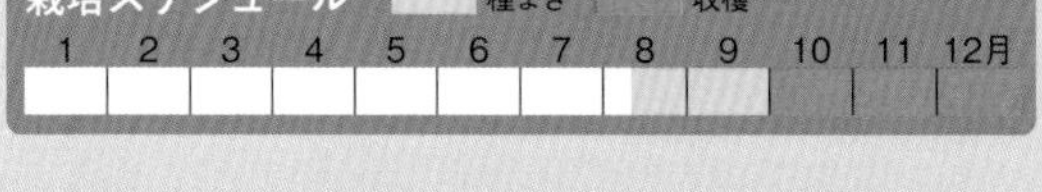

1 畑の準備

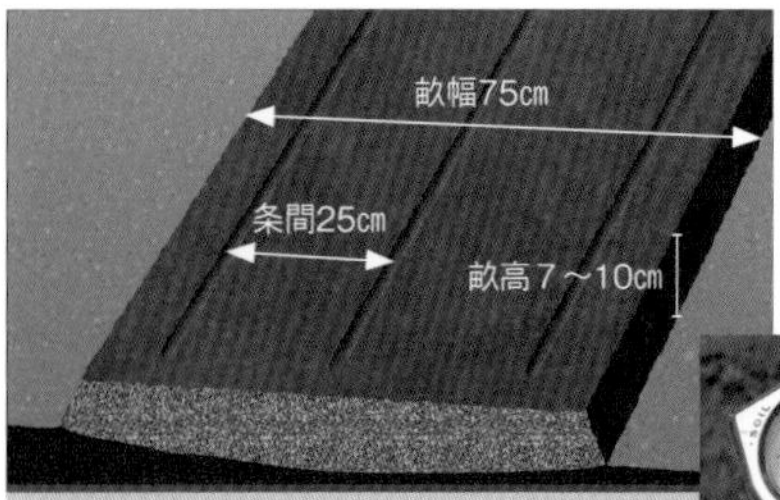

このような「差し込み型土壌酸度計」なら取り扱いが楽で手早く測れる

苦土石灰
100~150g/㎡
堆肥
牛ふん堆肥と腐葉土を1:1で混ぜたもの
2~3kg/㎡
元肥
有機質入り肥料 150g/㎡

ホウレンソウは酸性土壌を極端に嫌います。pH5・5以下になると、本葉2~3枚で生長が止まって、葉が黄色くなります。葉物野菜のなかで、ホウレンソウだけが育たないとすれば、酸度調整が必須です。土壌酸度計を使い、pHを7・0に近づけます(124ページ参照)。土壌酸度が不明な場合は、植えつけの2週間前に基本量の苦土石灰を施し、土によくなじませます。その後、堆肥と肥料を施します。

2 種まき

畝に支柱などを押し当て、深さ1cmのまき溝を3列つくり、1cm間隔で種をまきます。コマツナなどのアブラナ科の葉物野菜に比べると、ホウレンソウは硬い殻に包まれていて発芽しにくい傾向があります。覆土したあとは、足裏で踏むか、板でよく押さえつけて鎮圧し、水を吸収しやすい状態にしてから、たっぷりと水やりしておきます。発芽促進処理している種も多いのですが、処理済みでも、土と種を密着させると、発芽のそろいがよくなりますよ。

殻の硬い種は、事前に浸水処理しておくと発芽しやすくなるが、写真のように発芽促進処理がされている種は、水に浸ける必要はない

種はまき溝に1cm間隔でまく。ピンセットを使うと微調整が楽。まき溝ごとに品種を変えてまけば、いろんなタイプのホウレンソウが楽しめるのでおすすめ

3 間引きと追肥・土寄せ

種まき後、1週間～10日ほどで発芽がそろいます。本葉が1～2枚になったら1回めの間引きをして、株間が2～3㎝になるようにします。間引きしたあと、1㎡当たり有機質入り肥料30gを条間にまき、株元に土寄せします。

本葉4～5枚になったら2回めの間引きをして、株間を4～5㎝間隔に広げます。そして1回めと同様に追肥をして土寄せしておきます。間引き菜はとてもやわらかいので、持ち帰ってサラダや味噌汁の具に使うといいですよ。

種まきから2週間後の様子。多少ばらつきはあるものの、ほぼ発芽がそろった

本葉1～2枚の頃までに間引いて2～3㎝間隔にし、その後、追肥、土寄せする

種まきから1か月後で本葉5～6枚まで生長した。肥料は条間に帯状にまく。ついでに除草もしておこう

ホウレンソウの根は直根性だ。追肥をしたら、根の近くに肥料が行き渡るように株元へ土寄せする。株のぐらつきも抑えられる

農大GA流！ 間引き菜を欠株箇所に移植できる

直根性の野菜は本来、移植はNGです。ただし、本葉2枚までなら移植が可能です。根を傷めないように注意して間引き、欠株しているところに丁寧に移植します。よく株元を押さえ、たっぷり水やりします。生長は遅れますが、むしろとりどきがずれるので都合がいいかと思います。

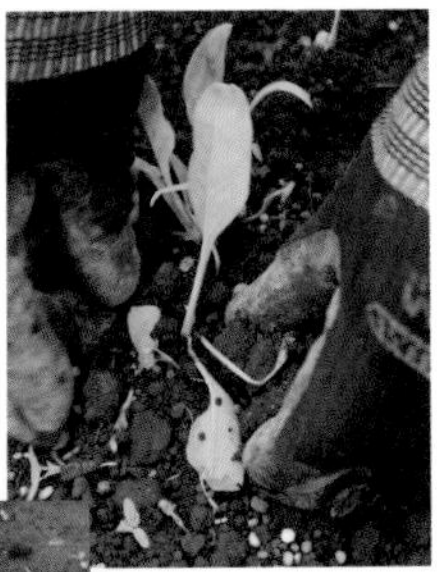

丁寧に間引いた株を移植し、指先で株元を押さえる

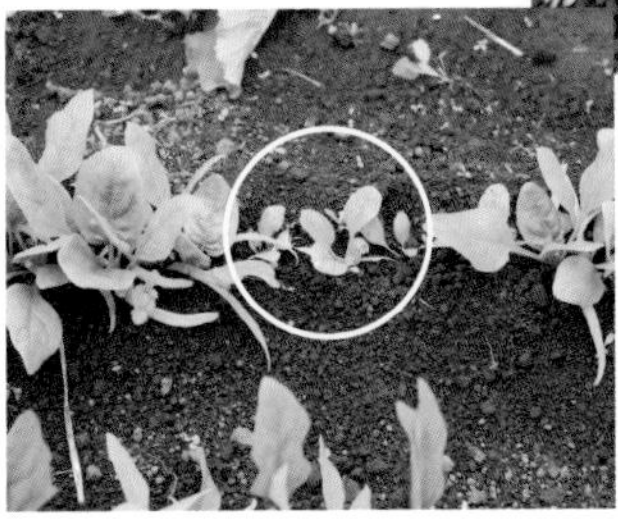

移植して2週間後の様子。もともとの株と比べると小さいものの、葉色は遜色なく、根づいたのがわかる

4 収穫

草丈が20～25㎝になったら収穫期。地際から潜り込ませるようにハサミを入れて、根を2㎝つけて切り取ります。こうすると、葉がばらけませんし、何より株元（胚軸）はとくに甘いので、必ず根を付けて収穫してください。

1月以降も収穫を続けたい場合は、不織布でトンネル掛けをしておきましょう。

土の中にハサミを入れ、根を2㎝ほどつけてカットする。切ったあとにしなっても、根を水につけておけば生き返る。市販のホウレンソウが根つきなのもそのため

葉の葉脈が赤いサラダホウレンソウ。収穫期に株ごと収穫してもよいが、背丈の低いうちに必要なぶんの葉を少しずつ摘んでもよい

Q 防虫ネットをうまく掛けるコツを教えてください！

A 寸足らずにならないネットを使い、トンネル支柱の高さをそろえましょう

防虫ネットの効果を存分に発揮させるには、〝正しく〟掛けねばなりません。まず資材選びですが、防虫ネットの目合いは、幅広い種類の害虫を防げて、なおかつ通気性も確保できる0・6㎜がベストです。サイズは、畝に対して余裕のあるものを選びます。農大グリーンアカデミーの基本の畝は幅75㎝、長さ6mですが、これに対して、横幅180㎝、長さ8mの銀線入りを使用しています。

支柱は、鋼管に樹脂加工したトンネル支柱が一般的ですが、グラスファイバー製のものも扱いやすくておすすめです。長さは210㎝のものを使用しています。

きれいに張るコツは、高さを揃えて支柱を挿すこと。支柱には、差し込む深さの目安になる印をつけておくと便利ですよ。また、ネットの裾や両端は、留め具を使ったり土をのせて隙間なく押さえましょう。

トンネルパッカーの代わりに、ネットの外側から支柱を差して押さえてもOK。土台の支柱より内側に差すと、ネットがピンと張れる

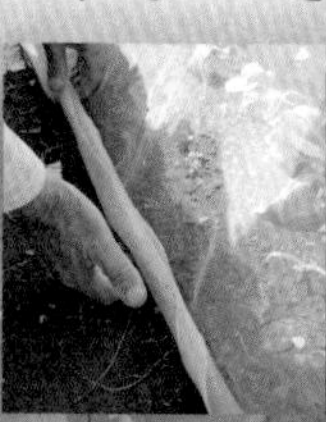

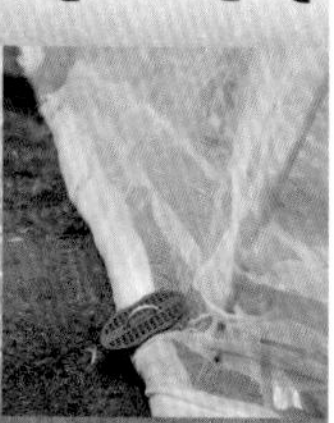

防虫ネットの左右の裾は、土を乗せるか、押さえ付きのU字ピンなどで固定する。グリーンアカデミーでは、留め具に加えて、ネットの裾を支柱に巻きつけて害虫の侵入を阻止。支柱の重みでわずかな隙間もふさがれる

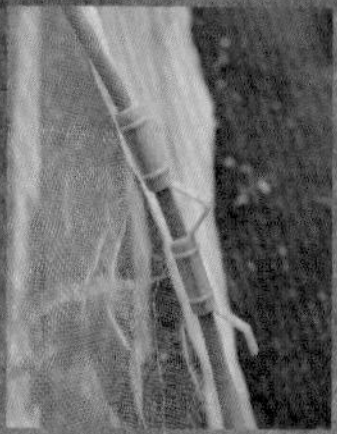

トンネルパッカーでネットを留めると、強風が吹いても安心

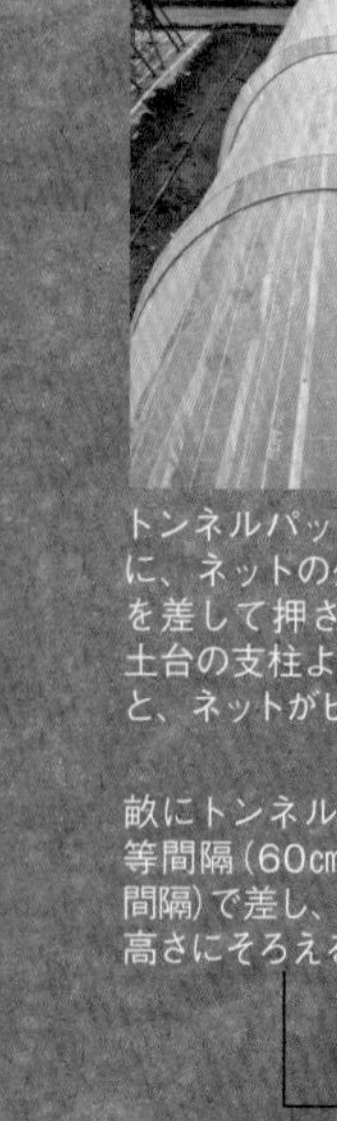

株が少ないなら“あんどん仕立て”が得策

もし栽培する株数が少ないなら、“あんどん”がおすすめ。株の周囲に4本の支柱を立て、肥料袋などを筒になるように上下を切って支柱にかぶせて囲う。害虫対策だけでなく、保温効果もある

畝の両端の支柱には、補強用の支柱を斜め45度の角度で土台の支柱の内側に差す。こうすると、端の支柱が傾かない

とくに気をつけたい害虫

ハイマダラノメイガ

幼虫は、通称ダイコンシンクイムシと呼ばれ、ダイコンやハクサイなど、アブラナ科野菜の生育初期の新芽を食害する。食べられると生長が止まってしまう。成虫は、飛来して卵を産むので、作業中にネットの中に入られないように気をつける

アブラムシ

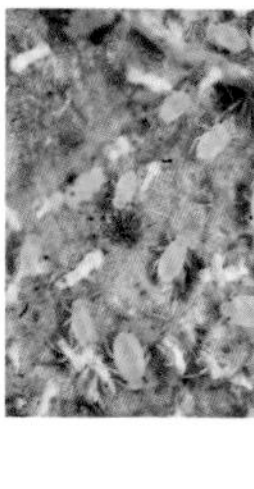

体長1～4㎜。緑色の他、茶や黒色など、たくさんの種類がいる。新芽や葉裏などに群がり、植物の汁を吸って加害する。ウイルス病を媒介する厄介な害虫

ウリハムシ

キュウリやスイカ、カボチャなどのウリ科の野菜につく害虫。成虫の体長は7～8㎜。幼虫は根を成虫は葉を食害する

第3章

根菜類

地下部で育つ根や茎（地下茎）を食べる野菜。

肥大した根を利用するダイコンやニンジン、ゴボウ、茎を利用するジャガイモ、サトイモ。

地下で生育している様子が見えないので、収穫するのがとても楽しみな野菜たちです。

サツマイモ

高畝＋マルチで水分コントロール。「つる返し」が必須です

痩せた土地でも育つイメージが強く、簡単にできそうですが、いざ栽培すると、小さくて細いイモばかりという事例を聞きます。これは「つるぼけ」が原因。家庭菜園だと、前作までの肥料で土が肥えすぎていることが多いんです。畑の中でも残肥が少ない場所を選んでください。

またサツマイモは、イモ自体が水タンクの役目を果たしていて乾燥には強いのですが、過湿は苦手。肥大する過程で盛んに呼吸しており、イモの表面が濡れると呼吸が邪魔されて肥大が抑制されてしまいます。水が浸透しないよう高畝にしてマルチを張っておくのが得策ですよ。

おすすめ品種

『紅はるか』甘みが強く、ねかせるとねっとりしたなめらかな舌ざわりになるのが特徴。

『ベニアズマ』濃赤紫色の皮色で見た目も美しい定番品種。ホクホク感の強い粉質で、繊維質が少ない。

『シルクスイート』2012年に育成された比較的新しい品種。十分に貯蔵すると、絹のようにしっとりなめらかな食感が味わえる。

栽培スケジュール　植えつけ　収穫

1　2　3　4　5　6　7　8　9　10　11　12月

1 畑の準備

堆肥も元肥も入れません。ただし、前作がない場合は、植えつけの1週間前に1㎡当たり10～20gの化成肥料(8・8・8)を入れて養分を補ってください。土がかたいとイモの太りが悪くなるので、よく耕します。

その上で、正面から見てかまぼこ型になるように高い畝を立てます。水はけをよくして、イモのできる場所を過湿にならないようにしておきます。さらに透明マルチを張れば、地温も上がり、初期生育が進みますよ。

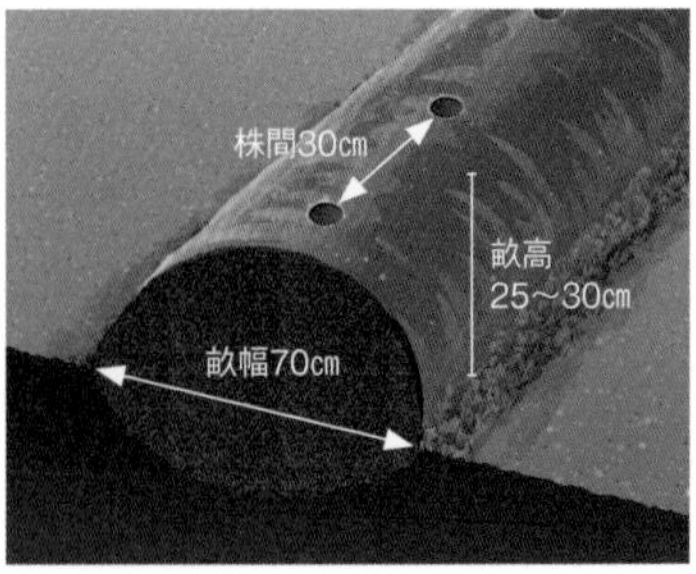

堆肥 元肥 不要

注目! 梅雨時期の過湿と低温をマルチで防ぐ

サツマイモはたくましい作物ですが、植えつけから1か月間は、つる苗を過保護なくらいに扱ってください。過湿、乾燥、低温は、初期生育の妨げになります。植えつけ時期は、ちょうど梅雨に当たります。それを解決するのがマルチです。地温を上げるという面では黒マルチでもいいのですが、透明マルチだと土の中に光が入り、イモの皮の色みが強く鮮やかに出るのでおすすめです。

ふさわしいマルチの色は？

透明マルチ

光を通すため、雑草の抑制効果はほとんど得られないが、地温の上昇効果は非常に高い。畝の内側までしっかり温まる

黒マルチ

地温上昇、雑草抑制、保湿などの効果がバランスよく得られる。光を通さないため、地温上昇効果は透明マルチより低め。地温を上げるコツは、畝に隙間なくマルチを張ること

2 植えつけ

サツマイモのつる苗は、種イモから伸びだした茎葉を切り取ったもので、いわば生鮮品です。店先に並ぶ期間は短いので買い忘れに注意しましょう。購入後は、苗がしおれないように管理します。実際に植えつけるのは、遅霜の心配がなくなり、平均気温が18℃を超えてからがいいですよ。

　マルチに棒を斜めに挿し、5〜6節あるつる苗なら、3節が埋まるように斜めに植えつけます。植えつけ後、土が乾いていたら、たっぷり水やりをします。その後、一度しおれたような状態になりますが、10日程して活着すれば、茎葉がぴんと張ってきます。茎は直立せず、葉を展開させながら横に広がっていきます。葉は光が当たるように絶えず角度を変えるため、弱い光でもデンプンをつくることができます。サツマイモがやせ地に強い1つの理由は、葉のつき方も関係しているんですよ。

市販のつる苗は、このような束で売られている。植えつけまでに時間があく場合は、切り口を半日水につけたあと、ぬれた新聞にくるみ、立てた状態で日陰におくか、水を浅く張ったバケツに切り口をつけた状態で置いておく

葉が5〜6枚展開した植えごろの苗。植えつけまでに節(葉のつけ根)から不定根が出ているとなおよい

3節が埋まるようにつる苗を棒を使って押し込む。株元を押さえて土と密着させ、土が乾いていたら潅水する。そのまま放っておいていいが、もし活着するまでの間、あまりに乾燥が続いたら水やりをする

直射日光による脱水が起こりやすいので、植えつけるのは真昼より夕方が好ましい。マルチに直径7〜8㎜の棒を斜めに挿し、つる苗を挿し込む穴をあける

注目! 「斜め植え」でお手軽サイズがたくさん

サツマイモは植え方で結果が変わります。埋める節が多い「水平植え」では、イモの数は増えますが小ぶりになり、まっすぐ挿す「垂直植え」はイモが大きくなりますが数が減ります。家庭菜園におすすめなのが「斜め植え」。1本200〜300gの適度な大きさのイモがそろいますよ。

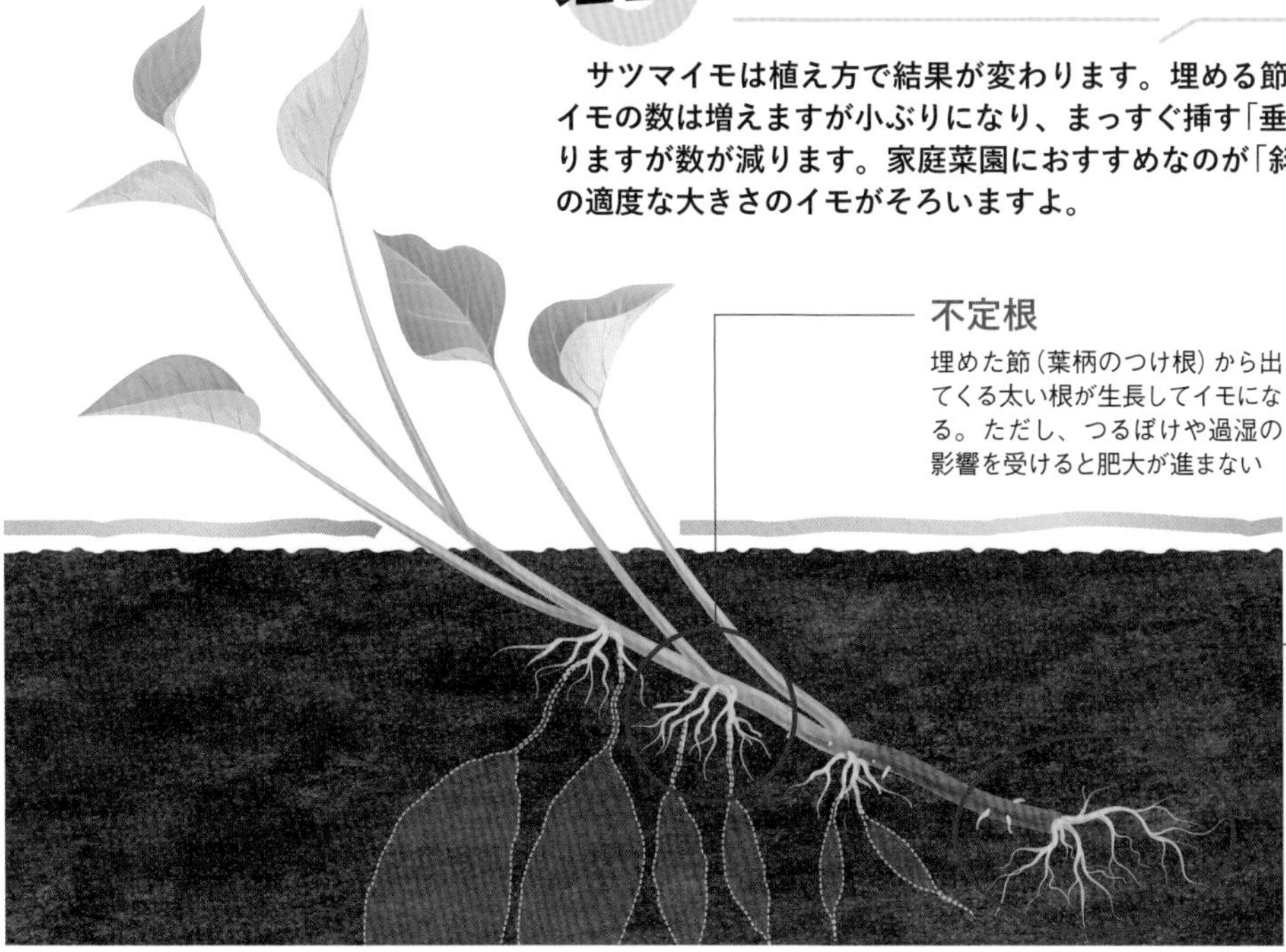

3 つる返し

つるが地面を覆うくらい伸びるまでは、通路の草取りに励みましょう。雑草が繁茂すると、ただでさえ抑えている養分が取られ、地上部の勢いがそがれてしまいます。光合成量が減れば、イモへの養分供給量も低下することを意味しています。

7月下旬ごろになると、つるは畑を覆うほど伸びてきます。サツマイモの生育段階は佳境ともいえる時期です。イモになる地中の不定根に栄養を蓄えるいっぽう、地表のつるは土に触れると節から不定根を出し、栄養を横取りしてしまいます。放っておくと本命のイモが大きくならないので、つる返しは必ず行ってください。とくに高畝にした場合、サツマイモはつるのいちばん低い位置にイモをつくるため、伸びだしたつるの不定根からイモをつくってしまいます。栄養分が流れてしまわないよう、つる返しは繰り返し行いましょう。

つる返しは7月の梅雨明け後に行う。梅雨のあいだは、土を固めてしまうので畑に入らない

つるを持ち上げて裏返し、畝の上に倒すようにのせる

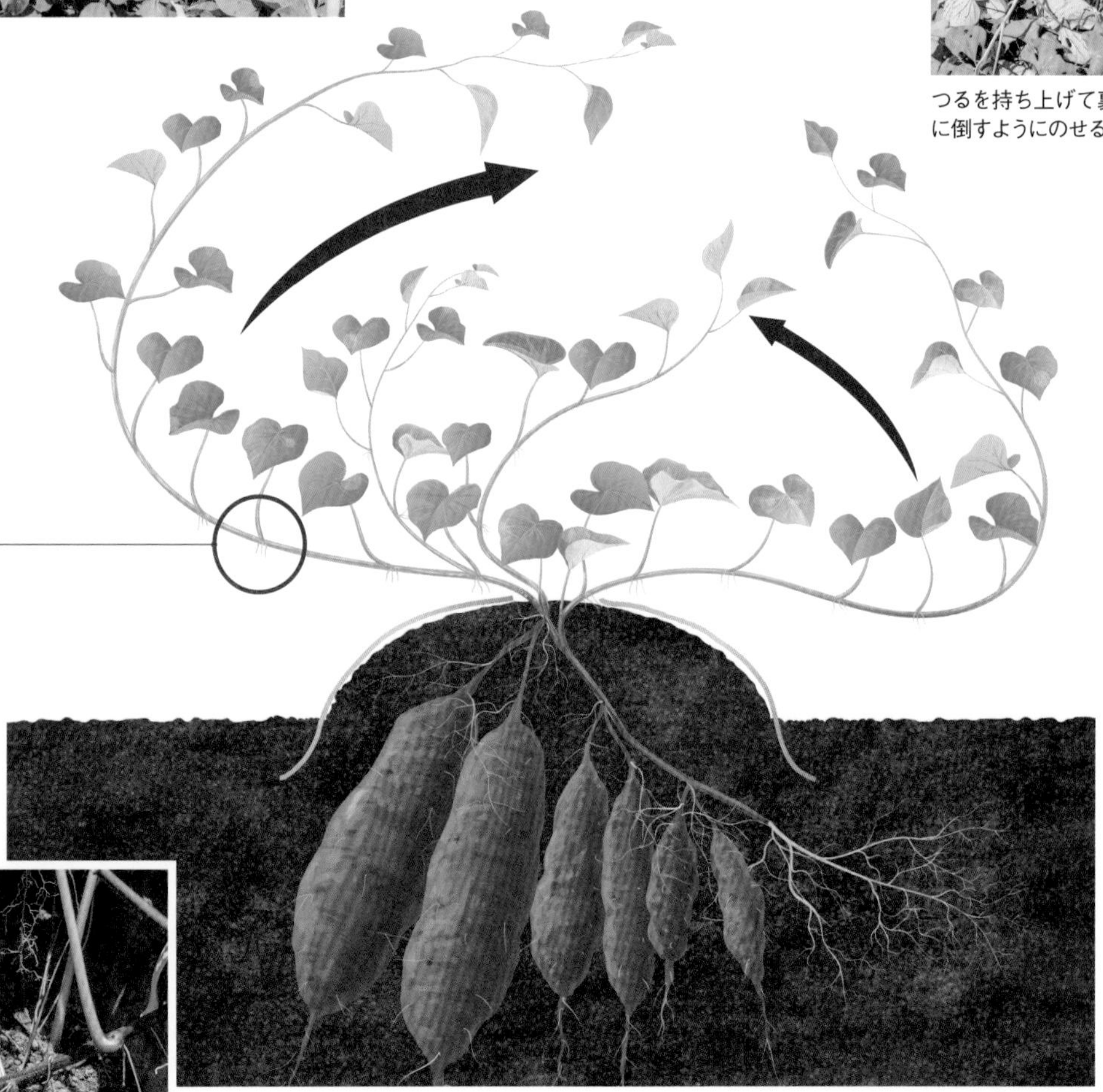

つる返しをすることで、養分が株まわりのイモに集中し、イモが順調に肥大する

不定根が土に触れると根付いてしまう。養分が分散するのでつる返しは必須

4 収穫

品種によって違いますが、植えつけ後、120日前後で収穫できます。葉が緑色をしているうちは、まだイモが肥大している証拠。葉の青味が薄れてきて、全体的に赤色や黄色に変色し始めたら、とり時期が近くなったサインです。試し掘りをして、イモの大きさを確認してみましょう。

土が濡れていると、土が重くて掘りにくく、またイモが腐りやすくなるので、収穫は晴れた日の午前中に行うといいでしょう。つるが邪魔になるので、最初に鎌で株元から切って、マルチをはがします。株から20～30cm離れたところに鍬やスコップをやさしく入れて土をほぐし、株元を持って掘り上げます。収穫後は、つるを付けたまま半日ほど天日で乾燥させると、保存性が高まります。なお、寒さには弱いので、霜が降りるまでにはすべて掘り上げるようにしましょう。

鍬やスコップで株周りの土をやわらかくほぐし、株元を持って掘り上げる。つるを切るときは、イモの頭から10～15cmほど残しておく。つるを残すと劣化を予防できる

(写真下) 左から『シルクスイート』『ベニアズマ』『紅はるか』。掘り上げたらつるを付けたまましばらく日当たりのいい場所に置いて天日で切り口を乾燥させてから保存する。収穫直後の乾燥の手間で保存性がよくなる

このように葉が赤くなってきたら収穫期は近い。慌てて掘らなくてもいいが、あまり遅くなると食味が悪くなる

マルチをはがす前に、つるを地際で切り取り、茎葉をかたづける。白い樹液が手につくととれにくいので手袋は必須

注目! 長期保存するなら籾殻＋発泡スチロール箱で

収穫したイモは、適切な温度と湿度で保管できれば長持ちします。貯蔵適温は10～16℃。10℃以下になると低温障害を起こすので冷蔵庫に入れるのは禁物。いっぽう、高すぎると芽が出てしまいます。

ふた付きの発泡スチロール箱に籾殻と一緒に入れておくのがおすすめ。イモが呼吸できるように、ふたは密閉せず、何かを挟んで隙間をあけておきます。箱ごと冷暗所(土間、地下室、床下など)に置いておきます。

1 籾殻を箱の底に2～3㎝敷き詰める。イモのつるは外すと芽が出やすくなり、デンプンを使って味も落ちる。そのためつるは残したまま、なるべく立てるように並べる

2 全体が見えなくなるまで籾殻をかぶせる。籾殻が手に入らなければ、新聞紙に1本1本包んで、箱に入れておけばある程度は湿度が保てる

サトイモ

寝かせ植え＋マルチ張り ほったらかしでだいじょうぶ

その名のとおり、ずっと昔から人が住む"里"で栽培されてきたイモです。たとえば私が住む神奈川県西部に伝わるのは、『弥一芋』。ねっとりした甘いイモで、地域の伝統野菜として知られています。「土地の土壌にあった、その土地の品種が育てやすい」という傾向は、サトイモでは顕著です。お住まいの地域にも、そんな品種はありませんか？

栽培のポイントは、マルチを掛けっ放しにしておくこと。サトイモは夏の水やりが大変、というイメージがありますが、マルチをしておけば水分の蒸散を防げて、除草の手間も省けます。

おすすめ品種

『土垂』 全国各地で栽培され、よく見かける品種。大きな葉が垂れ下がっているのが名前の由来。粘りがあり、煮崩れしにくく、貯蔵性が高い。収穫期は10月後半～11月。

『石川早生』 大阪府南河内郡石川村（現・河南町）が名前の由来。9月半ばから収穫できる早生種で、子イモや孫イモがたくさんつく。肉質は柔らかで適度な粘りがあり貯蔵性が高い。収穫期は10月後半～11月。

『赤芽（セレベス）』 芽が赤く、肌も少し赤みがかっている。親イモと子イモのどちらも食べる親子兼用品種。肉質はきめ細やかでホクッとした食感。収穫期は11～12月。

栽培スケジュール 植えつけ 収穫

1	2	3	4	5	6	7	8	9	10	11	12月

1 種イモの準備

始めて栽培するなら3～4月に種苗店やホームセンターの店頭に並ぶ種イモを購入してスタートします。ふっくらと形のよい種イモが入っている袋を選びましょう。傷があったり、形がいびつなイモは、もともと病気が入っている可能性があります。

袋に入れたままだとカビが生えやすいので注意します。植えつけまでに時間があくときは、袋から出して保管してください。なお、前年に栽培して貯蔵しておいたイモがあれば、種イモとして使うことできますよ。

種イモは品種ごとに袋入りで販売される。早めに購入した場合は、袋から出して暖かい場所に置く。土と籾殻を混ぜた発砲スチロールの箱に入れておけば完璧

頂芽から発芽して、葉のつけ根に親イモができる。種イモは大きいほうがおおむね生育が順調で収量も多くなる。小さい種イモは、大きく育たないことがある

どうして？

イモのつき方はどうなってる？

種イモから親イモや子イモはどんなふうにつくのでしょうか。種イモの栄養分を使って頂芽が生長すると、葉のつけ根が肥大して親イモができ、親イモの側芽から子イモが、子イモの側芽から孫イモができます。「親イモ子イモ兼用」とか「子イモ専用」というふうに、食べる部分が特化している品種もありますよ。

2 畑の準備と植えつけ

植えつけの2週間前に苦土石灰を、1週間前に堆肥を施して、よく耕しておきます。幅75cmの畝の中央に深さ5cmほどの植え溝を掘り、種イモの芽を横にして40cm間隔で置きます。イモとイモの間に元肥を施し（間肥）、溝に土を戻したら、畝の脇の土を削り取り、高さ10cmほどの平畝を立てます。サトイモは寒がりなので早植えはしないようにしてください。

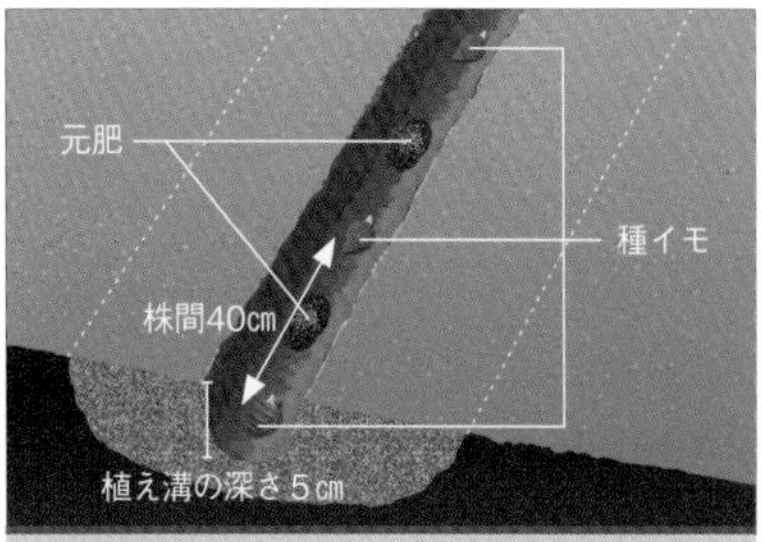

苦土石灰 100g／㎡
堆肥
牛ふん堆肥と腐葉土を１：１で混ぜたもの
２～３kg／㎡
元肥
牛ふん堆肥、化成肥料（8・8・8）植えつけ時に株間に各20～30ｇ施す

種イモと種イモの間には、牛ふん堆肥と化成肥料（8・8・8）を施す。収穫まで半年以上かかるサトイモには、元肥をたっぷり与える

溝に土を戻したら、畝のわきの土を盛って、高さ10cmの平畝を立てる。あまり深く種イモを埋めると発芽までに時間がかかったり、発芽しなかったりする

注目！ 黒マルチを張って発芽を早める

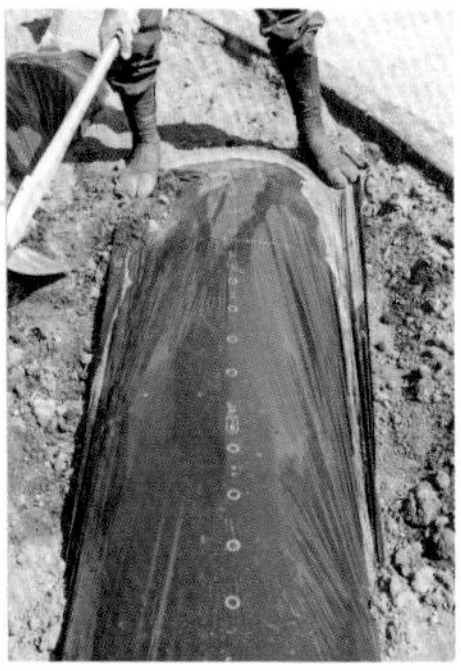

寒がりなサトイモは、地温が上がらないと発芽しません。そこで種イモを植えつけ後、畝全体に黒マルチを張って地温を上げ、発芽を促します。マルチと土の間に隙間があると地温が上がらないので、ぴたっと張るようにしてください。保温の他、雑草予防にもなりますよ。

3 出芽の手助け

サトイモの生育適温は25～30℃。発芽まで時間はかかりますが、気温の上昇にともない芽は動き始めます。芽がマルチを押し上げるので、マルチに穴をあけて芽を外に出してあげましょう。芽は畝の中央にそろって出てきます。あまり長く放っておくと、マルチの内側が暑くなり、新芽が焼けてしまうので、畑へ頻繁に通えない人は、マルチの上から手で触って芽を確認してみてください。

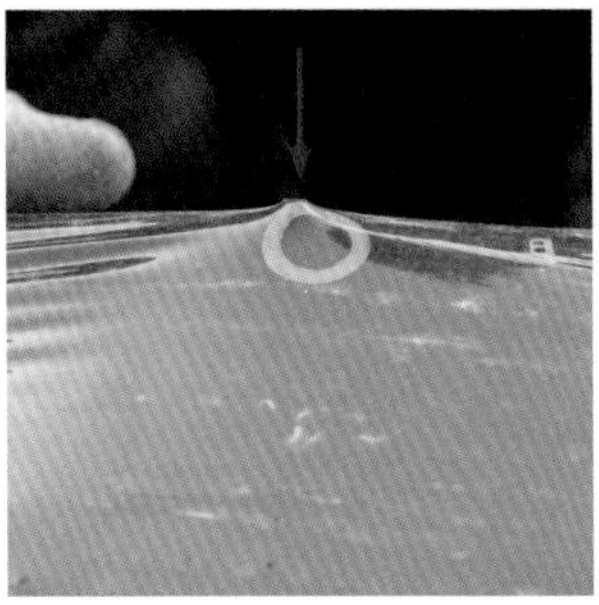

芽は畝の中央の植え溝に沿って出てくる。芽が伸びてくるとマルチを押し上げ、盛り上がるのですぐわかる。まだ芽が小さいうちは、マルチの上から手で触って芽の位置を確認してから穴をあける

カッターやハサミでマルチを切って芽を外に出す。あまり長い間、そのままにしておくと、高温で新芽が焼けて黒くなってしまうので気をつける。新たに芽は出てくるが、生長は遅れてしまう

注目！ 寝かせ植えは、芽が90度に伸びていく

サトイモを寝かせて植えると、芽は地上に向かって90度角度を変えて伸びていきます。種イモの芽と地表までの厚みが一律になるので発芽が揃いやすくなります。また覆土が厚いぶん、土寄せの手間を省くことができます。

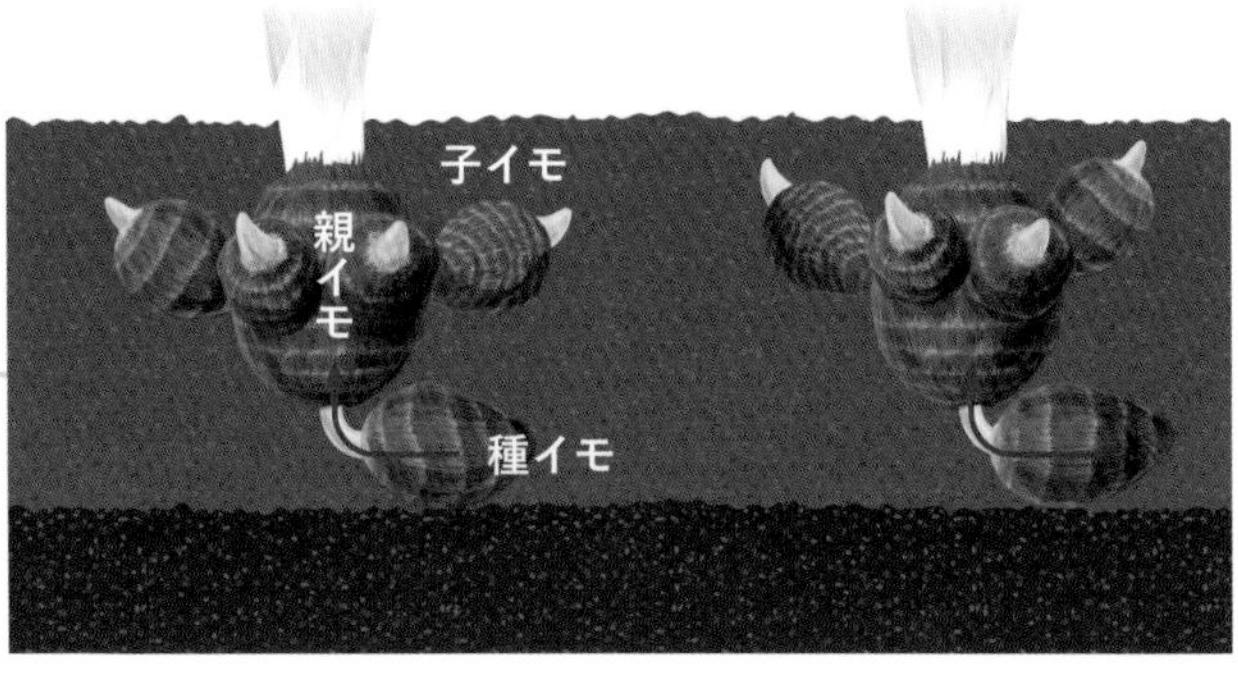

4 追肥

1回めの追肥は芽をマルチから出したとき。畝の片側のマルチをめくり、化成肥料（8・8・8）を帯状に施し、土と混ぜてマルチを戻します。

2回めは植えつけから2か月ほどたち、草丈が30～40㎝になった頃。1回めと反対側のマルチをめくり、畝の側方に施し、土と混ぜます。遅くとも梅雨明け前までに追肥してください。収穫までに肥料を使い切らせるのがいいイモをとる秘訣です。

1回めは芽をマルチから出したタイミングで。片側のマルチをめくり、化成肥料（8・8・8）を1㎡当たり20g、畝の側方に帯状に施す。2回めは反対側の畝の側方に同量を施肥する。肥料は土によくなじませておく

2回めの追肥のさい、もしも子イモから芽が出ていたら鎌で切って土をかぶせて埋めておく。子イモから茎葉が出るとイモが大きく育たない。また、土寄せのさい、イモの根をスコップなどで切らないように注意する。新たに根が出て肥料を吸収するとイモが割れたり孫イモが大きくならなかったりする

注目！ マルチ掛けっ放しで収穫まで水やりいらず

サトイモは乾燥に弱いため、一般的には、栽培途中でマルチを外し、水やりしながら育てます。けれど、株数が多いと、水やりするのはたいへんです。その点、マルチを掛けたままにしておけば、土壌の水分を適度に保てるので雨水だけでもだいじょうぶ。ただし、真夏の乾燥で葉が見るからに弱っているときはがんばって水やりしましょう。

5 収穫

葉が黄色くなり、茎が倒れてきたらとりごろと判断してください。

茎が倒れてくるのは、〝霜が降りる前に掘ってよ～！〟というサトイモからのメッセージです。実際は薄霜にあたったくらいのほうが、味がのるのですが、万が一、強い霜に遭ってしまってジャリジャリした食感になってしまったら台なしです。霜が降りる前に収穫してしまったほうが無難ですよ。

鎌や包丁を使い、地際のあたりで葉柄を切ってからマルチを外す

株元から少し離れたところに鍬やスコップを入れてイモを掘り上げる。イモを株ごとに逆さにして土を振り落とす

すぐに食べる場合は、親イモから子イモ、孫イモをすべて外して根を切る。しばらくおく場合は、収穫後、子イモを親イモにつけた状態で新聞紙にくるんで風通しのいい場所に置いておく。さらに長期貯蔵する場合は畑に穴を掘り、土に埋めて置くのがベスト。翌春の4月ごろまで保存可能。その年の種イモとしても使える

ジャガイモ

種イモの重さと芽かきの本数でイモの大きさや数が変わる

一般的に種イモを植えつけるときは、1片が40〜50gあれば十分で、1個を2〜3片に切り分けて使います。わたしは大きなイモが欲しいので、種イモの重さが100g以内なら丸ごと植えています。種イモが大きければ大きなイモがとれるからです。ジャガイモは、切ったときの刺激がスイッチになり、芽がいっぱい出ます。その点、丸ごと植えは芽の数が限定されるので、芽かきの手間も軽くなります。また芽かきのさい、思いきって1本にすると、数は少ないけれど大きなイモができます。2〜3本なら、手ごろなサイズのイモがたくさんとれます。

おすすめ品種

『男爵薯』日本で古くから栽培されているなじみ深い早生品種。ホクホクしていて、ポテトサラダやコロッケを作るのに向いている。

『キタアカリ』男爵薯と同じくホクホク系。果肉はやや黄色く、甘みがある。芽が紫色で紫色の花を咲かせる。実がつきやすいので見つけたらとる。

栽培スケジュール　植えつけ　収穫

1	2	3	4	5	6	7	8	9	10	11	12月
		植えつけ			収穫						

1 種イモの用意

芽出しをしてから植えつけると、生育を一歩リードできます。種イモを購入後、袋のままでもいいし、容器に移し替えてもいいので、やわらかい光の入る窓辺などに置いておくと丈夫な芽が育ちます。最低でも1〜2週間は光に当ててください。ただし室温が20℃以上にならないようにします。もしイモが緑色になっても食べるわけではないので心配ないですよ。屋外なら軒先などの明るく雨の当たらない場所に置き、夜はブルーシートなどを掛けておきましょう。

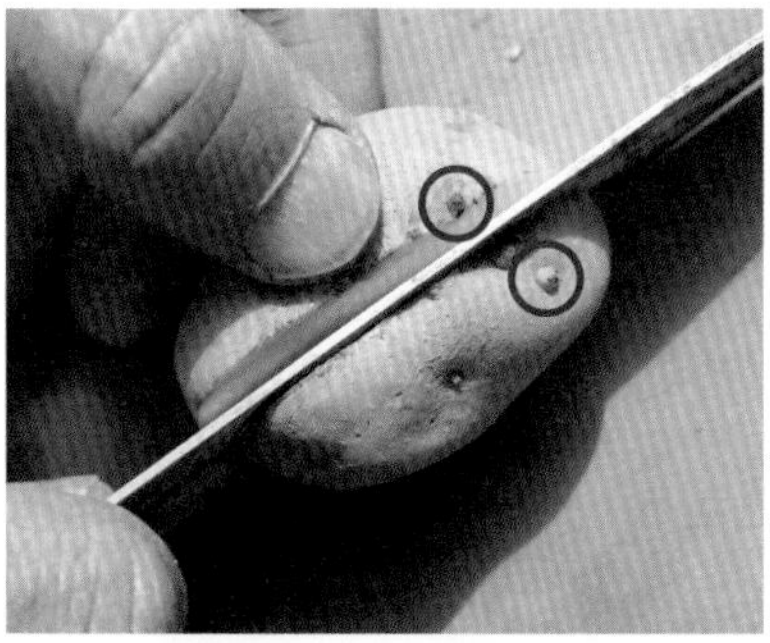

種イモが100g強なら半分に切り分ける。イモは切り分けた各片に、頂部にある強い芽が残るようにお尻に向かって縦に刃を入れる。頂部とお尻を分断するのはNG

切り口にカビが生えたり腐ったりしないよう、ジャガイモ保護剤か草木灰をまぶす。切り口が乾くとつかないので、湿っているうちにまぶすこと

切り分けた種イモは、風通しのいい場所で乾かす。もし、種イモを植えつけるまで晴れた日が2〜3日続く場合は、草木灰や保護剤はまぶさず、切り口を日に当てて乾かしておけばOK

2 畑の準備と植えつけ

植えつけ場所をよく耕し、表面を平らにします。畝幅70cmとし、中央に深さ15cmほどの植え溝を掘ります。溝の中に種イモを30cm間隔で置き、イモとイモの間に元肥を20～30gおいて覆土します。

ジャガイモは、アルカリ性に傾くと、肌がかさぶた状態になるそうか病が発生しやすくなるので石灰資材は入れません。元肥として、わたしはジャガイモ専用肥料を使っていますが、有機質入り肥料でもいいですよ。ただし、リン酸ぶんが足りないので熔リンを足してください。鶏ふんだけはジャガイモのホクホク感がなくなるのでおすすめしません。

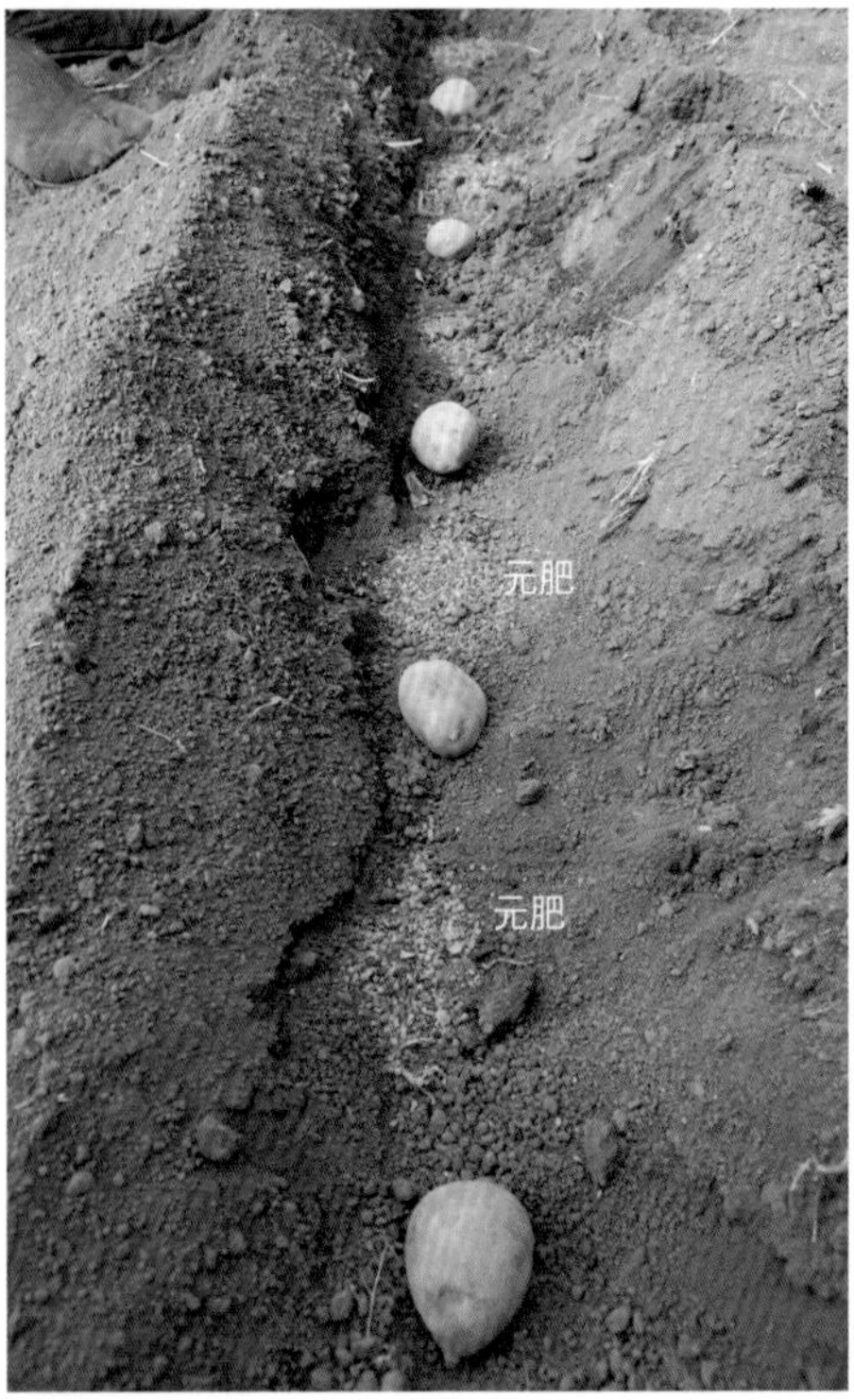

植え溝にイモを置き、イモとイモの間に元肥を置く。種イモを切った場合は切り口を下にする。元肥がイモにつかないように注意する。植えつけ後は5cmの厚みで溝を掘ったときの土をかぶせる。土をのせすぎると芽が出るのが遅くなる

元肥
ジャガイモ専用肥料　植えつけ時に株間に20～30gずつ施す。もしくは有機質入り肥料20～30g＋熔リン3～5gでも可

3 芽かき

植えつけからひと月ほどすると、芽が何本も出てきます。そのままにしておくと、養分を奪い合って1つ1つが大きく育たないため、草丈15cmほどになったら、元気な芽を2～3本残して他をかき取ります。太く元気のいい芽や畝の中央に近い所から出ている芽を残しておくと、その後の土寄せなどの作業がしやすいですよ。

残す芽を何本にするかによって、収穫時のイモの大きさや収量に差が出てきます。思い切って勢いのいい芽を1本だけ残すと、数は少ないけれど、大きなイモがとれますよ。

注目！ 芽は上へ引っ張らず、横に引き抜く

芽かきをするときは、残す芽の株元を片手でしっかりと押さえながら、横に引き抜くときれいに抜けます。上に引っ張ると、種イモごと抜いてしまったり、途中で切れてしまいます。切れたままにしておくと、すぐにまた芽が生き返ってしまいますよ。

このかき取った芽を、欠株箇所や畑の空いたスペースに挿しておくと、少し遅れて生長し、食べきりサイズの小さなイモがコロコロとれます。挿し芽をしたときは、水やりするのを忘れずに

芽を横に引っ張って抜くと、根がついた状態できれいに取れる

芽かき前
遅くとも草丈が20cmになるまでには芽かきをする。遅くなると大きなイモが育たない。残す芽の数はどんなサイズのイモが欲しいかで決める

4 追肥・土寄せ

芽かきをした後、1回めの追肥をします。畝の両脇に有機質入り肥料を1㎡当たり20～30gまき、株元にたっぷり土寄せします。

2回めの追肥は、蕾がつき始めた頃です。この頃から土の中ではしだいにイモが太り始めます。1回めと同じように、畝の両脇に1㎡当たり10～20gまき、土を株元に高く盛り上げます。追肥した分の栄養を使われてしまわないように、蕾や花を摘んでおきましょう。とくにキタアカリは実をつけやすいので注意が必要です。

追肥と土寄せはワンセットで行います。せっかくのイモが外に出てしまうと、緑化して有害物質（ソラニン）を生成して食べられなくなってしまいます。茎葉が茂ると土寄せしにくくなりますが、質のいいイモを取るためには、ここががんばりどころですよ。

根は葉の先端あたりまで広がってきている。株の両脇に帯状に施肥する。肥料と土をよくなじませてから、土寄せして株元に土を盛り上げる

蕾がついたら2回めの追肥。葉の先端の下の根を意識して畝の両脇に1回めと同量をまき、土寄せする。収穫時に肥料が切れていたほうが味がよくなるので、肥料の与えすぎは禁物。蕾や花も見つけたらとっておく

5 収穫と保存

地上部の茎葉が枯れてきたら収穫適期です。イモに水けが多いと腐りやすいので、土がほどよく乾いた晴れた日に収穫しましょう。株元から少し離れたところにスコップを入れ、イモを傷つけないように掘り上げます。

収穫後は、風通しのいい場所で陰干しし、皮についた土がよく乾いてから保存します。段ボール箱などに入れて冷暗所で保存しておきましょう。

収穫の目安

最終的に、茎葉に貯蔵していた養分が地下のイモに転流されてイモがぐっと肥大する。茎葉が7～8割くらい枯れた頃が収穫期の目安

水洗いしてから保存するのは厳禁！ 冷暗所に置く

ジャガイモが乾いたら湿気と光を遮断して保存します。段ボール箱の底に新聞を敷き、1つずつ並べて重ね、いちばん上にも新聞紙をかけてふたをし、冷暗所に置いておきます。イモを洗ってから保存するのは厳禁。洗うと傷ついた箇所から腐ってしまいます。1個が腐ると周囲のイモも腐ってしまいますよ

注目！ 残す芽の数で、こんなに違う

残す芽を1本、2本、3本にして栽培してみたところ、結果は一目瞭然。1本で育てた株は大きなジャガイモが4個、2本は中くらいのサイズが6個、3本は小さめのサイズが13個とれた。使い勝手を考えて、お好みで栽培するといいですよ。

ゴボウ

長くきれいな根をとりたいなら最初に高畝を立てよう

途中で移植できないので、じかまきで栽培します。いったん発芽してしまえば、収穫まで追肥をするくらい。ですが、その収穫が難儀なんです。長根種のゴボウは1mくらいになります。「ゴボウ抜き」なんて言葉がありますが、引っこ抜くなんてできません。あまりに手間なので、肥料袋やコンパネの囲いで栽培するという工夫が生まれるわけです。

収穫を楽にするためには、種まき前が勝負。よく耕して20～30cmの高畝を立て、その頂点に種をまきます。畝の高さがある分、地中を掘る労力が減ります。または長さ30～50cmの短根種をつくるのも手です。

おすすめ品種

『瀧野川ゴボウ』江戸時代から伝わる在来種。現在、日本で栽培されているゴボウのほとんどは、このゴボウを品種改良したもの。味、香りがよく、歯ごたえがありつつも絶妙なやわらかさがある。

『柳川理想』（タキイ種苗）春・秋まき兼用種。滝野川よりやや早生。す入りが遅く、ひときわ白肌で肉質がやわらかく香り高い。

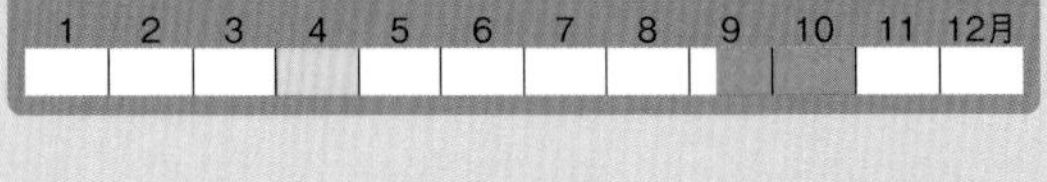

1 畑の準備と種まき

根がまっすぐ深く伸びるように、とにかく土をやわらかくしておきましょう。種まきの2週間前に苦土石灰を土になじませ、1週間前に堆肥と元肥を施し、天地返しをするくらいの意気込みで40～50cmの深さまで耕します。

高さ20～30cmの畝を立て、黒マルチを張ったら、まき穴をあけます。ゴボウの種は多少発芽が難しいので、種は多めに4～5粒まくといいでしょう。薄く覆土したら鎮圧し、水やりをします。

高畝にすると、収穫の手間が減るだけでなく、ゴボウの根っこが大好きなヨトウムシ対策にも有効です。畝を高くしてマルチを張れば、登りにくくなるので被害が激減しますよ。

ゴボウの種はかたく、発芽しにくい。前の晩から水につけて吸水させておくと、発芽がそろう。濡れたまま種をまこうとすると、種同士がくっついてまきにくいので、前もってざるに上げて種を乾かしておく

苦土石灰 100g／㎡
堆肥
牛ふん堆肥と腐葉土を1：1で混ぜたもの 2kg／㎡
元肥
有機質入り肥料 100g／㎡

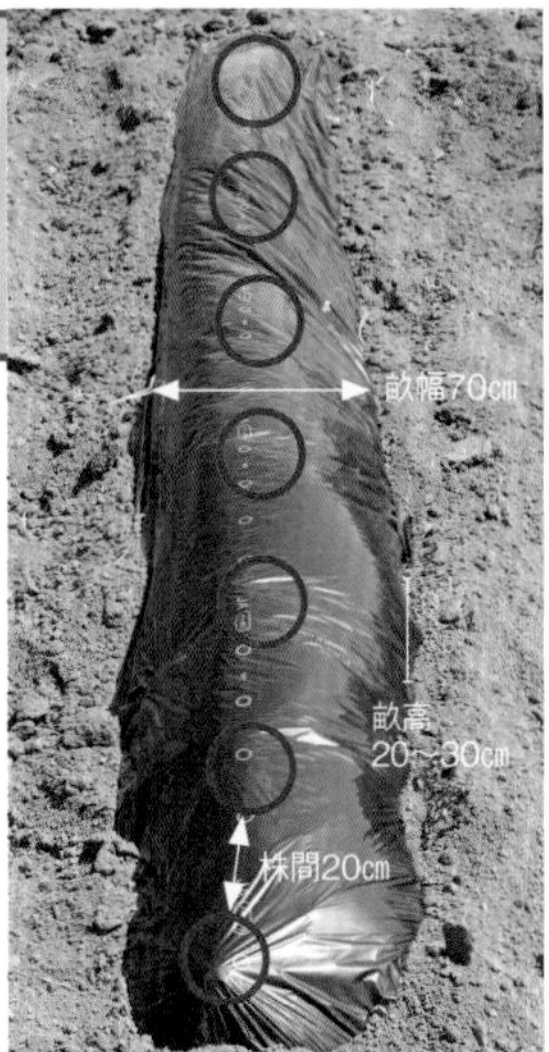

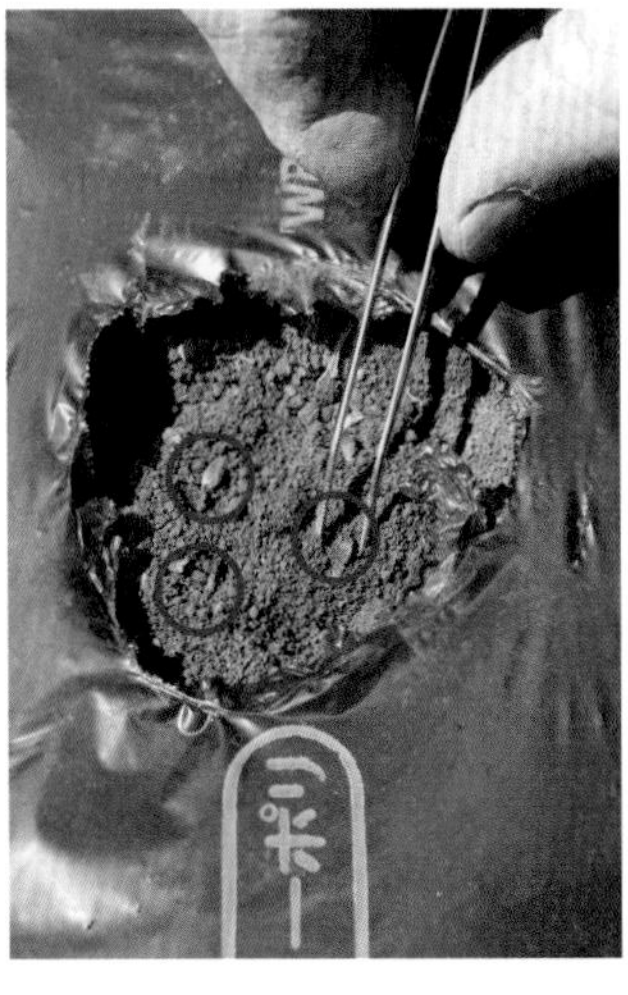

ゴボウの種はとても小さくて薄く、つまみにくいのでピンセットを使うと便利。種4～5粒をサイコロの目の形に間隔をあけてまく。好光性種子なので、ごく薄く覆土し、よく鎮圧したあと水やりする

2 間引きと追肥

本葉が2〜3枚になったら、間引きをして2株残します。株と株が近すぎると地中に伸びる根が変形してしまうので、できるだけ株間が離れるように株を選んで間引きます。同じくらいの距離なら、虫食いのある株や弱々しい株を抜いてください。

間引きから1か月後、株元に1回めの追肥をして土をかぶせます。さらにその1か月後、畝の側方に2回めの追肥をして、軽く土寄せします。

農大流！ 2本立ちが合理的

間引いて2本立ちにしたら、そのまま収穫まで2株一緒に育てます。2株残すのは、万が一、ヨトウムシに食べられてしまったときのための保険です。また、収穫のさい、同じ手間で2本いっぺんにとれるなら合理的ですし、収穫の喜びが2倍になりますよ。

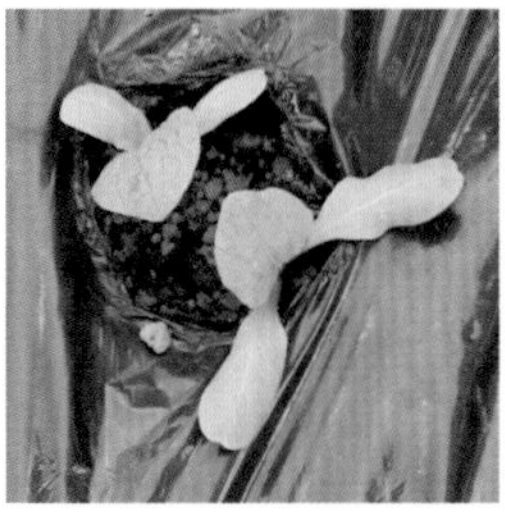

間引き後、1回めの追肥。1つのまき穴に有機質入り肥料ひとつまみ（2〜3g）を株に触れないようにまく

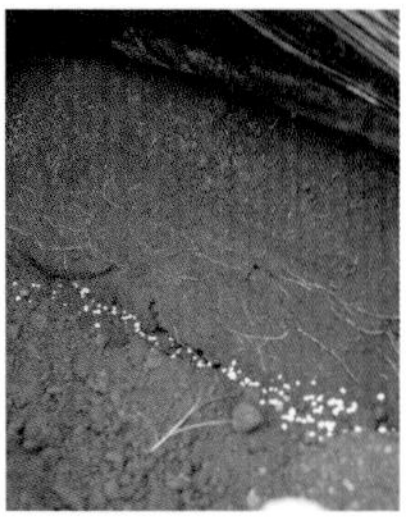

1回めの追肥から1か月後、2回めの追肥をする。ひげ芽が畝の脇まで伸びてきているので、マルチをめくって畝の両脇に1㎡当たり30g施肥する。肥料を土に混ぜ、軽く土寄せしたらマルチを戻しておく

3 収穫

ゴボウの根は、温度の上昇とともにぐんぐん伸びます。外から見てもわかりませんが、収穫期が近づく頃は、草丈の長さと同じくらい、地中の根は伸びています。長さや太さを気にしなければ、8月の終わり頃から収穫できます。

マルチを外し、剣先スコップで畝の両側から土を崩しながら、縦に1mくらい掘り進めます。途中で折らないように慎重に収穫しましょう。

品種にもよるが、収穫時期は種まきから120〜150日後。株元の土を崩し根の直径が1〜2㎝あれば収穫してOK。畝の両脇を崩し、株元から少し離れたところに垂直にスコップを入れる

ゴボウの根が見えてきたら、途中で折ってしまわないように手で少しずつ土をどけていく

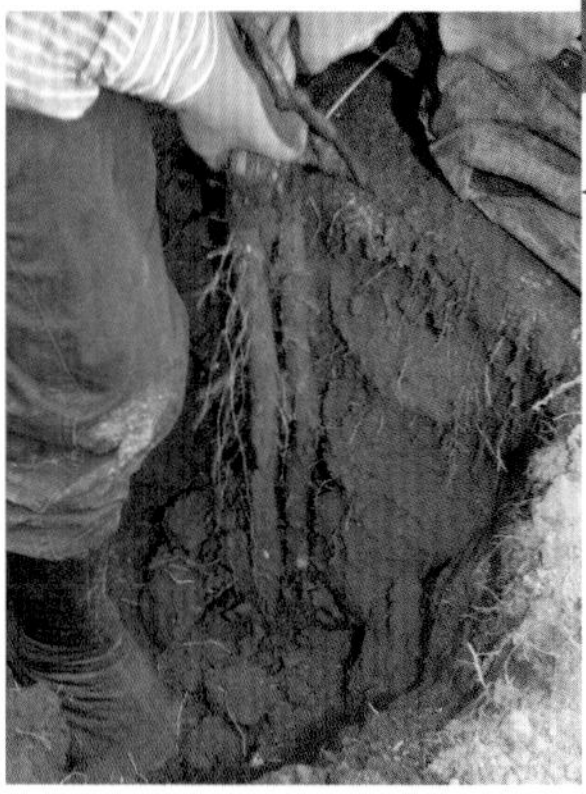

ゴボウの輪郭が見えてきたら、上に引っ張るのではなく、横に引き抜く感じで収穫する

ゴボウは冬まで畑に置いておけるので、食べたいぶんだけ少しずつ収穫すればいい

ショウガ

終盤の土寄せと強い光が大きな根茎を育む

ショウガは日陰を好むと思っている人が多いようですが、けっしてそんなことはないんですよ。確かに植えつけて白い芽が出たばかりの頃は、日焼けが心配です。けれど、根茎が地下部で肥大する肝心な時期は、強い太陽の光が必要なんです。大きな根ショウガが欲しいなら日当たりがいいに越したことはありません。

ショウガの品種には、大・中・小があります。大ショウガは芽数が少なく大きな根ショウガがとれます。小ショウガは、根ショウガが小ぶりですが、芽数が多いので葉ショウガをたくさんとれます。好みのサイズを選んで栽培してみてください。

おすすめ品種

『お多福』 ふっくらと大きく育つ大ショウガ。霜が降りる頃までよく肥大し、1株から1kgもとれる。10～11月が収穫期。辛みが少ないので、酢漬けや砂糖漬けにも向く。

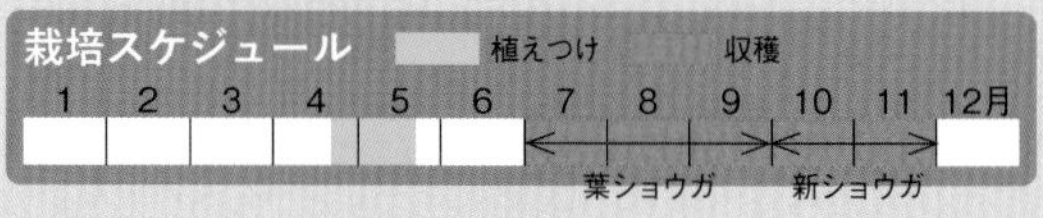

1 畑の準備

連作障害の出やすい作物なので、最低でも3～4年はショウガを栽培していない場所を選びましょう。また、根張りが浅くて乾燥に弱いので、水はけと水持ちのいい土壌が向いています。

植えつけてから2か月くらいは、種ショウガの養分で育ち、その後、肥料を吸収し始めます。植えつけまでに苦土石灰と堆肥を段階的に施し、耕しておきます。植えつけするさい、元肥として穏やかに長く効く有機質入りの肥料を株間に施します。

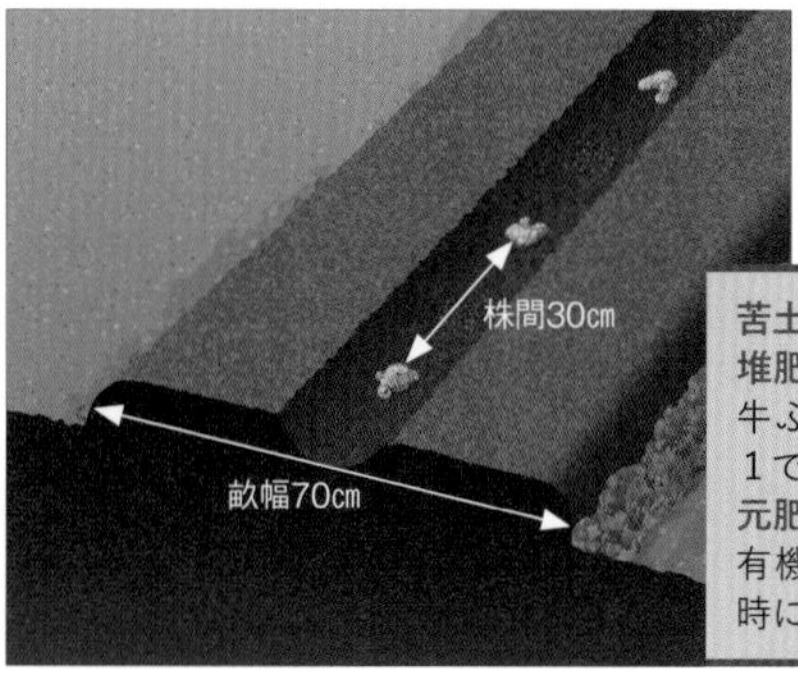

苦土石灰 100g／㎡
堆肥
牛ふん堆肥と腐葉土を1：1で混ぜたもの 2kg／㎡
元肥
有機質入り肥料 植えつけ時に株間に20gずつ施す

種ショウガを準備する

種ショウガは4月くらいにホームセンターなどで販売されます。たいてい袋に入って売られているので、外から見て、張りや色つやのよい健康そうなものを選びましょう。種ショウガが大きい場合は、1片50g程度に分割します。刃物を使うと、切り口から病原菌が入る恐れがあるので手で割ります。植えつけの前日に割り、日陰干しして切り口を乾かしておきましょう。

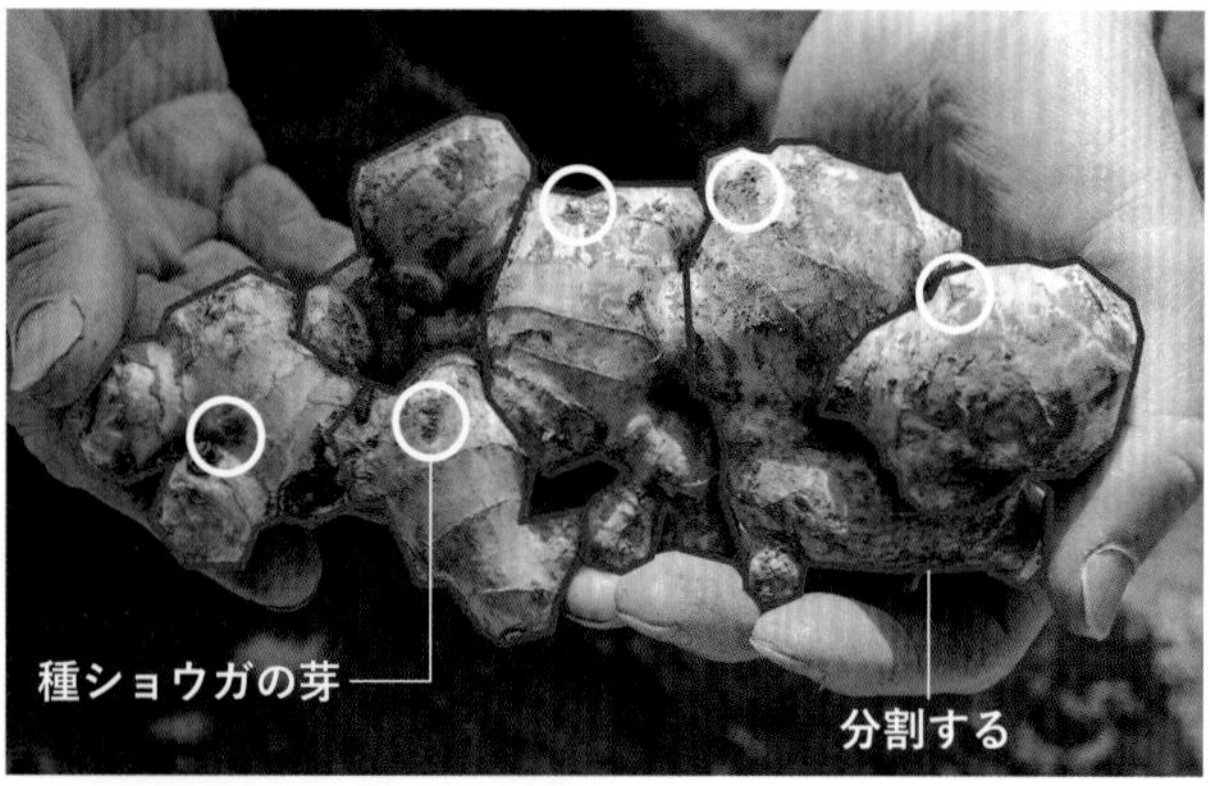

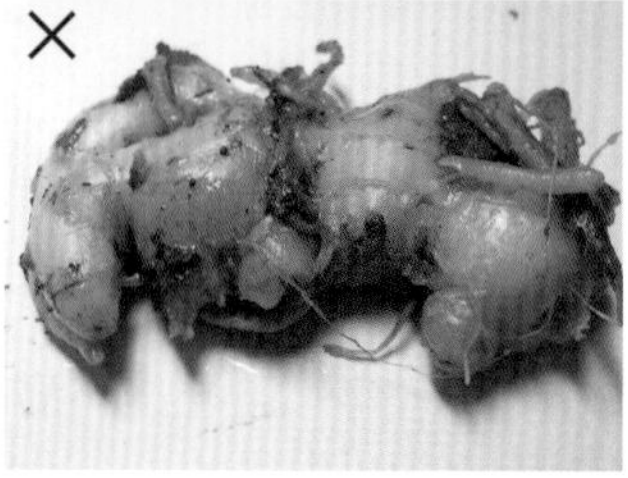

病害虫の被害はほぼないが、根茎腐敗病だけは怖い。茎葉が枯れ、根茎が腐る。産地では忌み嫌われ、畑に入るときにわざわざ長靴を履き替えるほど警戒されている。対策は、病気のない、健康な種ショウガを植えること、連作しないことだ

2 植えつけ

生育適温が25～30℃と高く、地温が15℃以上にならないと芽が動き出しません。気温が十分に上がったら植えつけます。芽が出るまでにひと月以上かかりますが、焦らず待ちましょう。

畝幅は70cmで、中央に深さ10～15cmの植え溝を掘り、土を両脇に寄せておきます。植え溝に種ショウガを30cm間隔で横に寝かせて置き、株間に元肥を約20g施し、5cmほど覆土します。

芽が上を向くように横に寝かせて植える。最初に「1次茎」が芽吹き、生長するにしたがい左右から「2次茎」が伸び、さらに「3次茎」「4次茎」「5次茎」が伸びてくる。元の種ショウガをひねショウガと呼ぶ

3 追肥と土寄せ

1回めの追肥は草丈が15cmほどになった頃。通路に化成肥料（8・8・8）を1㎡当たり30gまき、株元に混ぜながら土寄せします。以降、月に1度1㎡当たり20gを施し土寄せします。7月後半に入ると、肥料を盛んに吸収します。根茎が肥大するには水分も必要です。真夏の高温乾燥期に雨の降らない日が続いたら、少しずつ何回かに分けて水やりするといいでしょう。

草丈が15cmで1回めの追肥、土寄せを行う。梅雨に入って雑草が一気に生えるとショウガが草に埋もれてしまうので、草取りも同時に行う

1回めの追肥から1か月ほどたったら2回めの追肥を行う。この頃から根茎の肥大が始まるが、大量に施すと肥料やけするので少量ずつが鉄則

追肥のあとは必ず土寄せを行う。3回めは、2回めとは反対側の通路の土を削って土寄せする。9月を過ぎて根茎が大きくなると地表に出てくることがある。そのままにしておくと変色したり肥大が悪くなるので必ず土寄せする

4 収穫

寒さに弱く、13℃以下に長くあたると低温障害を起こして枯れ、せっかく太った根茎が傷んでしまいます。遅くとも霜が降りる前までに収穫しましょう。

株元から10cmほどのところに鍬やスコップを入れて株を浮かせてから茎葉を持って株ごと掘り上げ、逆さにして土を落とします。

寒さを感じると、葉の色が黄変する。それが収穫のサイン。葉色が白くなるまでに掘り上げる。霜が降りると腐りやすくなる

ショウガの根は浅いので鍬やスコップで株を浮かせれば簡単に抜ける。根ショウガの下についている種ショウガも食べられる

葉のつけ根を1cmくらい残してカットする。葉をとらないで置いておくとショウガ自体が腐ってしまう。貯蔵する場合、大量なら土の中に埋めておくのがおすすめ。少量なら新聞紙にくるんで発砲スチロールの箱に入れておく

小カブ

きっちり1㎝間隔で種まきすれば、粒ぞろいの玉になる

直径12㎝以上になる大カブ、8〜10㎝の中カブ、5〜7㎝の小カブがあるなか、育てやすく使いやすい小カブをおすすめします。根を除けばすべて食べられるお得感いっぱいの野菜です。茎葉はゆがいてお浸しに、玉は皮付きのまま切って生でも食べられます。間引き菜も絶品です。

栽培自体はたやすいのですが、小カブやコマツナなど、アブラナ科の野菜は、虫の食害を受けやすいのが難点。種まき直後から防虫ネットをかけておきましょう。さもないと、双葉が出たとたん、ヨトウガやカブラヤガ（幼虫はネキリムシ）に卵を産みつけられてしまいますよ。

おすすめ品種

『ゆきわらし』（カネコ種苗） やわらかな食感で甘みが強い。す入りが遅く、中カブサイズまで収穫可能。味、形、色つやよく、しかも育ちが早い。

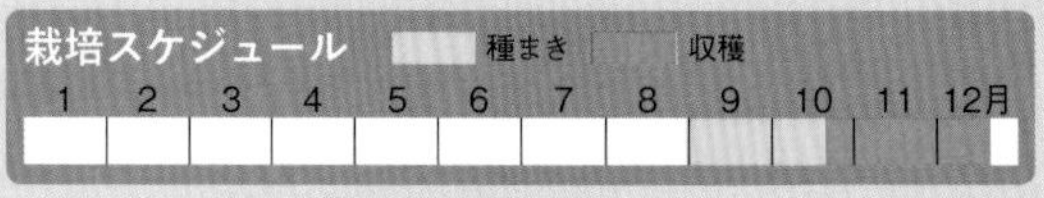

1 畑の準備

有機質に富んだ土壌で育てると、やわらかくて、甘みのある果肉になります。カブならではの食感を楽しみたかったら、栽培期間は短いですが、堆肥をたっぷり入れましょう。元肥は穏やかに効く、有機質入り肥料を与えます。種まきの2週間前に苦土石灰を施し、土になじませます。1週間前に堆肥と元肥を散布して、よく耕し、空気を含んだフカフカの土づくりをしましょう。

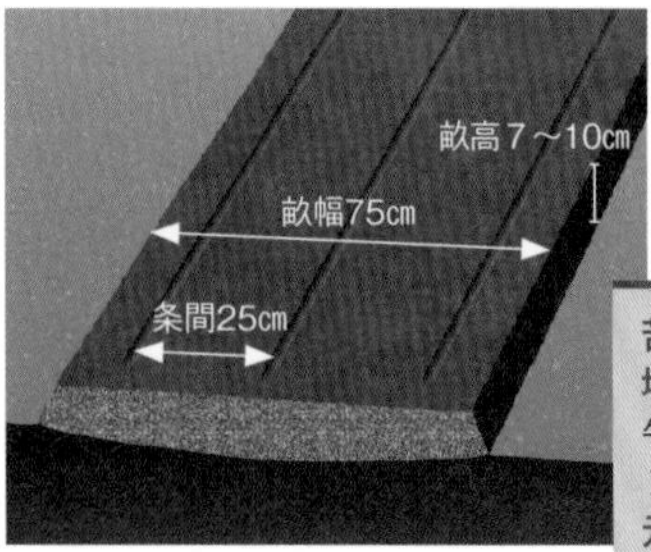

苦土石灰 100g／㎡
堆肥
牛ふん堆肥と腐葉土を1：1で混ぜたもの 2kg／㎡
元肥
有機質入り肥料 150g／㎡

2 種まき

条間25㎝で3列のまき溝をつくり、種を1㎝間隔でまきます。覆土は種の厚みの3倍が目安。覆土後は、手のひらや板でよく鎮圧し、水やりします。種まき後は、すぐに防虫ネットを掛けておきましょう。目合いが0・6㎜以下のネットだと安心です。

種まき後は防虫ネットをかぶせ、ヨトウムシやネキリムシの他、ウイルスを媒介するアブラムシが入らないよう、裾をしっかり留める。気温が下がれば害虫の活動が落ち着くので外していい

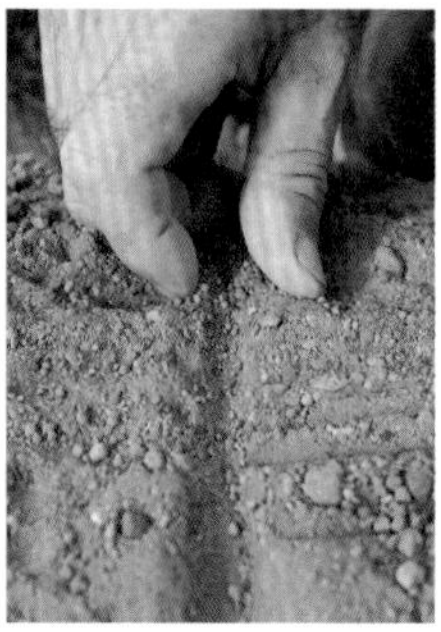

支柱などで深さ1㎝のまき溝をつくり、種を1㎝間隔でまく。溝の両側から指先で土を寄せて覆土する。手のひらや板を使ってしっかり鎮圧してから水やりする

農大GA流！ 正確な種まきが、玉のそろいを促す

1㎝間隔で種をまくのは骨が折れますが、間隔をそろえると発芽がそろい、間引きや土寄せの作業が楽になります。農大グリーンアカデミーの実習では、透明シートをカットしてつくった定規をまき溝の横に置き、正確にまく練習をしています。

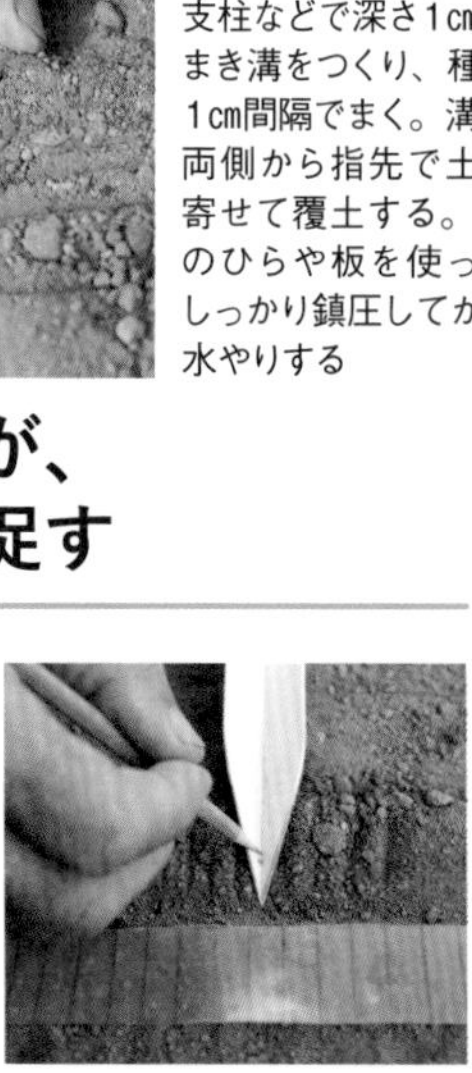

3 間引き

種まき後、3〜4日で発芽します。1回めの間引きは本葉1〜2枚の頃。2cm間隔になるよう1株おきに間引きます。2回めは本葉3〜4枚の頃に4cm間隔になるように間引きます。間引くときは、残す株の根を傷めないように慎重に抜きます。間引きしたあとは、親指と人差し指で胚軸を立てるように土寄せします。最後となる3回めは本葉7〜8枚のときで8cm間隔にします。

2回めの間引きの様子。種まきから2〜3週間で本葉3〜4枚まで育つ。株と株の間隔が狭いので、隣の株の根を傷めないように気をつけて抜く

きっちり間隔を測って種まきしているので、見てのとおりきれいに4cmで株間がそろっている

種まきから3〜4週間で本葉7〜8枚まで生長。3回めともなると間引き菜も食べごたえがある

4 追肥・土寄せ

追肥は2回めの間引きをしたあとに行います。種まきから収穫までの期間が短いので、追肥はこの1回のみ。ただし葉色が薄いようなら同量を追肥をしてください。追肥後は、胚軸部を立たせるよう土寄せします。

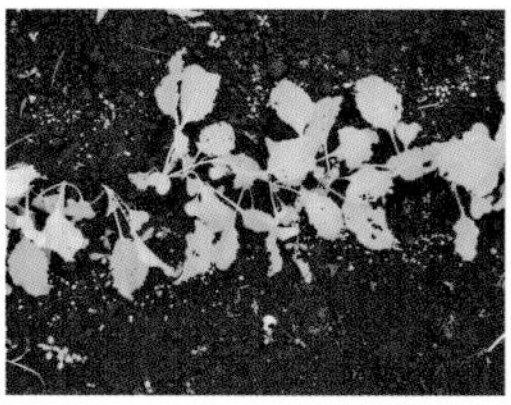

条間に1㎡当たり有機質入り肥料30gを帯状にまき、土寄せする。葉の先端あたりまで根が伸びているので、そこに届くように追肥する

農大GA流! 胚軸に土を寄せて形のいい玉にする

根と胚軸部が肥大するダイコンと違い、カブは子葉から根までの胚軸部が太る野菜です。1〜2回めまでのまだ株が小さいうちの間引きでは、隣の株が浮き上がってしまうことがあります。そのまま胚軸が曲がったままにしておくと、形のいい玉になりません。間引いたあと、土寄せをして胚軸を立たせると変形を防ぐことができます。

5 収穫

種まき後、50日ほどで収穫適期となります。株の上から肩口を見て、玉の直径が5〜6cmになった株から抜いていきます。もう少し大きくなりますが、あまり長くおくと"す"が入ってみずみずしさが損なわれてしまいます。小さなうちに収穫して食べてしまいましょう。小カブの調理の幅は広く、生でも和えても炒めてもいけます。葉も、鍋や浅漬けにおすすめです。

根を切り落として土を洗い流せば、皮ごと食べられる

株間をきっちり保って見事に整列。種まきが正確だと最後までそろう

ダイコン

空気たっぷりの土台をつくり、まっすぐに根を伸ばす

ダイコンは品種改良が盛んないっぽう、在来品種もバラエティーが豊富。東京農大グリーンアカデミーでは、定番の青首のほかに、煮くずれしにくく味がしみ込むおでん用、赤い色をしたサラダ用、辛味ダイコン、ミニダイコンという5品種を栽培。加えて、我が家ではたくあん用のダイコンも育てています。

ニンジンとは違い、種をまいたらほぼ3日で発芽し、すぐに大きくなります。ポイントは、とにかく最初によく畑を耕しておくこと。「大根十耕」と言い伝えにあるとおり、深く耕し、空気を含んだやわらかい土にしておくとスムーズに伸びます。

おすすめ品種

『YRくらま』(タキイ種苗) ウイルス病や萎黄病に抵抗性のある青首ダイコン。よく太り、肉質がよい。

『おでんダイコン 味福』(トーホク) 味がしみこみやすく、やわらかい。煮物に向いた品種。

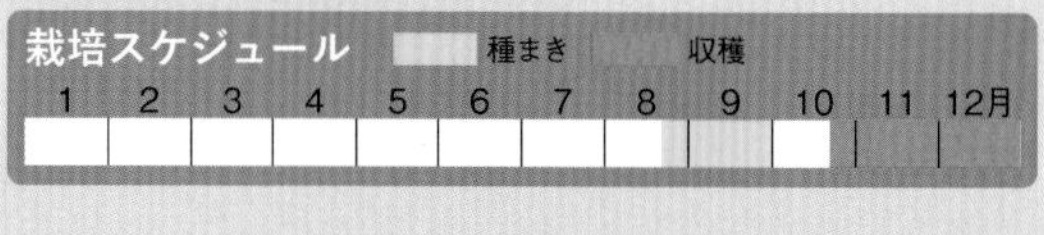

1 畑の準備と種まき

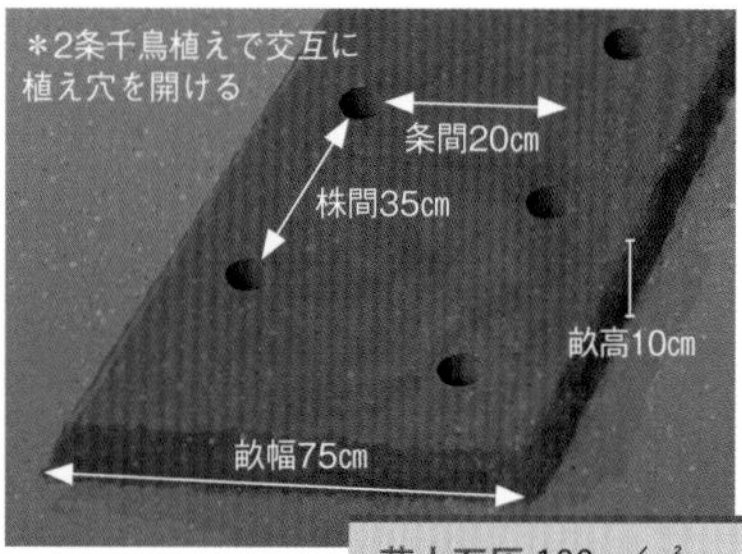

苦土石灰 100g／㎡
堆肥
なし（堆肥が前作で入っていない場合は牛ふん堆肥2kg／㎡を施す）
元肥
有機質入り肥料 150g／㎡

ダイコンは生育初期に生長点である根の先端に障害物が当たると、また根になってしまいます。種まきの2週間前に苦土石灰を、1週間前に元肥を施し、深さ30cmほどよく耕します。堆肥は基本施しません。前作の堆肥が残っている場所があれば理想的です。種まきが遅くなると根が肥大しないため、適期は厳守。畝に深さ1cmのまき穴をつくり、種を3cm間隔で三角形に3粒まきます。種は深く埋めず、1cmを目安に覆土します。

2 防虫ネット掛け

ダイコンには、アブラムシ、アオムシ、ハイマダラノメイガ、カブラハバチなど、たくさんの害虫が寄ってきます。葉数が少ないうちに食べられると挽回できないので、無農薬で育てるなら、防虫ネットは必須です。蛾やハバチは目合い1mm以下で防げますが、アブラムシを考慮すると目合い0・6mm以下の防虫ネットが望ましいですね。掛けっぱなしにはせず、ネットに葉が触れるようになったら外してください。外から卵を産みつけられてしまいますからね。

畝にトンネル用支柱を60cm間隔で立て、防虫ネットを掛ける。支柱の幅や高さや揃えるのがきれいに掛けるコツ。ネットの裾は、U字ピンや土を乗せて押える（86ページ参照）

3 間引きと追肥・土寄せ

発芽して本葉2～3枚の頃、生育の悪い苗を間引いて2本にします。その後、追肥として株の周囲に化成肥料(8・8・8)を1株当たり3～4g施します。手で土寄せし、胚軸部を立たせて株を安定させます。

2回めの間引きは本葉5～6枚の頃。根の肥大が始まる時期なので、ここで間引いて1本立ちにします。間引き後、葉の先端を目安に1回めと同量を追肥して土寄せします。3回めの追肥はその2週間後。畝の側方に化成肥料を1㎡当たり15～30g施し、株元に土寄せします。

1回めの間引き

1回めの間引きは本葉2～3枚の頃。生育の悪い苗を間引いて2本にする。間引くときは、横に引き抜く

間引き後は、株の周りに追肥して土寄せする。肥料を1箇所だけにまくと、肥料を求めて根がねじれてしまうことある。株周りに平均的にまけば、根がストレスなく肥料を吸収できる

2回めの間引き

2回めの間引きは本葉5～6枚の頃。本格的に根が肥大する前に1本立ちにする

間引き後は1回めと同量を追肥、土寄せをする。大きく育ってくると、葉が隣の株の葉と重なりあってくる。葉をかき分けて追肥するのは難しいので、手前側にU字状にまき、通路の土を削って株元に寄せる

どうして？

本葉5～6枚以降、肥大が本格化

ダイコンは、本葉5～6枚の頃に、根の初生皮層がむけて、これを機に本格的に根の肥大が始まります。

胚軸を見ると、皮がやぶれているのですぐにわかります。根が順調に太くなるには、地上部で光合成がしっかり行われる必要があります。葉が十分に光を受けて、のびのびと生長できるよう、本葉5～6枚のときには1本立ちするようにしましょう。

5 収穫

どの品種も、種まきから60～70日後に収穫適期を迎えます。青首ダイコンの『YRくらま』なら、根の直径が7～8㎝、地上部に根が飛び出て、V字に立った葉が広がってきたら適期のサインです。葉のつけ根を持ち、真上に引き抜いて収穫します。いっぺんに収穫しない場合は、首元に土を寄せておけば、寒さで凍るのを防げます。

そろそろかと思ったら、試し掘りをして判断すると間違いない

収穫後、葉をつけたままにしておくと養分をとられて“す”が入るので、葉を落として保存する

あまり長く畑に置いて収穫が遅れてしまうと、ダイコンに“す”が入ってしまうので取り遅れに注意する。葉のつけ根を切った時、段面に空洞が入っていたら“す”入りの証拠

農大GA流！

パリッ！ポリッ！絶品たくあん漬け

日本には数多くの漬け物がありますが、中でもわたしは沢庵和尚が広めたと言われるたくあん漬けがいちばんだと思っています。農大グリーンアカデミーの冬の講座では、我が家に伝わるたくあん漬けの作り方をご紹介しています。冬の寒風とぬか床を頼りに昔ながらの製法でつくるたくあんは、毎年、受講生の皆さんにたいへん好評です。ダイコンは、たくあん向けの専用品種がありますが、ふつうの青首ダイコンでもできます。ぜひ、たくさんダイコンを栽培して、たくあんをつくってみてください。

12月に入り、寒くなって乾燥してきたら好機到来

用意するもの

重石用の大きな石。なければ小さめの石を複数使うか、ホームセンターなどで漬け物用の重石を購入する

●その他容器など

- 漬物容器（ここでは干しダイコン12kgを漬けるのに、30ℓの容器を使用）
- 押しぶた
- 重石（干しダイコンの２倍の重量が目安）
- ポリ袋（漬け物用＝２斗樽用２～３枚、漬け物容器用１枚）
- ビニール手袋
- ハサミ
- ひも

●ぬか床材料

干しダイコン12kgぶんを漬ける場合（干す前の状態でダイコン20本前後）。分量を変えて漬ける場合は、米ぬか、塩、砂糖などの材料を同じ割合で用意する。

- 米ぬか１～1.2kg（できるだけ新鮮なものが望ましい）
- 塩360～480g（干しダイコンの重量の３～４％）
- 砂糖360～480g（干しダイコンの重量の３～４％）
- 干した果物の皮６～８個ぶん（ユズや柿、リンゴなど。前もって１週間程度干しておく）
- 昆布50㎝
- トウガラシ４～５本

1 よーく磨く

何本でも漬ける手間は変わらない。大きさにばらつきがあったら、細いダイコンを選ぶと早く干しあがる

たわしで土をよく洗い落とし、仕上げにスポンジで磨いてつやを出す

ダイコンが真っ白になるくらい磨き上げると、たくあん漬けができあがったとき、うんと美味しそうに見える

2 10日以上干す

葉の上のほうをダイコン２本ずつひもで結んで束ねる。干すときは、葉をつけたままのほうが葉から水分が蒸散して乾きが早くなる

軒下などの風通しがよく雨の当たらない半日陰につるし、10日～２週間ほど干す。凍らせるとアウトなので、最低気温が０℃を下回るようになったら、夜間は毛布などをかけておく。手で曲げて弓なりになるくらい水分が抜けたらおろす

つるす場所がないときは

葉を落としてからコンテナやざるに並べ、雨にぬれない場所に置く。つるすよりもやや時間がかかる。気温が下がってきたら夜間は毛布などで保温する

3 ぬか床を作る

ポリ袋にぬか床の材料を加える。昆布は２～３㎝角に、トウガラシや干した果物の皮は細かく切って入れる

ポリ袋に少し空気を入れた状態で口を軽く結わき、袋をよく振って材料を均等に混ぜる

4 隙間なく漬ける

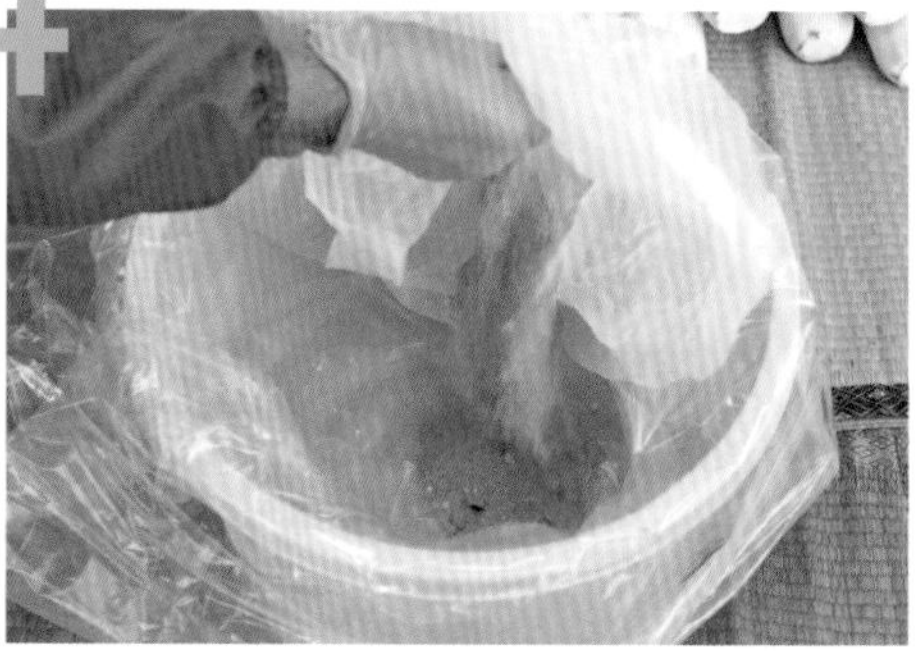

容器にポリ袋を敷き、ぬか床を2㎝ほどの厚さになるようにまんべんなく敷き詰める。厚手のポリ袋を使うのは、においや水分がもれないようにするため

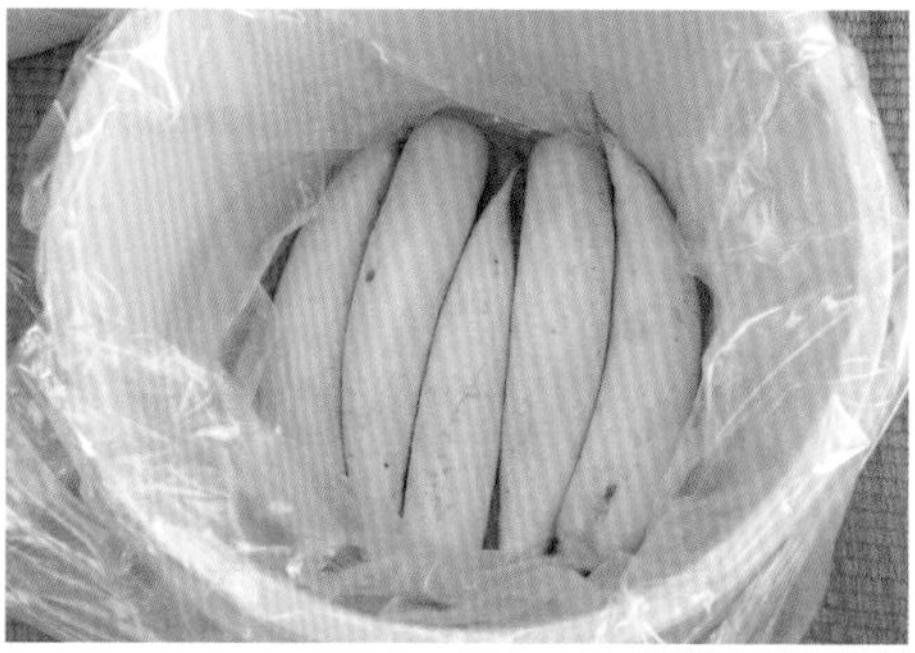

葉を切り落とした干しダイコンを、できるだけ隙間ができないように詰める（1層め）。半端に隙間ができてしまったら、干しダイコンをカットして詰める

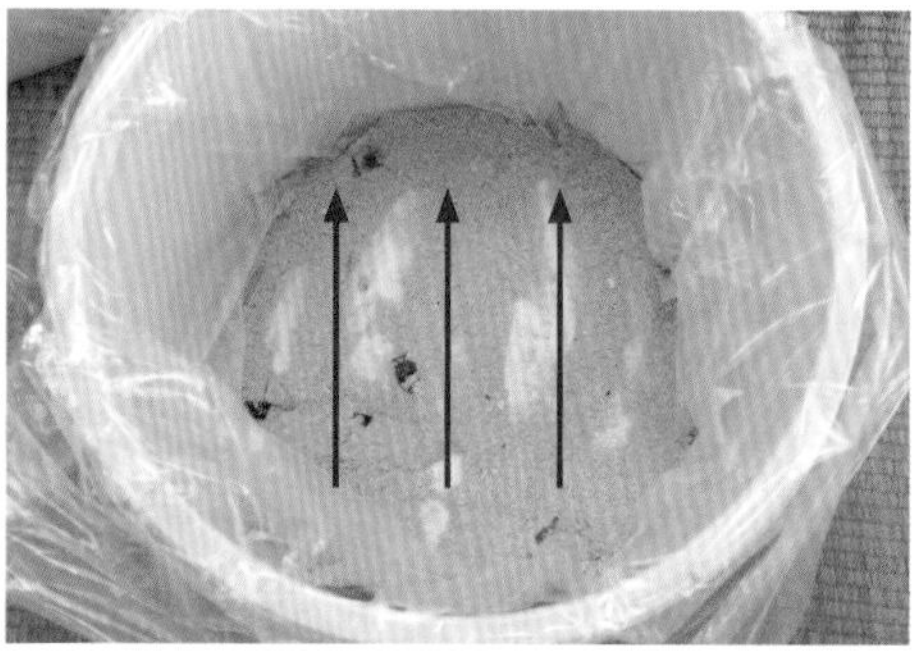

ダイコンが隠れる程度にぬか床をふりかける。空気が入るとカビが発生しやすくなる。小さな隙間には干したダイコンの葉を詰める

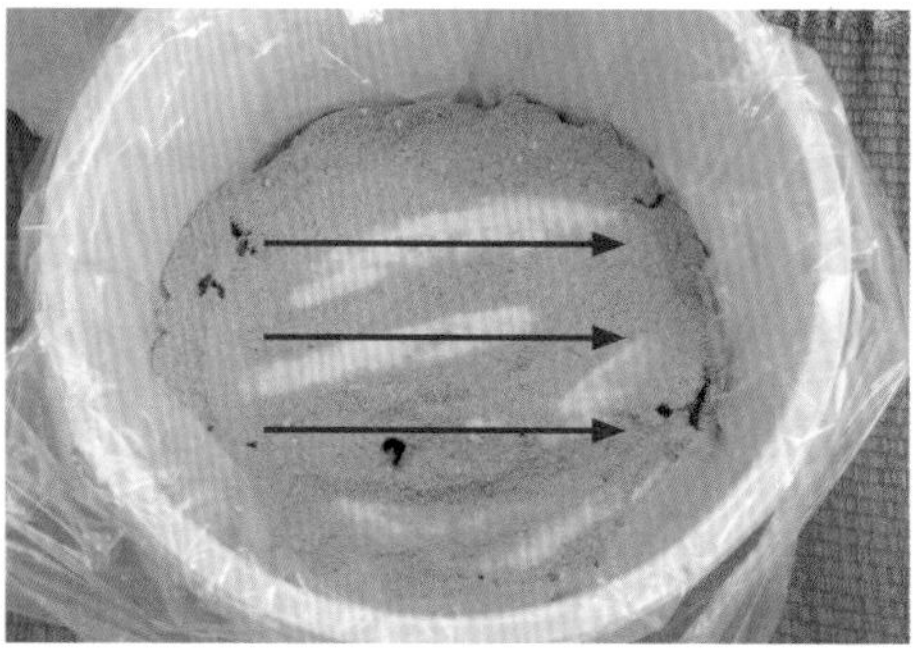

2層目の干しダイコンを、1層めと交差するように並べる。縦向き、横向きと互い違いに詰めていくと隙間ができにくい。ぬか床をふりかけ、残りの干しダイコンも同様に詰める

5 封をして漬け込む

干しダイコンをすべて詰め終わったら、残りのぬか床を入れて表面を平らにする。あればダイコンの葉をのせてフタをする。ポリ袋の空気を抜きながら口を軽くねじり、上に押しぶたをのせる

押しぶたの上にダイコンの重量の2倍の重石をのせる。自然石などを使う場合は、衛生上、重石をポリ袋に入れることをおすすめする

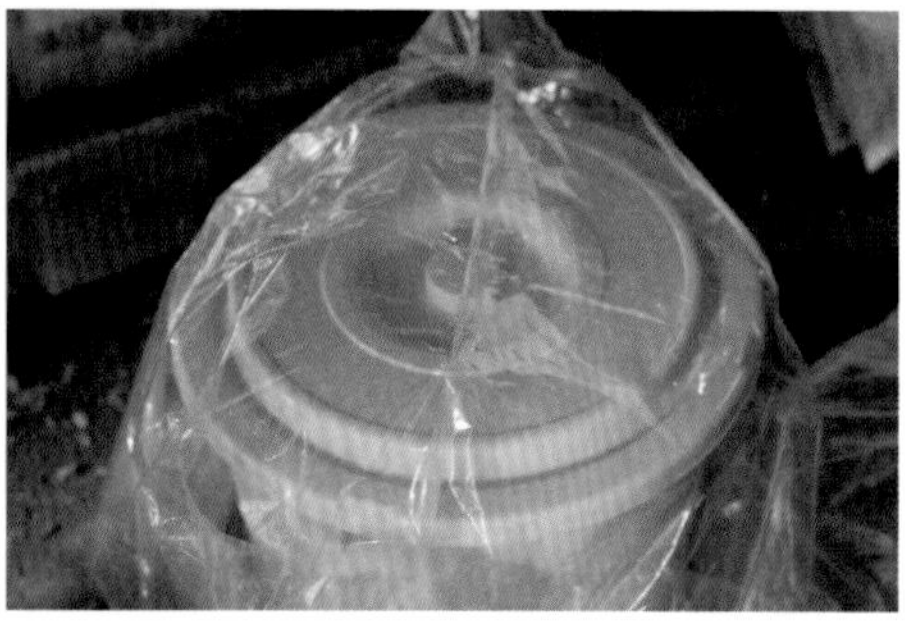

ふたを閉め、さらにポリ袋をかけるとにおいがもれにくい。ふたが閉まらなければ、まわりをひもで留めておく。ときどき容器の中を確認し、水が上がっていたら重石を半分に減らす。逆に水が上がらなければ重石を足す

6 約1か月で完成

約1か月で完成する。たくあんは空気に触れると色が悪くなるので食べる直前に取り出すとよい。容器の中にたまった液の白い皮膜は悪いカビではないのでそのままにしておいてだいじょうぶ。2か月くらい経つと発酵が進んで酸っぱくなる。もたせたい場合は最初に塩分を1～2％足すとよい

ニンジン

籾殻＋不織布で湿度をコントロールし、発芽率を高める

ニンジンは発芽が難しい野菜です。初めて栽培する人は、発芽するまで時間がかかるので不安になるでしょう。夏まきの場合は、早くても7～10日。その間、水を切らさないようにしなければなりません。毎日水やりできなければ、雨が降った翌日に種をまいたり、籾殻で覆うなど、湿度を保つ工夫をしましょう。

発芽後しばらくは、雑草に負けないようにこまめに草取りすることもたいせつです。本葉が6～7枚になって葉が茂ってくれれば、雑草が生えにくくなります。手がかかるのはここまで。あとは地下部の根がじわじわ太くなるのを待ちます。

1 畑の準備

地上部の茎葉の生育はゆっくりですが、地下部の根は生育初期から深く伸びます。種まきの2週間前に苦土石灰を、1週間前までに元肥を入れて、深さ30㎝を目指してよく耕しておきましょう。

土の中に有機物の塊があると、それが障害物となり、また根の原因になるため、前作で施しているなら堆肥は入れません。小さな石ころや土のかたまり、野菜の残渣なども、よく取り除いておきましょう。

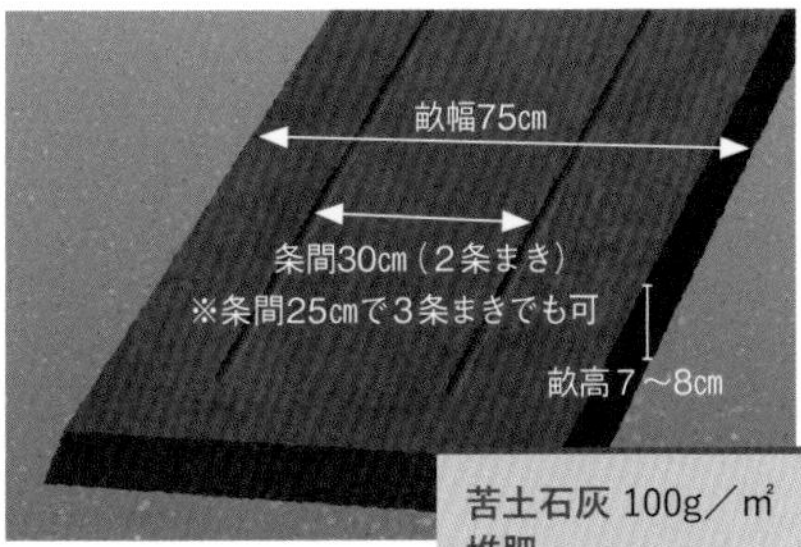

苦土石灰 100g／㎡
堆肥
なし（堆肥が前作で入っていない場合は、牛ふん堆肥を2kg／㎡施してもよい）
元肥
有機質入り肥料 100g／㎡
熔リン 50g／㎡

2 種まき

夏まき栽培でニンジンが発芽しにくい最大の原因は、発芽のさいの高温と乾燥です。種をまいたら発芽まで乾燥させないように注意します。

支柱棒などで深さ5㎜のまき溝をつくり、種を1㎝間隔で1粒ずつまきます。薄く覆土したら、手のひらでしっかり鎮圧します。湿度を保つために籾殻をかけ、さらに不織布で覆ってから潅水します。

ニンジンの種はとても小さくて頼りない。写真は裸種子。種子の表面に殺菌剤などを塗って加工したコート種子もある

農大流！ ピンセットを使えば緻密な1㎝間隔に

種は深さ5㎜のまき溝に1㎝間隔でまきます。面倒がらずに等間隔でまいておくと間引きがしやすく、結果として立派なニンジンが育ちますよ。小さな種は色のついたお椀に入れて、ピンセットを使うと、種をつまんだり、溝の中の種を微調整するときに扱いやすいですよ。

おすすめ品種

『らいむ五寸』（横浜植木） 紅が濃く、表面が艶々としていて輝いているような美しさがある。お尻の部分が丸くなると甘みがのる。貯蔵性も抜群。

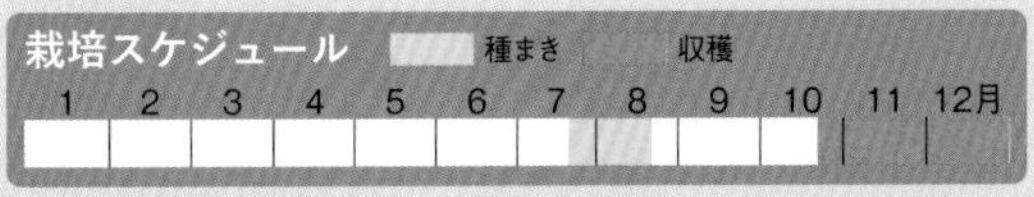

3 間引きと追肥・土寄せ

発芽後、本葉が1〜2枚の頃までに1回めの間引きをします。ニンジンは葉と葉が触れ合うくらいのほうが、たがいに競争して順調に育ちます。1cm間隔でまいた種を、まずは2cm間隔になるように1つおきに間引いてください。

本葉4〜5枚の頃に4cm、本葉10枚以上になったら8cm間隔になるように間引き、同時に追肥、土寄せをします。間引いた葉は、サラダやかき揚げなどに利用できますよ。

発芽して子葉が展開したら、本葉1〜2枚までに1回めの間引きをする。発芽が順調なら1つおきに間引き、2cm間隔にする

農大GA流！ 1回めの土寄せがニンジンをまっすぐにする

1回めの間引きは、まだ株がごく小さいうちに行います。三角ホーなどの農具は使わず、親指と人差し指で1株ずつ土を寄せます。このとき、胚軸部（子葉から根の間の部分）を立たせるようにするのがポイントです。なお、追肥は化成肥料（8・8・8）を1株に1粒1粒、葉先の下に並べるイメージで1㎡当たり7〜8g帯状にまきます。

注目！ 発芽するまでは乾燥させない

種まき後に土の中で乾燥すると、発芽率が極端に下がります。とくに加工してあるコート種子は、一度吸水したあとに乾燥すると、その後いくら水をかけても発芽しません。

覆土後は手のひらで強く鎮圧し、土と種を密着させると、種がよく水を吸ってくれます。保湿のためにまき溝の上に籾殻をまき、さらに不織布を掛けてから潅水します。不織布を掛けておくと、大雨による種の流失を防ぐ効果もあります。

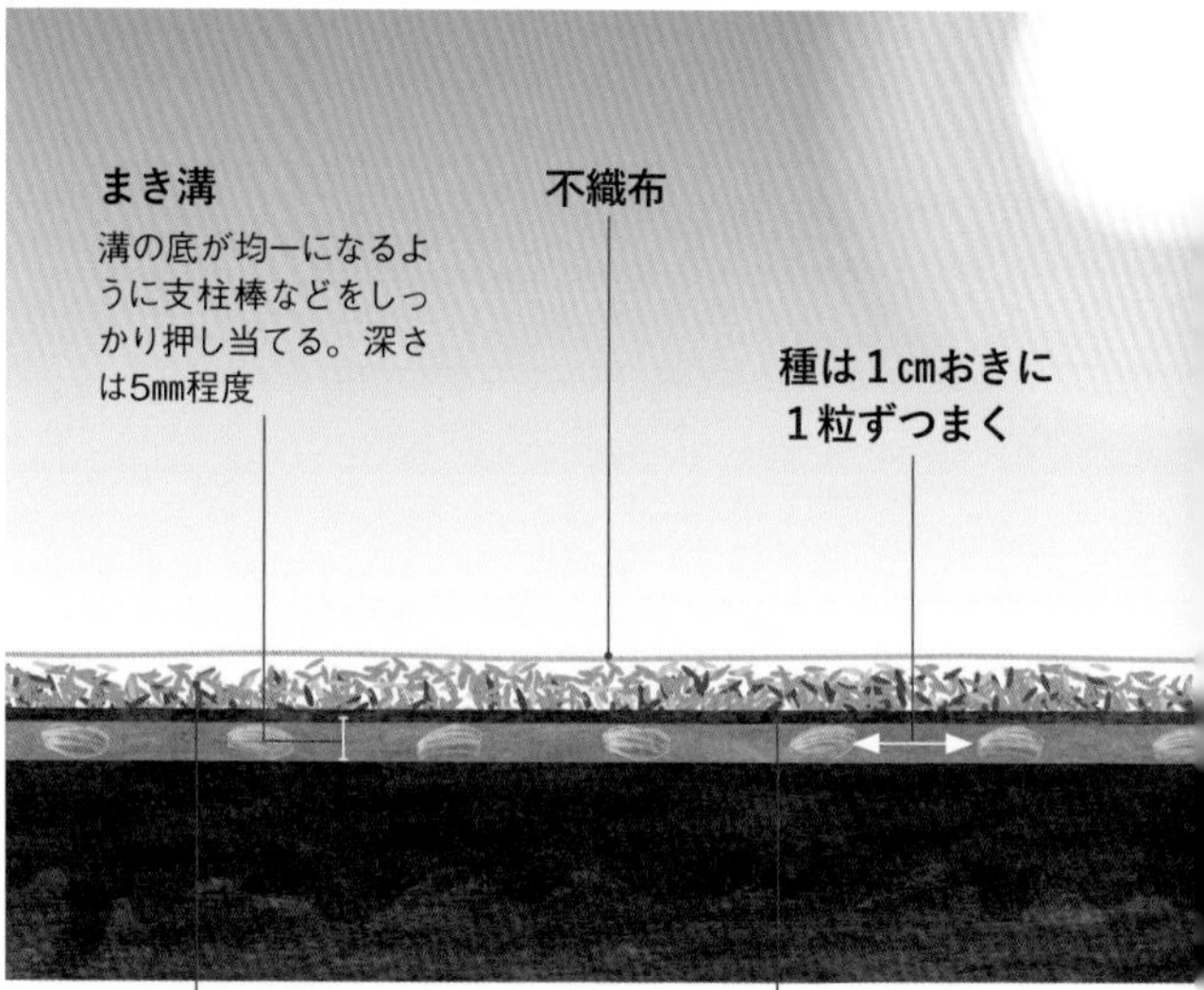

まき溝の上の籾殻は、土が見え隠れする程度かける

覆土の厚さは2〜3mm。種を深く埋めれば湿度はその分保たれるが、ニンジンの種は光を好むのが悩みどころ。土を手で揉むようにしながら、できるだけ粒子を細かくすると光が届きやすい

4 収穫

株元の土を少しどけてみて、ニンジンの肩の直径が4～5㎝あったら収穫適期です。品種にもよりますが、ニンジンは最後にお尻の部分が丸く詰まってきます。とがった状態だと薄味で、お尻がずんぐりむっくり太ってくると甘さがのります。慌てて一度に収穫する必要はありません。試し掘りをしながら食べるぶんだけを収穫するといいでしょう。

収穫するときは、茎葉の下の方を持って真上に引っ張れば簡単に抜ける

収穫期を迎えると、とがっていたお尻が丸く詰まってくる。左はまだ若い。丸くなってくると甘さがのってくる

収穫が遅れると、根が割れることがある。また乾燥が続いたあとに雨が降り、土壌が過湿になることも裂根の原因

生育の途中で主根が障害物に当たることでまた根になる。土がちゃんと耕せたか、ニンジンが教えてくれる

2回めの間引き

Before

2回めの間引きは、本葉4～5枚の頃に行う。2㎝間隔からさらに1つおきに間引いて4㎝間隔にする

After

2回めの間引き後。この頃から根の伸長と茎葉の生長が盛んになり、根が肥大し始める。適期に間引けば株がそろう

2回めの間引き後、葉の先端の下に化成肥料(8・8・8)15g／㎡を帯状にまく

施肥後は、三角ホーや鍬などで株元に土を寄せる。葉を手で持ち上げながら移植ごてで土を寄せるとこまやかにできる

3回めの間引き

本葉10枚以上になったら3回めの間引きを行い、4㎝から8㎝間隔にする。根はこの頃から急速に肥大し始める。2回めの間引き時と同様に、化成肥料(8・8・8)15g／㎡を畝の側方にまき、土寄せする。ニンジンは肩の部分が光に当たると葉緑素がつくられ緑色に変色するので株元にしっかり土寄せする

Q 堆肥と肥料はどう選び、どう使ったらいいでしょうか？

A 堆肥と肥料は〝いいとこ取り〟をして使いましょう。

野菜づくりは、土づくりからと言われます。毎年4月に開校する農大グリーンアカデミーでも、本科・野菜クラスの最初の実習は、ほ場の土づくりから始まります。夏野菜の植えつけや種まきは5月の上～中旬に集中するので、その時期に間に合うよう畑の酸度調整をし、土を耕し、堆肥、元肥を施して、野菜の育ちやすい土をつくります。

春から家庭菜園を始めようという方は、4月に入ったら土づくりに着手できるよう、3月中に必要な資材を用意しておくといいでしょう。そのさい、多くの方が迷うのが、「堆肥と肥料は何を選んでどう使うか」ということではないでしょうか。

わたしは経験上、あらゆる畑に有効な最大公約数的なやり方として、堆肥は植物性と動物性、肥料は有機質と無機質。相反する資材を〝いいとこ取り〟する方法をおすすめしています。効き方が異なる2つの資材を組み合わせることで、効果的に野菜に栄養を与え、根を張らせやすくすることができます。今は、有機質肥料と化学肥料を混合した家庭菜園向けの肥料も市販されています。

堆肥は植物性、動物性を1：1でブレンドする

腐葉土や落ち葉堆肥などの植物性の堆肥は、肥料分は少ないものの繊維質が豊富で土中の微生物の働きがよくなり、水はけ、水持ち、肥料持ちのよい土にする効果があります。

いっぽう動物性堆肥は養分を含んでいるのが特徴です。わたしのおすすめは牛ふん堆肥で、草やワラを中心に穀物なども食べているので肥料ぶんが程よくあり、土をふかふかにする効果に優れています。

植物性、動物性、いずれも完熟したものを選び、それぞれ1：1で混ぜて土づくりのさいに施します。今は、動物性堆肥と植物性堆肥をブレンドした商品も販売されています。農大グリーンアカデミーではバーク堆肥と牛ふん堆肥を配合した「ミックス堆肥」という商品を常用しています。

また、トマトやナスを栽培するさいの溝施肥には、実習の一環で受講生の皆さんが手づくりしている落ち葉堆肥をたっぷり施しています。

堆肥 植物性は土壌改良、動物性は肥料効果を見込める

堆肥は、落ち葉や家畜ふんといった有機物を積み重ねて発酵させたもの。畑に入れると、これを餌にする土壌微生物の働きにより、保水性、透水性、通気性に優れた野菜の育ちやすい土へと変わる。

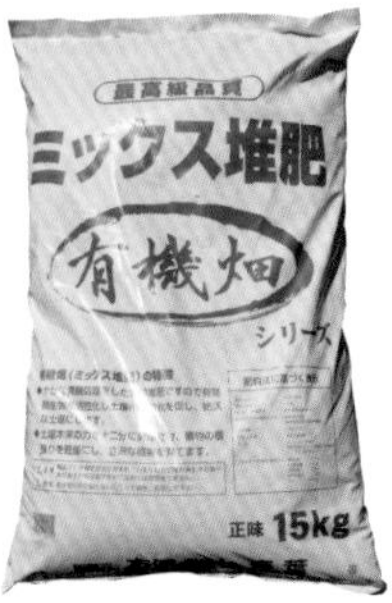

ミックス堆肥

植物性、動物性の堆肥をブレンドした製品も販売されている。グリーンアカデミーでは、『有機畑シリーズ　ミックス堆肥』を使用

腐葉土（落ち葉堆肥）

おもに広葉樹の葉を堆積して発酵させた植物性堆肥。肥料分は少ないが、繊維質が豊富。土壌改良効果が高い

牛ふん堆肥

動物性堆肥は肥料分が多い。じっくり時間をかけて分解されるため、肥効が長持ちする。草を食べる牛のふんは、土をフカフカにする効果が高い

肥料はゆっくり効くもの速く効くものを使い分ける

「堆肥が土にとってのご飯」と考えるならば、「肥料は野菜にとってのご飯」です。野菜は、土の中の養分と水分を吸収しながら育ちます。植えつけ前に肥料を施しておき（元肥）、不足したら途中で補う（追肥）必要があります。

肥料は原料の違いにより、有機質肥料と化学肥料があります。有機質肥料は、油かすや米ぬか、骨粉などがありますが、これらは土壌微生物の働きで無機化されてから作物が吸収するため、効き目がゆっくりです。かたや化学反応をともなって製造された化学肥料は、水に溶けるとすぐに作物に吸収されます。

成分がはっきりしない有機質肥料に比べると、化学肥料は、粒やペレット状に造粒され、大きさが均一で成分の種類や量が同量のため、むらなく施せて便利です。ただし、与えすぎると肥料やけを起こしてしまうなど、使い方に注意が必要です。

わたしは肥料もまた〝いいとこ取り〟をおすすめしています。本書では、おもに元肥として、肥効が穏やかな動植物性の有機物と、速効性のある化学肥料を混合した有機質入り肥料を使用しています。それぞれが順番に効果を発揮するので、肥効が長持ちするのが特徴です。

また追肥は、基本的に窒素、リン酸、カリの三要素がバランスよく含まれた化成肥料（８・８・８）を使っています。成分が明確で速効性があり、しかも安価で手に入れやすいのでたいへん便利です。その他、開花や結実を促すため、単肥の熔リンを加えることがあります。

石灰資材で土壌を野菜の好む酸度に調整

もう１つ、土づくりのさいに欠かせないのが、土壌の酸度調整です。土は、雨などの影響で酸性に偏りがちなので、栽培する野菜の好む酸度に調整する必要があります（酸度の測り方、調整の仕方については１２４ページを参照）。

グリーンアカデミーでは、酸度を調整するための石灰資材として、苦土石灰を利用しています。粉状と粒状がありますが、粉状のほうが土になじみやすいのでおすすめです。土づくりを始める前に土壌酸度を測定し、苦土石灰の量を割り出していますが、例年１㎡当たり１００ｇ程度になります。秋冬野菜の作付け前にも再度測定し、足りないぶんを施し、修正しています。

本書でも、酸度調整のための苦土石灰の目安量を、１㎡当たり１００ｇとしてご紹介しています。しかし実際は、前作で何を栽培していたか、これから何を栽培するかによって施す量は変わってきます。簡単に測定できるキットや土壌酸度計が販売されていますので、ご自身で測定して畑の土壌酸度を把握しておくのもいいですよ。やみくもにまくと、ジャガイモのソウカ病など、病気を引き起こしたり、土が固くなったりと、悪影響を及ぼすことがあるので注意が必要です。

苦土石灰　粉状の苦土石灰を散布し土のpHを調整する

石灰（カルシウム）だけでなく、光合成に必要な苦土（マグネシウム）が含まれた石灰資材。粒タイプと粉タイプがあるが、グリーンアカデミーでは、土になじみやすい粉タイプを使用。

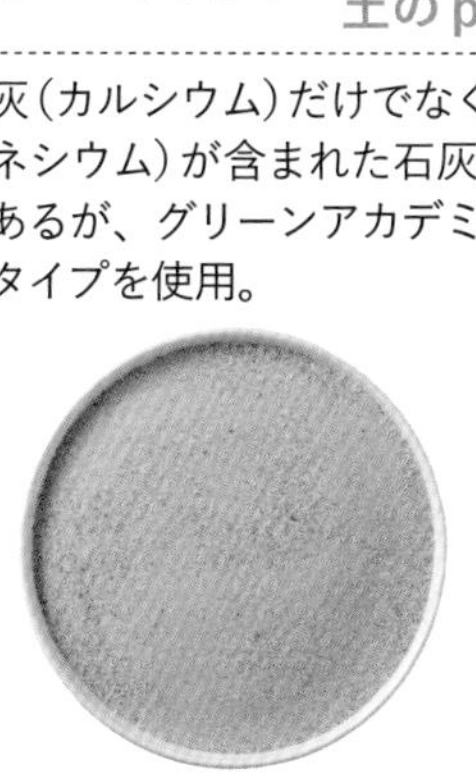

肥料　有機質成分入りなら肥効が持続する

野菜が生育するための栄養分。とくに窒素（N）、リン酸（P）、カリ（K）の三要素が重要。化学肥料と有機質肥料に大別される。

化成肥料

窒素、リン酸、カリのいずれか二成分以上を含み、化学反応をともなって製造された肥料。速効性がある

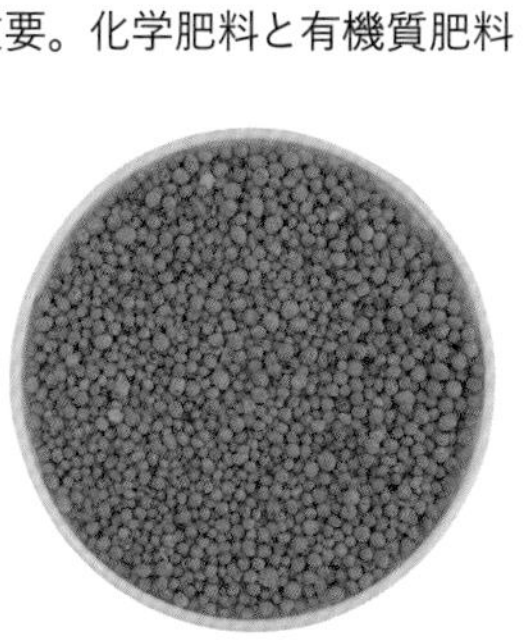

有機質入り肥料

効き目が穏やかな有機質肥料と速効性のある化学肥料の混合肥料。順番に効くので肥料効果が長い

Q「畑の準備」はどんな手順で進めればいいですか？

A 石灰→堆肥・肥料の順を守って畝を立て、必要な場合はマルチを張りましょう

用意した資材を使い、4ステップで畝を立てます。ステップ1の苦土石灰の散布とステップ2の堆肥と肥料の散布は1週間程度、時間をあけること。同時に施すと化学反応を起こして窒素分が逃げてしまいます。

最初に畑をよく耕します。今まで野菜を作っていなかった場所では、がんばって深さ20～30㎝まで耕し、土の中に酸素を送り込みましょう。

ステップ3で畝を立てます。畝は土をベッドのように盛り上げたもので、水はけが改善され、野菜の根張りがよくなります。高さは栽培する野菜によって変えてください。必要に応じてステップ4で畝にマルチを張って完成です。

黒マルチ

黒マルチは隙間なくぴっちりと張る。そのために、畝立てのさいはレーキなどで表面を平らにならしておく

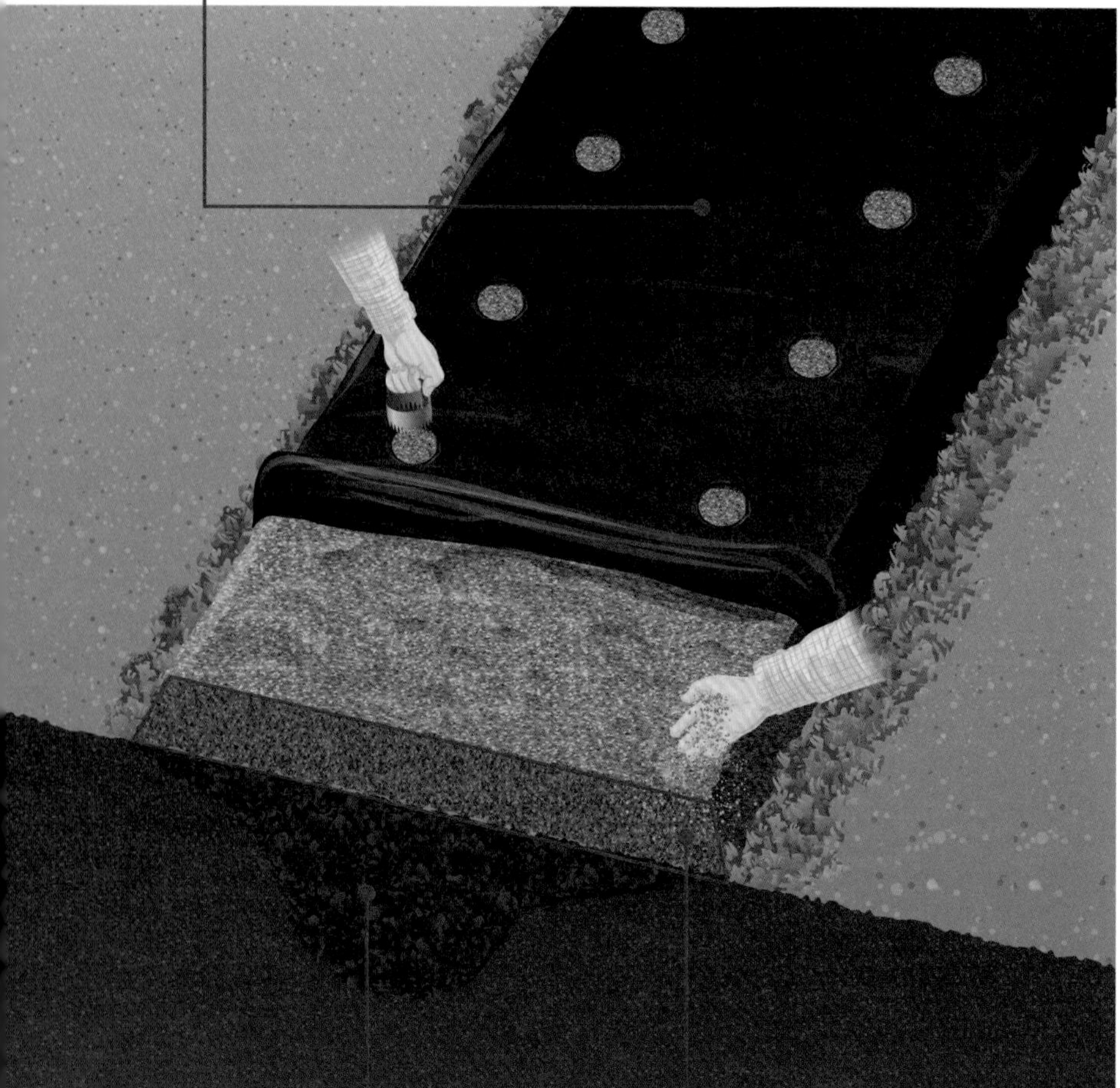

溝施肥

トマトやナス、ハクサイなどは、全面施肥に加えて溝施肥をプラス。溝施肥には腐葉土（落ち葉堆肥）を入れる

全面施肥

畑全体に堆肥と元肥を施してよく混ぜ、畝を立てる。堆肥は植物性と動物性をブレンド。元肥はおもに有機質入り肥料を使用

ステップ1 作付けの2週間前までに畑を耕し苦土石灰をまいて酸度を調整する

まずは畑の雑草や石ころを取り除いてきれいにする。今まで畑でなかったところで野菜づくりをする場合は30cmほどの深さまで耕し、異物をしっかり取り除く

▼

苦土石灰を畑の隅々まで均一にまく。土質や栽培する作物によって量は変わる（酸度調整の詳細は124ページを参照）。

▼

散布後、鍬を使って石灰を畑に混ぜ込んでいく。鍬は振り上げたりせず、鍬自体の重さを利用して、ザクザクと混ぜるように使う

畑の準備をするとき あると便利な道具

鍬

畑を耕し、土と肥料を混ぜたり、畝を立てるときに使う

畝立てひも

笹竹にPPロープを結んだもの。ロープの長さは基本の畝の長さ＋20cm必要。あると効率よくきれいな畝を立てられる

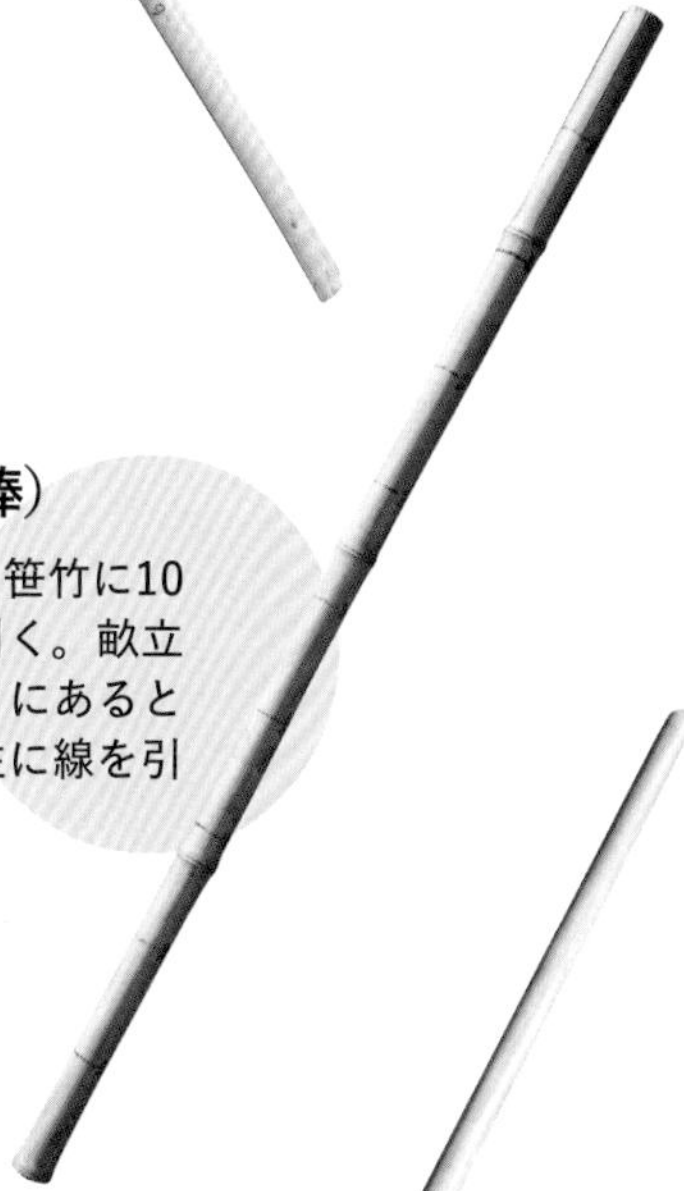

尺棒（目安棒）

畑のものさし。笹竹に10cm刻みで線を引く。畝立てや定植のときにあると便利。古い支柱に線を引いて使っても

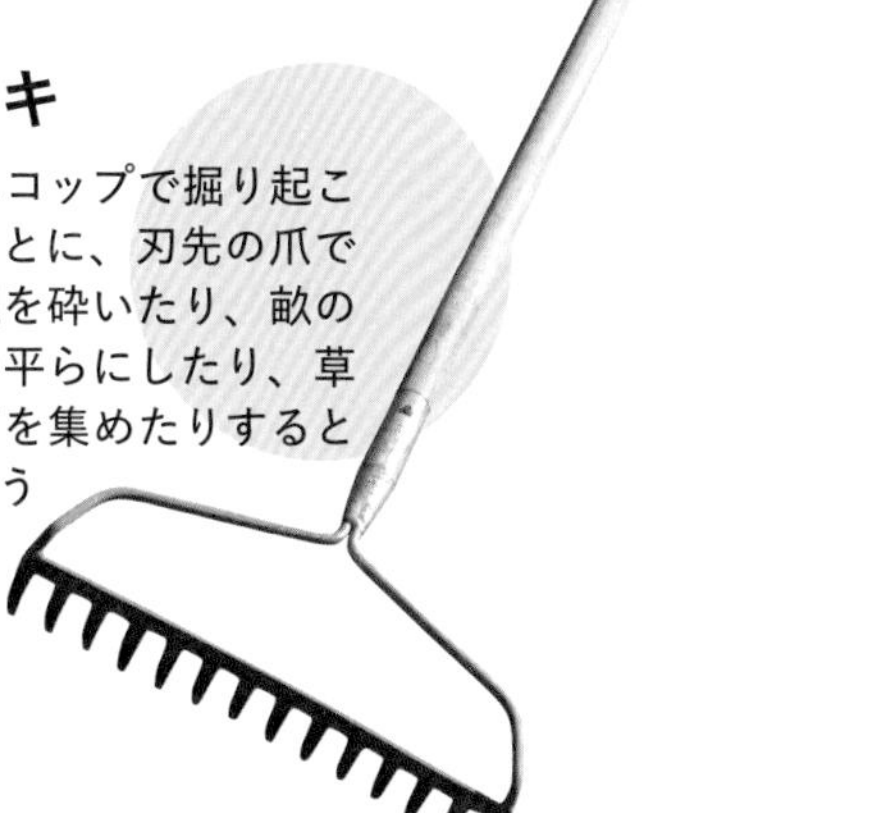

レーキ

鍬やスコップで掘り起こしたあとに、刃先の爪で土の塊を砕いたり、畝の表面を平らにしたり、草や小石を集めたりするときに使う

全面施肥

畑の全面に堆肥や元肥を施して均等に土に混ぜ込む方法。キュウリやゴーヤなど、根が浅く張る野菜や、ダイコンやニンジン、ゴボウのように、根を食べる野菜に向いている。

畝の全面に、植物性の堆肥と動物性の堆肥を1：1でブレンドしたものを施し、耕しながら土とよく混ぜる。本書では、牛ふん堆肥と腐葉土を使用。もともとブレンドされた商品もある（112ページ参照）

元肥として有機質入り肥料を施す。夏の果菜類は、実つきをよくするために熔リンも施すとよい。熔性リン肥の略称で、リン酸肥料の1つ。成分はN：P：K＝0：20：0

鍬で耕しながら、肥料と土をよく混ぜる。むらができないように畝全体を均等に耕す

溝施肥（トマトやナス、ハクサイなど）

畝の中央に溝を掘り、堆肥を施す方法。トマトやナス、ハクサイなど、栽培が長期にわたる野菜に効果的。とくに、夏場の高温乾燥期に威力を発揮する。

グリーンアカデミーの基本の畝は幅75cm、長さ6m。尺棒で幅を測り、畝の両側に畝立てひもの棒を立てる。鍬で畝の中央に深さ20～30cmの溝を掘り、掘り上げた土をロープの内側に寄せて盛り上げておく

溝の中に2～3kg／㎡の堆肥を均等に入れる。腐葉土（落ち葉堆肥）がおすすめ

ロープの内側に盛り上げておいた土を溝の中に戻す。鍬の側面で表面を平らにしたら溝施肥完了

ステップ3 畝の外側から土を盛り上げて畝を立てる

畝をきれいに立てると、通路との境がはっきりして作業がしやすくなる。つくる野菜によって、畝の高さを５～10㎝の平畝、20㎝以上の高畝にする。かまぼこ型にする場合もある。

畝立てひもの外側の通路の土を削ってやわらかくし、ひもの内側に入れて土を盛り上げる。平畝の場合は全体が高さ10㎝程度になるようにする

畝の表面をレーキでならす。レーキはほうきのように持ち、振り子のように動かして、あまり土を移動させないようにして使うこと。土を引っ張って移動させると表面が波打ってしまう

ステップ4 黒マルチを隙間なくピンと張る

夏野菜の畝には、黒マルチを張っておくといい。苗を植える時期はまだ気温が低いため、マルチを張って地温を上げておくと活着がよくなる。また、雑草の抑制、真夏の高温乾燥期の乾燥防止などの効果もある。

黒マルチを畝の端におき、マルチの端から10㎝ほど伸ばして土をのせて固定しておき、反対の端に向かってマルチを伸ばす。風上側からマルチを広げると風であおられにくい

反対側の端まで伸ばしたら、土をのせて固定し、10㎝ほど長さに余裕をもたせてマルチを切る。マルチの両側にも何か所か土をのせて仮留めする

マルチ全体に土をのせて押さえる。足でマルチを押さえてピンと張りながら土をのせていくときれいにできる。最後に土をのせたところを鍬の背で上から押さえて固定する。風のある日は、風上から作業すること

Q 種の発芽率をあげるポイントはなんですか？

A 発芽の仕組みを理解して丁寧にまけば、成功率が高まりますよ

休眠状態にある種子は、温度と水分、酸素、光の条件が揃えば発芽します。しかし、まき方によって眠りから覚めない場合もあります。また、たとえ発芽したとしても、揃いが悪ければ、その後の追肥、土寄せ、間引きのしやすさ、収量にまで影響が及びます。とりわけ、ニンジンやダイコンなど、直接、畑に種をまく場合は、まき方が発芽を大きく左右します。

コツは3つあります。1つめは、種をまく溝や穴の深さを一定にすること。2つめは覆土のさいに土の塊がのらないように細かく砕いて厚みを均一にすること。3つめは覆土後によく鎮圧して水やりすること。

種と土を密着させると、種が土中の水分を吸収しやすくなります。ただし、水分があり過ぎても酸素不足に陥り、発芽しにくくなります。雨で土が十分に湿っているなら、水やりする必要はありません。

1 まき溝やまき穴の深さを一定に

種を一定の深さにまくために、種まきの溝や穴は、底が平らになるように整える。溝つけには支柱を使い、畝にたいして平行に押しつける。点まきのまき穴をつくる場合は、底の平らなペットボトルや缶を押し当てると楽

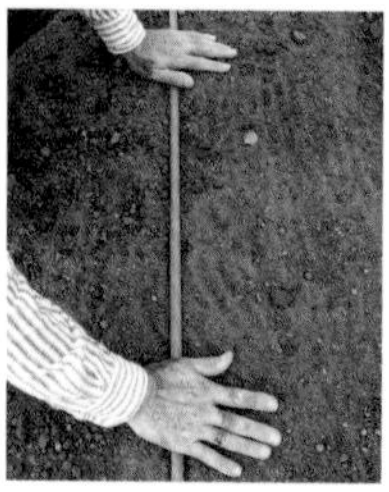

まずは畝の表面をレーキなどで平らにならす。畝に置いた支柱棒に力を均等にかけることが大事

まき溝をつくるときは、畝に平行に支柱棒を置いて押しつける。深さはニンジンなら5㎜、ダイコンなら10㎜ほど。直径16㎜の支柱なら、埋まるか埋まらないかくらい

2 覆土の粒子はなるべく細かく

土をつかんで両手でこすり合わせながら少しずつ種にのせる。発芽するのに光を必要とする好光性種子は、種が見えなくなる瞬間で止める。嫌光性種子は、プラスアルファで土をのせる（好光性種子＝ニンジン、レタス、シュンギクなど、嫌光性種子＝ダイコン、ネギ、タマネギなど）

好光性種子は、土の粒子を細かくするほどよく光が入って発芽が促される

土の粒子を細かくして一定の厚みで覆土する。多少めんどうでも、この方法が確実。発芽のそろいが全然違う

3 鎮圧を十分にする

覆土したら、手のひらを畝の表面にしっかりとのせて、種と土をよく密着させる。播種後、しばらく水やりに行けない場合や乾燥しているときは、強めに鎮圧する

板を使って鎮圧するとなおよい。手のひらよりも均等に圧がかけられる

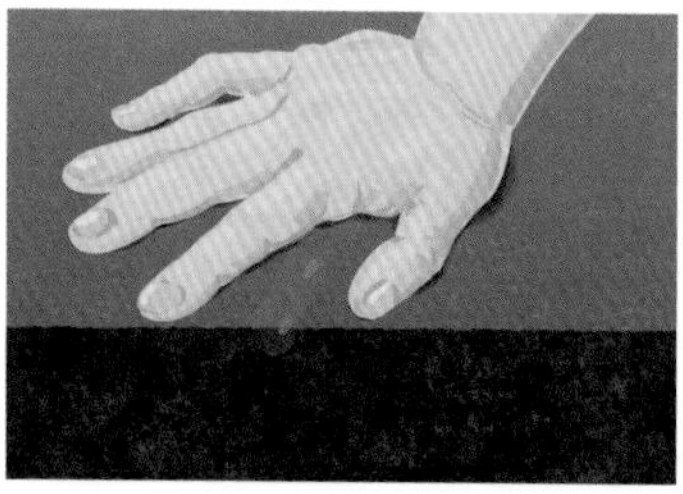

鎮圧すると土が締まり、粒子の密度が高くなる。そこへ水が入ると、土がスポンジのように水を吸収して種を潤す

植えつけのコツ

苗を上手に植えつけると、その後の生育のスピードが違ってきます。ポットから苗を丁寧に取り出し、根鉢をくずさないように植えつけましょう。かわいい子どもが旅をするときに水筒を持たせるように、植え穴には、根がすぐに水を吸えるようにたっぷり水を注いでおきます。植えつけ後、手で株元を押さえて根鉢と周囲の土を密着させると活着がよくなりますよ。

植え穴をあける

2本の移植ゴテを使い、土を押えながら持ち上げるときれいな穴がつくれる。1本だと、穴の底のほうが狭くなるなど、穴の形がいびつになりやすい

穴あけマルチカッターがあると、マルチを張った畝に植え穴をつくるときに便利。マルチをきれいに切って植え穴をあけ、一緒に土も取り出せる

水やり

苗を植えつける前に、植え穴にたっぷり水を注ぐ(さし水)。根がすぐに水を吸えるようにしておくと活着がよくなる。植えつけは、水が引いたのを確認してから行う

苗は2本の指で株元をはさみ、手のひらで包むようにしながらポットから取り出す。ポットをやさしく揉んで、根鉢を崩さないように取り出すのがポイント

根鉢と畝の土面が同じくらいになるように調節しながら植え穴に苗を入れる。根鉢の周囲の隙間に土を入れて、手のひらで株元をやさしく押して苗を安定させる。植えつけ後、再度、水やりをする

2つのまき方をマスターしよう

育てる野菜の大きさ、間引きや追肥、収穫のしやすさを考慮してまき方を変えましょう。条《すじ》まきと点まきが基本です。

条まき

畝に列状のまき溝をつくり、一定間隔で種をまく方法。葉物野菜や小カブやニンジンなど、間引きを楽しみながら栽培する野菜に向く

ニンジンや葉物野菜は、種を1cm間隔でまく。一定間隔でまくと、間引きなどの管理がだんぜん楽になる

点まき

株間を決めてまき穴をつくり、一定間隔で数粒ずつまく方法。葉が広がる野菜や草丈が高くなる野菜に向く。条まきよりも種の節約になり、間引き作業も簡単

畝に一定間隔でまき穴をつくる。底が平らな空き缶やペットボトルを押し当てると便利。深さは種の3倍の厚さが目安

まき穴に、種を一定間隔で数粒置く。上から土をかけ、手で鎮圧する。写真はダイコンの種

Q 覚えておくべき支柱の立て方はありますか？

A 支柱立ては、基本の〝直立式〟と〝合掌式〟をマスターすれば事足りますよ

直立式

用意するもの
長さ210cm、太さ16mmもしくは20mmの支柱、PPロープ

野菜の中でもとくに果菜類は、実がつき始めると重さで自立できなくなります。支柱を立てて、茎を誘引して支えてあげると、葉がよく光を浴びて光合成が進み、養分が実へと流れます。風通しもよくなり、病害

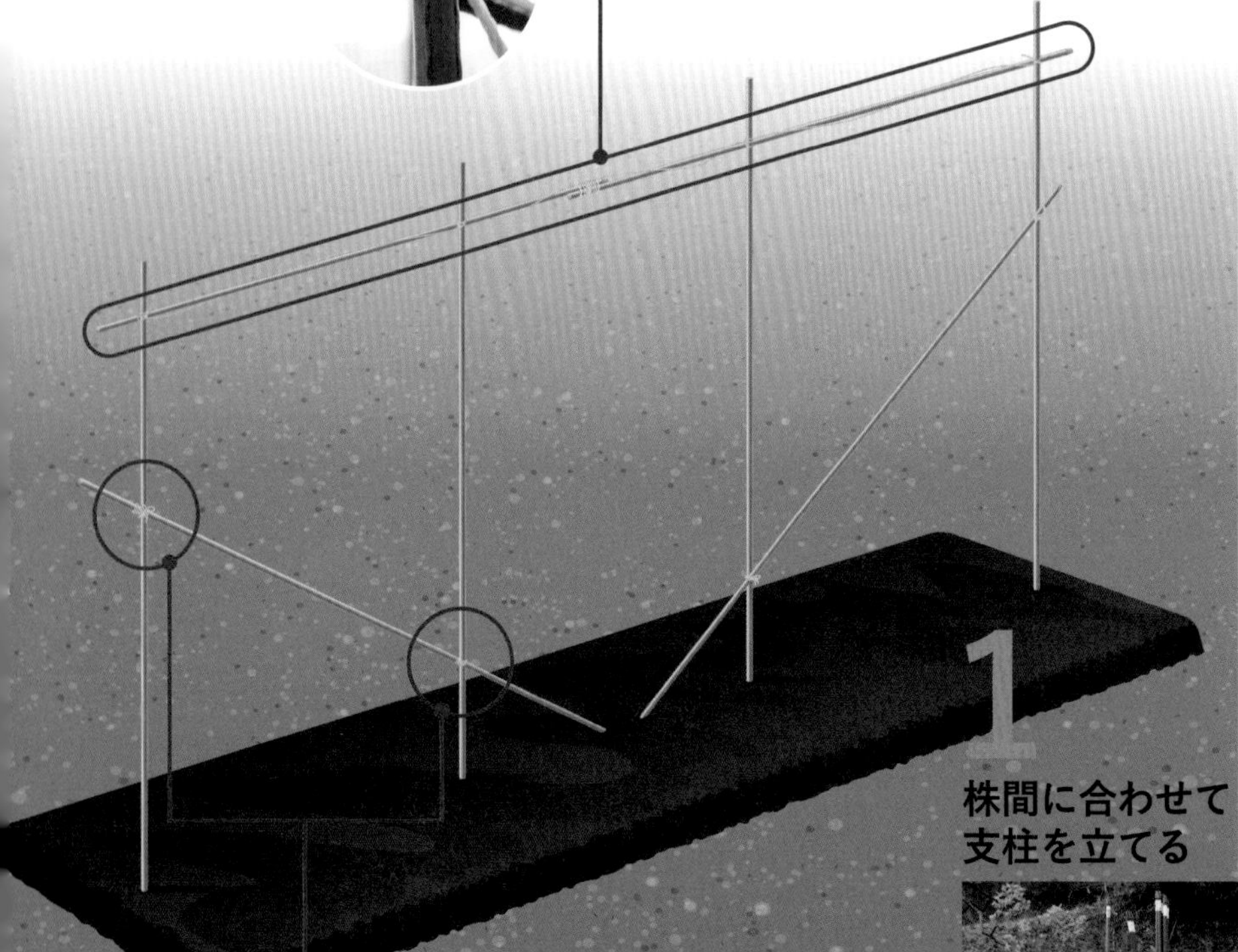

1 株間に合わせて支柱を立てる

支柱は尖ったほうを下にする。根を傷めないように株元から10cmほど離れた所にまっすぐ差す。一直線になるように支柱の位置を揃え、風で倒れないよう、深さ30cmくらいまで土に差し込む

2 支柱を横に渡す

目線の高さで支柱を横に渡し、直線に立てた支柱との交点をひもで結束する。ひもはそのつど切らず、1本の長いひもをくるくる巻きつけていく。途中、垂直に立てた支柱との交点は、たすき掛けのようにひもを斜めに交差させて巻きつける。端の支柱にゆるみのないように結ぶ

3 斜めに支柱を差して補強する

横にぐらつかないように、両端の支柱から補強用の支柱を斜めに深く差し込む。支柱が交差する箇所をしっかり結ぶ。“裏綾掛けいぼ結び”なら、強度が高くて、ひもの無駄がない（123ページ参照）

虫の予防もできますよ。

支柱の立て方は、「直立式」と「合掌式」の2つをマスターすれば事足ります。野菜の種類や株数でこれらを使い分けるといいでしょう。コツは、とにかく頑丈に組むこと。農大グリーンアカデミーでは、支柱を固定するさい、造園の垣根づくりで使われる「裏綾掛けいぼ結び」で結びます。難しいけれど、頑丈さはピカ一です。

合掌式

用意するもの

長さ210cmもしくは240cm、太さ16mmもしくは20mmの支柱、PPロープ

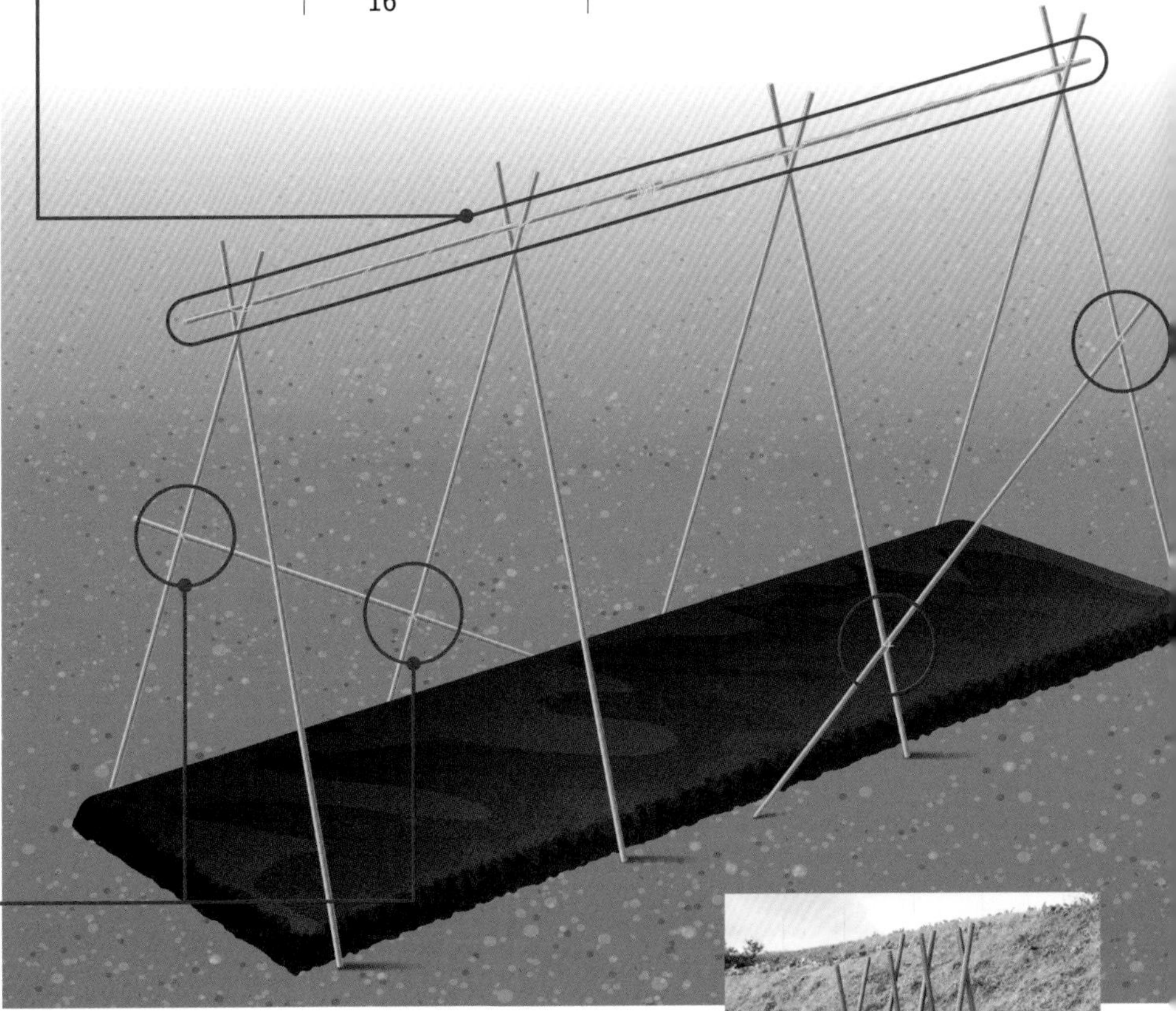

1 株間に合わせて支柱を差し、交差させる

支柱を株間に合わせて畝に斜めに差し込み、畝の中央上部で交差させる。差し込む深さは30cmほど。目線くらいの高さで交差するように調整する

2 支柱を横に渡す

支柱が交差している箇所に支柱を横に渡し、交点をひもで固定する（1）、直立式と同様、1本の長いひもを、そのまま横に渡した支柱にくるくる巻きつけ、間の支柱にはたすき掛けをするように斜めに巻く（2 3 4）。最後に反対側できつく結ぶ。

3 補強用の支柱を立てる

ぐらつきを防ぐため、畝の端の支柱から、補強用の支柱を斜めに深く差す。組み立てた支柱と補強用の支柱とのそれぞれの交点をひもで結んで結束する。裏綾掛けいぼ結びなら緩みにくい（123ページ参照）。

Q 野菜づくりをする上で、覚えておきたいひもの結び方はなんですか？

A 誘引するための「8の字結び」、タマネギなどの貯蔵のさいに役立つ「とっくり結び」、そして、「裏綾掛けいぼ結び」をマスターすれば、頑丈な支柱立てに役立ちます。

とっくり結び

貯蔵のためにニンニクやタマネギを吊るすときにこの結びが大活躍。また、本書では、インゲンを誘引するための囲いをつくるさいにも登場。

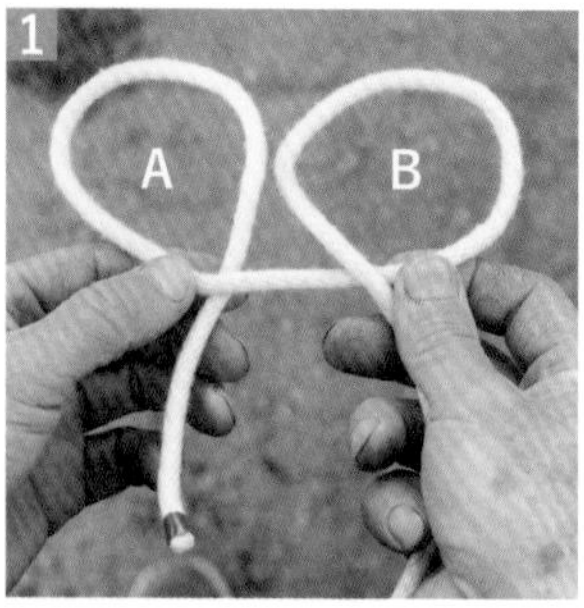

写真のように左の輪→右の輪の順に輪っかをつくる

Aの輪っかの下に、Bの輪っかを重ねる

輪っかを重ねた状態で支柱に通して、ひもをきゅっと締める

完成。とっくり結びは締めたり緩めたりがかんたん

8の字結び

トマトなどの果菜類をはじめ、野菜の茎やつるを支柱に誘引するさいに使う結び方。「誘引は、株にやさしく、支柱にきつく」と覚えて結ぶこと。

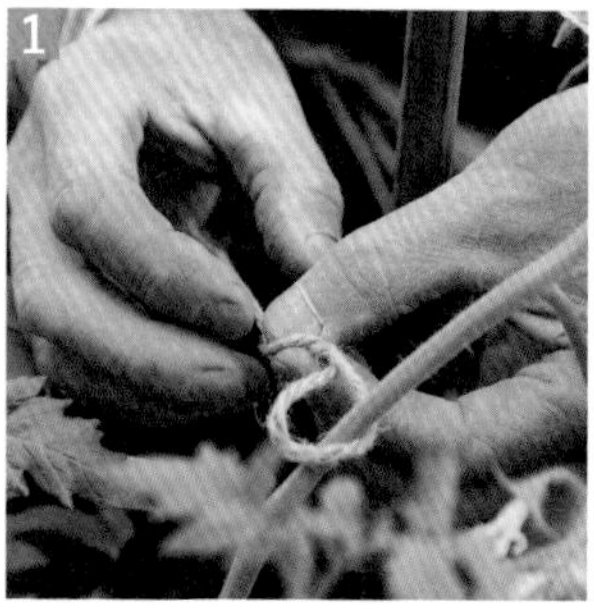

茎にひもを掛けて、8の字をつくるように軽く交差させる

茎と支柱の間でひもをねじる。茎と支柱の間が短ければ1回でもいいが、長ければ、数回ねじるとぐらぐらしない

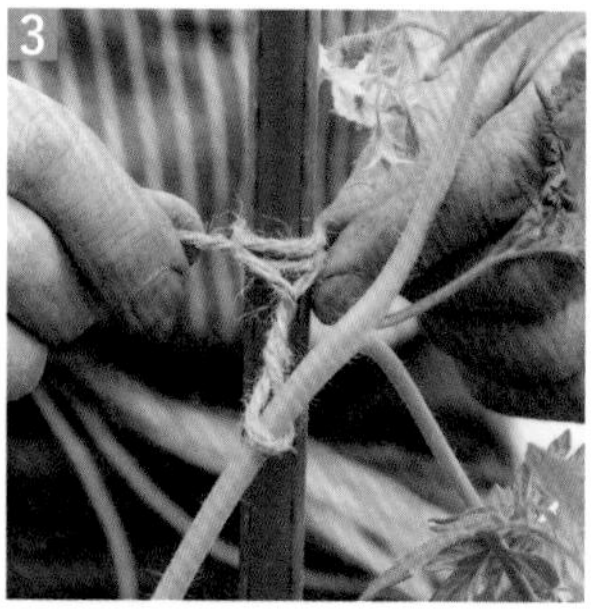

支柱に結ぶさいは、上に1周、下に1周させてから結ぶとずり落ちにくい。茎側は太くなるので、少しゆとりをもたせる

株が生長していくことを見越して、支柱側の誘引ひもは、少し高い位置に上げておく

農大GA流！

覚えた人は得をする

裏綾掛けいぼ結び

造園で使われる結び方を、支柱組みで使えるように改良。頑丈に組めると受講生にも好評です。ひもは緩みにくいPPロープを使用。わかりやすくするために、ロープの両端を青と赤で塗っています。

1

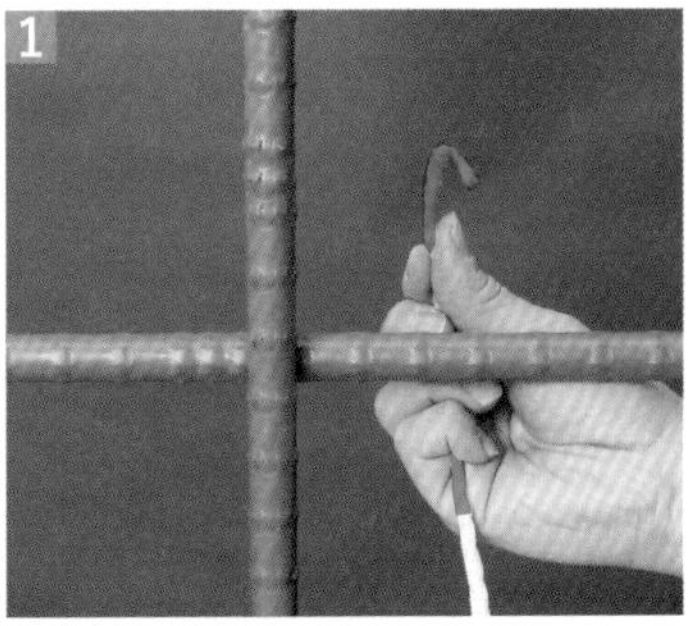

青側のロープを、支柱の十字になった部分の右下から裏側を通って右上に出す

2

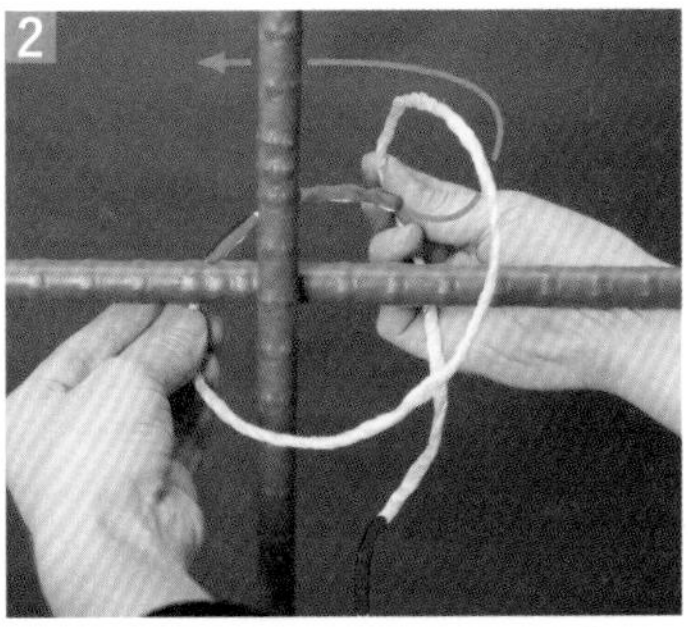

青側のロープを1から右前を通って十字の左下を通して裏側に回し、矢印のように入れる

3

青側のロープを左上に、赤側を右下に引っ張り、ぎゅっときつく締める。ポイントは緩みをつくらないこと

4

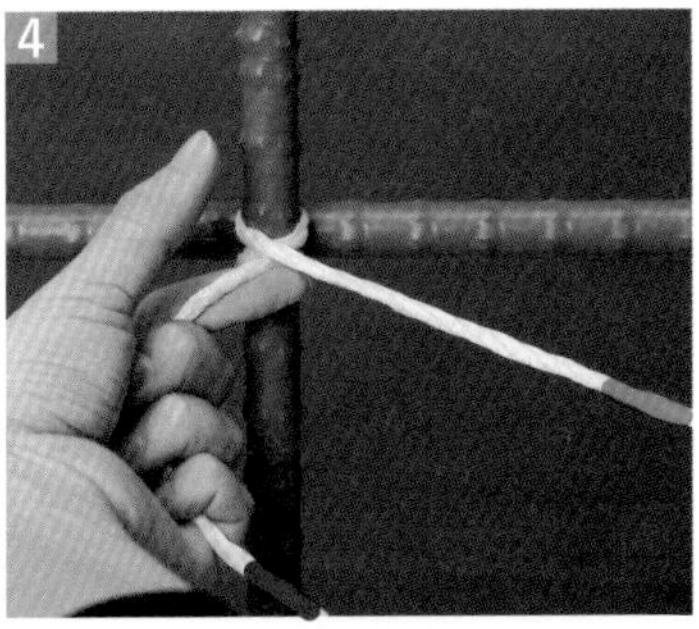

両側のロープを手前に引き、赤側のロープが下になるようにして交差させ、固く締める。ロープが重なった部分は、左手の親指と人差指でしっかり押さえておく

5

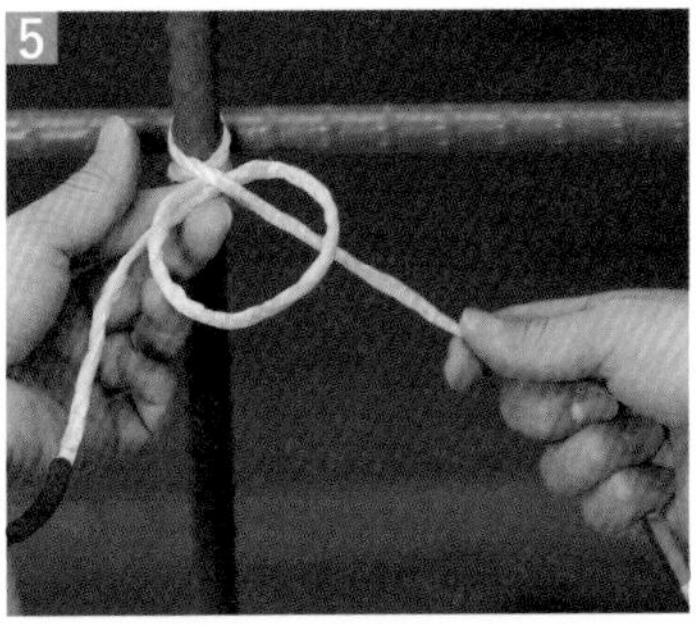

赤側のロープを、青側のロープの下を通るようにして輪をつくり、ロープが重なった部分を左手の親指と人差指でしっかり押さえておく

6

左手で押さえたまま、5で右側に伸びている青側のロープを、輪の背後から支柱に沿うように時計回りに1周させて、右上にロープを押さえこむように引っ張る

7

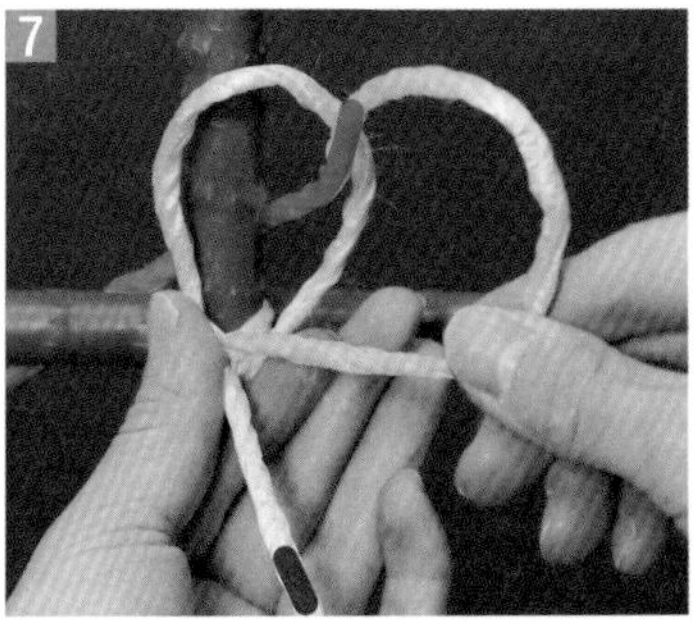

左手の人差指と親指でロープが重なった部分をつまんで輪っかを立たせ、右手で青側のロープを半分だけ輪にした状態で引き込む

8

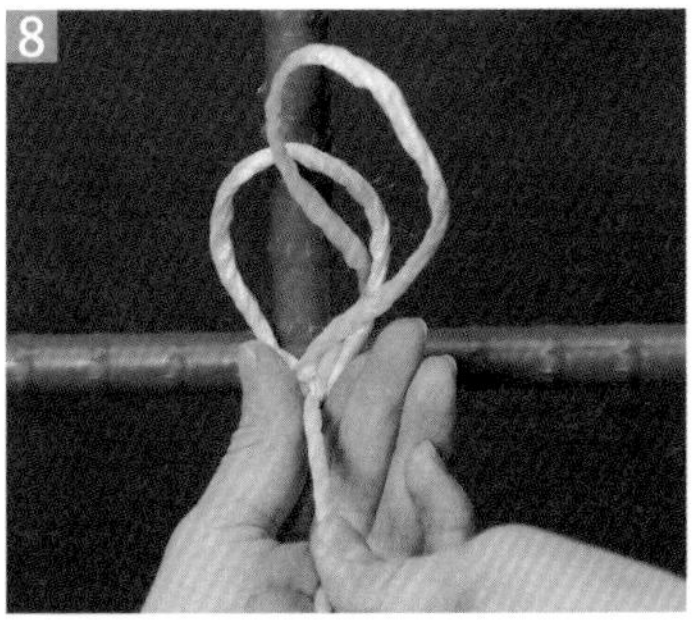

左手で輪の重なった部分をしっかり押さえたまま、右手で赤側のロープを手前に引っ張る

9

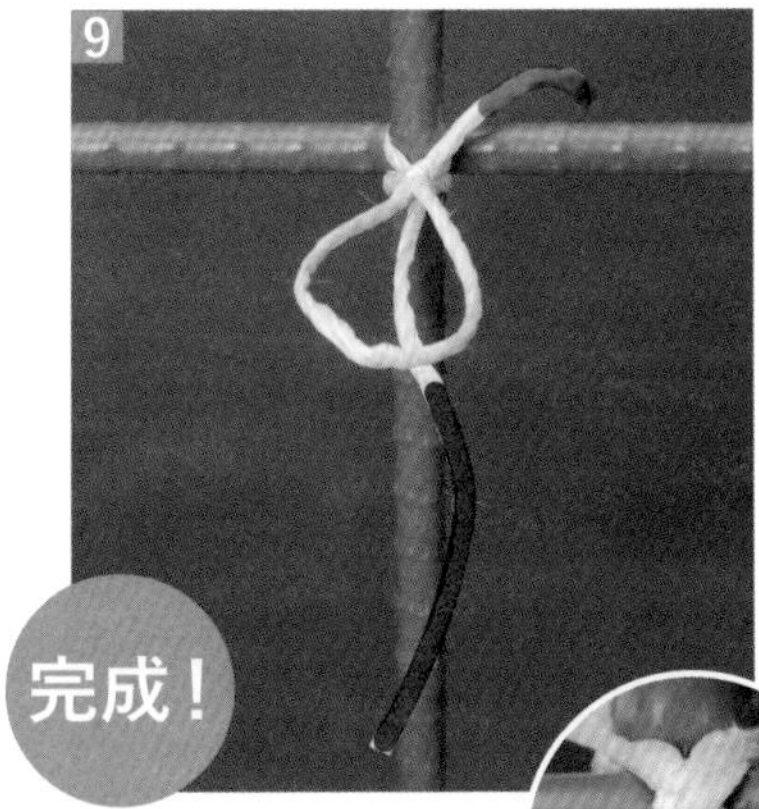

完成。裏側がXの形になっていれば合格。ほどきたいときは青側のロープを引っ張る

Q 畑の酸度調整ってどうすればいいんでしょうか？

A まずは自分の畑の土壌酸度を把握してから、育てる野菜の好みの酸度になるよう資材を加えましょう。

　土壌酸度とは、土が酸性・アルカリ性のどちらの傾向にあるかを示す数値です。pHという単位で表され、7が中性を示します。野菜によって好みの酸度は異なりますが、多くの野菜は弱酸性（pH6．0～6．5）の土がよいとされています。雨の多い日本は土壌のアルカリ分が流れ出しやすく、土壌は自然と酸性に傾きます。そのため、石灰資材を加えて酸度を調整する必要があります。

　本書をはじめ、多くの園芸書では、畑の準備のさい、「種まき・植えつけの2週間前に苦土石灰を散布する」など説明しているかと思います。ただし、この苦土石灰の量はあくまで基本量であり、厳密には土壌酸度をきちんと把握した上で、施す量を野菜に合わせて加減するのが正しいやり方です。ここでは、市販の土壌酸度計を使って正しく畑の土壌酸度を知り、苦土石灰で酸度を調整する方法をご紹介します。

1 畑の土をよく湿らせる

土壌酸度計は、金属でできた測定部を土に差し込んで使います。金属面と土が密着しているほど精度が上がり、土が乾燥していると、土との間に隙間できて正しく測れないので、水をまいて土を湿らせましょう。もしくは雨の後に測定します。

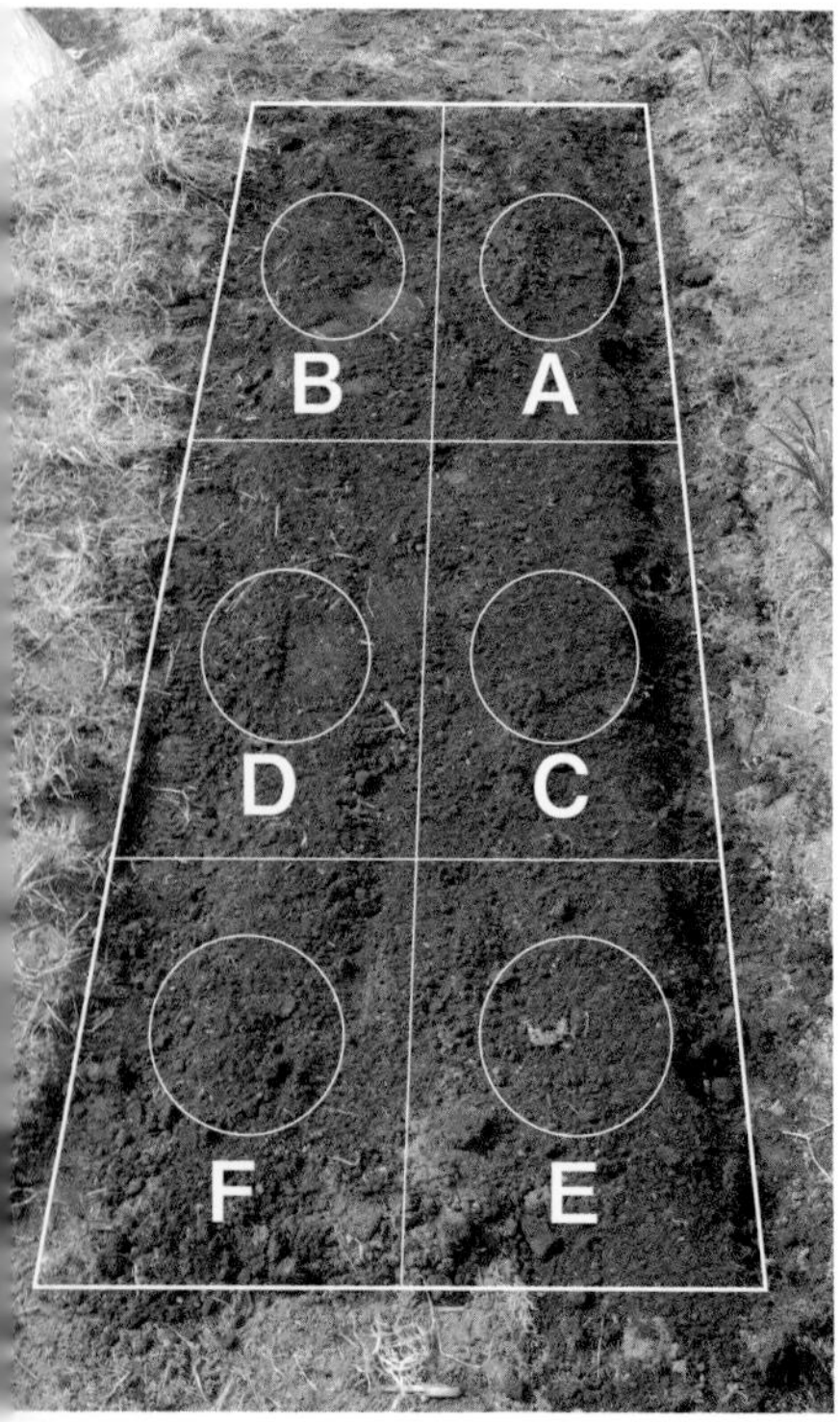

2 土壌酸度を測定する

土壌酸度計を直接土に差し込みます。金属面が完全に土中に埋まるようにし、周囲を手で押し固めて土と密着させます。針が安定するまで1分ほど待ちます。同じ畝の中でも肥料や水分の偏りなどで数値は変わるので、畝の中の数か所（左の写真ではA～F）で測りましょう。

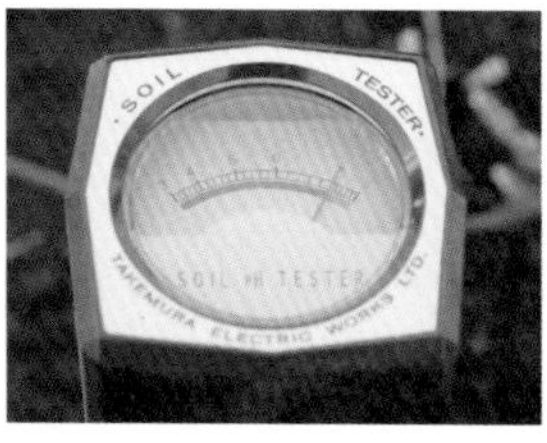

差し込み型土壌酸度計。ホームセンターやネット通販で購入できる

3 土壌酸度の平均を出す

今回、私の畑で測った結果は以下のとおり。平均値はpH5.55（四捨五入して5.6）になりました。7が中性を示し、数値が小さくなるほど酸性が強くなり、大きくなるとアルカリ性が強くなります。つまり、やや酸性に傾いていることがわかりました。

A	B	C	D	E	F
5.5	5.5	5.5	5.5	5.8	5.5

（A＋B＋C＋D＋E＋F）÷6＝5.6→やや酸性

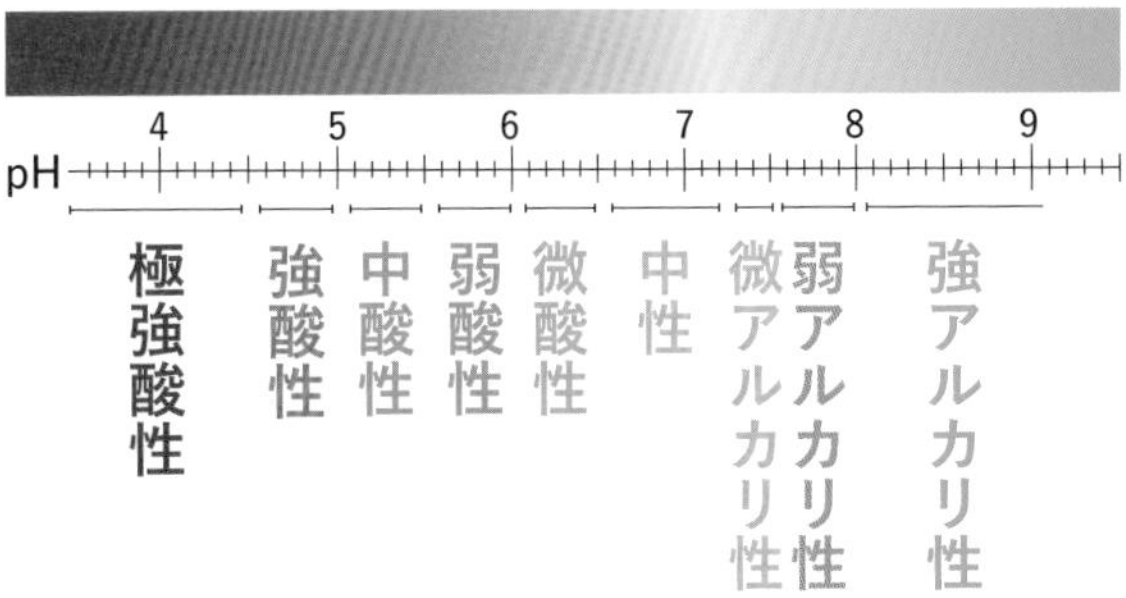

夏野菜の好適土壌酸度

トマト	6.0〜6.5
ナス	6.0〜6.5
ピーマン	6.0〜6.5
エダマメ	6.0〜6.5
インゲン	6.0〜6.5
サトイモ	6.0〜6.5
トウモロコシ	6.0〜6.5
キュウリ	6.0〜6.5
スイカ*	5.5〜7.0
カボチャ	5.5〜6.5
ズッキーニ	6.0〜6.5
サツマイモ	5.0〜5.5
ラッカセイ	6.0〜6.5
ゴーヤー	6.0〜6.5
ショウガ	6.0〜6.5
モロヘイヤ	6.0〜6.5
オクラ	6.0〜6.5

＊スイカは適応性が広く、pH5〜7の範囲では生育差がないとされる。ただし、ユウガオやカボチャを台木とした接ぎ木苗は、自根のスイカに比べて酸性に敏感なため、pH5.5〜7が好適

4 苦土石灰を散布する

土質にもよりますが、粉状の苦土石灰の場合、pHの数値を1.0あげるための目安は、1㎡当たり100g（＝66ml）です。これは深さ10cmほど耕す場合で、20cmなら倍の量にします。写真の畝は0.75m（幅）×4m（長さ）＝3㎡なので、粉状の苦土石灰を300g（約200ml）投入します。

苦土石灰

酸度を中和するための土壌改良剤。苦土とはマグネシウムのことで、他にも光合成に必要な微量要素が含まれている。粉と粒状のものがあるが、粉のほうが土になじみやすい

硫安

ホウレンソウなどを栽培したあとの畑はアルカリ性に傾きがち。アルカリ性から酸性に傾けたい場合は化学肥料の硫安を使うといい。施すと土を酸性化に促す。pHを1.0下げるための目安量は1㎡当たり40g。灌水して硫安を溶かす

5 よく混ぜ込む

畝を10cmほど耕し、苦土石灰を土に混ぜ込みます。石灰の粉が目に入らないように、まくのも混ぜるのも、風上から行なうようにしてください。ムラがあると、その部分の酸度が変わってしまうので、まんべんなく混ぜるのがポイントです。

6 再度、計測する

苦土石灰を混ぜた後、再度、畝の中の6か所を計測すると、数値の平均値は、pH6.5になりました。もし十分に調整ができていなかったら、石灰を追加します。堆肥や元肥は、1週間ほどして土が落ち着いてきてから施しましょう。

Q 堆肥は自分でつくれるものでしょうか？

A できますよ。手はじめに段ボール箱で落ち葉堆肥をつくってみませんか？

堆肥を自分でつくってみたいという方に、初めの一歩としておすすめなのが、段ボール箱でつくる落ち葉堆肥です。堆肥用に本格的な木枠などを用意するのはたいへんですが、段ボール箱なら手軽で、場所をとらず、お金もかかりません。原料の落ち葉も、公園や街路樹など、身近な場所で手に入ります。

堆肥は、微生物の働きによって有機物が分解、発酵されてできるものです。発酵が進むには、有機物に含まれる炭素と窒素の割合がポイントです。炭素が多く、分解に時間がかかる落ち葉に、窒素を多く含む米ぬかを入れて発酵を促します。

もう1つのポイントは水分の割合です。多すぎても少なすぎても失敗の原因になります。この2点を抑えれば、順調にいって半年～1年ほどで落ち葉堆肥ができますよ。

準備するもの

落ち葉、米ぬか、水、段ボール箱、ポリ袋、ジョウロ
落ち葉はケヤキやカエデ、クヌギ、ナラなどの広葉樹が分解しやすい。イチョウやマツ、ササ、スギは入れないこと

“はんぺん”を探そう

公園や林に積もった落ち葉の下に、白い菌糸を見つけたことはありませんか？　これは、俗に“はんぺん”と呼ばれるその土地の土着菌で、糸状菌の仲間です。落ち葉堆肥をつくるさい、この“はんぺん”を加えると、発酵が早く進みます。写真は、我が家の裏山で見つけた落ち葉から育つキノコ。糸状菌が落ち葉を栄養にしながら菌糸を伸ばして育つとキノコになるんですよ。

1 落ち葉に米ぬかをまぶし、水を加えます。分量は、45ℓポリ袋１つぶんの落ち葉にたいし、米ぬか200gが目安。落ち葉と米ぬかを交互に入れると、まんべんなく米ぬかが行き渡ります。糸状菌は水分が多すぎると働きが悪くなるので、水は少しずつ加えます。落ち葉を握ったとき、じんわり水がにじみ出るくらいがちょうどいい水加減です。

2 落ち葉と米ぬかを入れた袋を上下左右によく振って、落ち葉のすみずみまで米ぬかを行きわたらせます。さらに、袋を段ボール箱に入れて、しっかりと踏み込みます。空気を抜いておかないと、水が下のほうに溜まってしまうなど、水分が安定せず熟成に偏りが出てしまいますよ。

3 糸状菌は好気性で酸素がないと活動できません。袋はごく軽く結び、好気的な環境にしておきます。ふたをして光を遮断し、小屋の隅など、風通しのいい場所で保管しておきます。

4 約１か月後の袋の中の様子。白いふわふわしたものは、落ち葉を餌にしてふえた菌糸で、分解がうまく進んでいる証拠です。袋を反転させて酸素を送り込み、段ボール箱に戻します。その後も、３～４週間に１度は中を確認し、同様にしてください。半年ほど経つと、葉っぱの形が崩れてポロポロになってきます。色が黒っぽくなってきたらできあがりです。

東京農業大学グリーンアカデミー 本科野菜講師
柳川武夫（やながわ・たけお）

1951年生まれ。神奈川県足柄上郡大井町の農家に生まれる。県の農業高校で40年以上教鞭をとりながら、夫婦で農業に携わる。定年退職後、専業農家として80aの畑で年間約30品目の野菜を栽培し、地元の学校給食や市場に出荷している。2013年から東京農業大学グリーンアカデミーの本科・野菜の講師を務める。農家としての実践的な栽培方法と、教師としての論理的な解説から、受講生からの人気は高い。また、子ども向けの菜園塾「市村自然塾」で野菜づくりを指導している。家庭菜園雑誌『やさい畑』（家の光協会）では約2年にわたる栽培記事を連載し、好評を得た。

STAFF

デザイン　西野直樹（コンボイン）
撮影　高木あつ子
写真提供　新井眞一、瀧岡健太郎、高橋稔、米山伸吾、家の光写真部
イラスト　小田啓介、オオジカオリ（p.86）
取材・文　おおいまちこ
校正　ケイズオフィス
DTP　天龍社

取材協力
東京農業大学グリーンアカデミー

※本書は雑誌「やさい畑」2022年春号～2023年春号で掲載された連載「どうする？ どうなる？ 菜園教室」、2021年夏号「東京農大グリーンアカデミーの出前講座」を再編集したものです。

東京農業大学グリーンアカデミーに教わる
写真でよくわかる
はじめての野菜づくり

2024年2月20日　第1刷発行
2024年6月15日　第2刷発行

著　者　柳川武夫
発行者　木下春雄
発行所　一般社団法人 家の光協会
〒162-8448
東京都新宿区市谷船河原町11
電話 03-3266-9029（販売）
03-3266-9028（編集）
振替 00150-1-4724
印刷・製本　図書印刷株式会社

ISBN 978-4-259- 56787-3 C0061